中國學術思想 研究輯刊

十九編

林慶彰 主編

第 **18** 冊

「學衡派」倫理思想研究

楊 輝 著

花木蘭文化出版社

國家圖書館出版品預行編目資料

「學衡派」倫理思想研究／楊輝 著 -- 初版 -- 新北市：花木蘭
文化出版社，2014〔民 103〕

序 16+ 目 4+176 面；19×26 公分

（中國學術思想研究輯刊 十九編；第 18 冊）

ISBN 978-986-322-937-7（精裝）

1.文學流派　2.倫理學

030.8　　　　　　　　　　　　　　　　103014781

ISBN-978-986-322-937-7

中國學術思想研究輯刊

十九編　第十八冊　　　　　　　ISBN：978-986-322-937-7

「學衡派」倫理思想研究

作　者	楊輝	
主　編	林慶彰	
總 編 輯	杜潔祥	
副總編輯	楊嘉樂	
編　輯	許郁翎	
出　版	花木蘭文化出版社	
社　長	高小娟	
聯絡地址	235 新北市中和區中安街七二號十三樓	
	電話：02-2923-1455／傳眞：02-2923-1452	
網　址	http://www.huamulan.tw 信箱 hml 810518@gmail.com	
印　刷	普羅文化出版廣告事業	
封面設計	劉開工作室	
初　版	2014 年 9 月	
定　價	十九編 25 冊（精裝）新台幣 42,000 元	

「學衡派」倫理思想研究

楊　輝　著

作者簡介

楊輝，女，黑龍江省齊齊哈爾市人，哲學博士，黑龍江工程學院思政部院副研究員。參與過國家社科基金項目「中國哲學史學史」的研究，主持過黑龍江省教育廳項目「『學衡派』的倫理思想研究」。合著有《中國現代倫理道德研究》（社會科學文獻出版社 2011 年版），參加了《馮友蘭思想研究》（人民出版社 2010 年版）的撰寫。在《光明日報》、《求是學刊》、《學術交流》等報刊發表學術論文多篇。主要研究領域爲中國近現代思想文化。

提　要

「學衡派」是中國 20 世紀 20 年代產生，以《學衡》雜誌爲平臺，由具有共同學術立場的知識分子群體構成的一個具有文化民族主義色彩的學術流派，主要代表人物有梅光迪、吳宓、胡先驌、柳詒徵、劉伯明、湯用彤、繆鳳林、景昌極、林損等。

近 10 多年來，研究「學衡派」的論著較多，但系統研究其倫理思想的尙不多見，本書以此爲突破點，試圖勾勒出「學衡派」倫理思想的完整面貌，並給出相對公正的評判，爲當代中國的道德建設提供借鑒。

全文共分十一個部分：導論、第一章至第九章、結語。導論介紹了選題的目的和意義、國內外研究現狀、「學衡派」倫理思想概述。第一章描述了「學衡派」的產生及發展歷程。第二章以白璧德「人文主義」爲重點探討了「學衡派」倫理思想的思想資源。從第三章到第九章分別探討了「學衡派」的人性論、人生論、苦樂論、道德修養論、儒家道德論、西方道德論和學術道德論，展示和分析了「學衡派」倫理思想的主要內容。結語試圖以比較的方式探討「學衡派」的倫理思想與現代新儒家倫理思想、西化派倫理思想之間的關係，並立足當代視域審視「學衡派」倫理思想的得失。

序

柴文華

「學衡派」與「東方文化派」和「現代新儒家」一樣，都是 20 世紀中國文化民族主義的重鎮，他們在吸收和反思西學的基礎上，爲重建中華民族的新文化做出了不懈的努力。「學衡派」主要代表人物的理論雖然各有千秋，但也具有一些共同傾向，主要是對西方近代文化的批判、對儒學的復歸等。

（一）

反省西方近代文化是中國整個近現代文化民族主義思潮的共同性特徵，「學衡派」學人也不例外，不僅梅光迪、吳宓、胡先驌、湯用彤、柳詒徵等如此，他們的學生繆鳳林、景昌極等更是如此，這就構成了「學衡派」的一個重要理論傾向，即對西方近代文化的批判。這種批判採取了兩種不同的方式：一是以西方思想本身爲工具，從西方文化內部對西方近代文化進行批判，以子之矛攻子之盾；二是以中國傳統思想爲工具，從西方文化外部對西方近代文化進行批判，借本土之石攻它山之玉。

1、借鑒西方思想批判西方近代文化

「學衡派」學人用以批判西方近代文化的西方思想主要是白璧德的批判精神和他們所闡釋的希臘精神等。

第一，對白璧德批判精神的借鑒

通常有一種觀點，認爲中國 20 世紀初的自由主義來源於美國的實用主義，激進主義來源於馬克思主義，唯有保守主義是自本自根的。實際的情況不完全如此，湯一介先生就指出：「以《學衡》雜誌爲代表的現代保守主義者

則服膺新人文主義宗師白璧德……三派共同構成了 20 世紀前期的中國文化啓蒙。」〔註1〕這說明中國的文化保守主義也與西方文化有著相當的關聯，白璧德人文主義對「學衡派」思想的影響從一個方面說明了這一問題。

　　白璧德人文主義可以看作是「三大批判」的結果：一是對美國社會的批判；二是對美國現代文學的批判；三是對歐洲近代人道主義傳統的批判。白璧德是美國工業文明發達並出現危機的親歷者，他明言：「批評家的任務便是與其所處的時代搏鬥，並賦予這個時代在他看來所需要的東西。」〔註2〕從 1914 年開始，美國文學進入到現代主義時期，白璧德對當時具有代表性的思潮「現實主義」和「現代主義」進行了激烈的批評。白璧德最爲深刻的批判應該是對歐洲文藝復興以來人道主義傳統的批判。在 1908 年出版的《文學與美國大學》（Literature and the American College）一書中，白璧德區分了兩種人道主義：一種是「科學人道主義」，一種是「情感人道主義」。前者的代表是 16 世紀的培根，後者的代表是 18 世紀的盧梭。培根「因爲追求自然之道而對人道不屑一顧；在追求統攝萬物的過程中他失去了對自己的統攝」；〔註3〕培根的一種說法正好可以來描述盧梭的學說，「自我愉悅的思想對所有的束縛都很敏感，他們會把自己身上的腰帶和弔襪帶都當成束縛自身的鐐銬鎖鏈」，〔註4〕爲了擺脫各種形式的束縛，盧梭不惜去犧牲美德。總之，上述兩種人道主義儘管都有合理性，但也有重大缺憾，需要用人文主義去取代或修正他們。

　　白璧德的「三大批判」正好使「學衡派」學人找到了以西方思想家批判西方近代文化弊端的實例，也由此而展開了他們自己的批判。梅光迪認爲白璧德和穆爾的人文主義具有鮮明的批判精神。〔註5〕西方近代精神是篤信創造與自由，但如果過信創造與自由，就會導致詭辯蜂起。像盧梭、托爾斯泰、尼採等人的學說本來沒有多大價值，但竟能風靡一時，這實際上是未「審其

〔註1〕 段懷清：《新人文主義思潮——白璧德在中國》，江西高校出版社 2009 年版，《序言》第 7～8 頁。

〔註2〕 張源：《從「人文主義」到「保守主義」》，三聯書店 2009 年版，第 43 頁。

〔註3〕 段懷清：《新人文主義思潮——白璧德在中國》，江西高校出版社 2009 年版，第 198 頁。

〔註4〕 段懷清：《新人文主義思潮——白璧德在中國》，江西高校出版社 2009 年版，第 201 頁。

〔註5〕 梅光迪：《現今西洋人文主義》，《學衡》第八期，1922 年 8 月。

本體之價值」，而是「以眾人之好尚爲歸。」〔註6〕梅光迪也反對美國實用主義的「眞理無定」論，認爲他們是打著進化論的旗號，順應「世界潮流」與「社會需要」，但有悖於學問良知，用眞理的確定性批評了眞理無定論的危害。〔註7〕吳宓曾翻譯過《白璧德之人文主義》，對白璧德的思想較爲瞭解。吳宓不反對西方近代的科學，但反對科學萬能。認爲科學是雙面刃，如果「用之不愼」則「爲殺人之利器耳」。〔註8〕吳宓是人性二元論的主張者，所以他對西方近代以盧梭爲代表的一元人性論進行了批判。認爲這一派宣揚人性純善，「而其所以陷於罪惡者，則由於社會之環境驅使之、逼迫之。故當任先天之情，縱本來之欲，無所拘束，無所顧忌，則所爲皆合於善。」〔註9〕吳宓認爲以盧梭爲代表的人性一元論是環境被動論者，抹殺了個人的主觀能動性和是非功過等價值標準，同時還是極端的利己主義，對社會危害很大。〔註10〕胡先驌對白璧德思想也比較熟悉，他翻譯過《白璧德中西人文教育談》，在介紹白璧德思想的同時表露出自己對西方近代文化的態度。胡先驌認爲白璧德是西方近代文化的批判者，指出西方近代物質之學昌盛，而道德宗教衰微，科學的發達反倒成了人們追求內在幸福的障礙。〔註11〕受白璧德影響，胡先驌著重批判了西方近代的功利主義及其對中國的影響。他把功利主義看作西方文化的惡果，對中國危害無窮。〔註12〕

第二，以希臘精神爲工具

繆鳳林在《學衡》第八期（1922年8月）上發表《希臘之精神》一文，〔註13〕表達了他對希臘哲學、倫理、文藝等精神的綜合理解。繆鳳林把希臘精神概括爲四個方面：入世、諧合、中節、理智，並比較分析了西方近代文化對希臘精神的繼承和背離。

繆鳳林把入世看作希臘精神，認爲它有三層表現，第一層是「覺自然之可愛」，指人對自然的熱愛和欣賞。第二層是「感有生之足樂」，指人對自己

〔註6〕 梅光迪：《現今西洋人文主義》，《學衡》第八期，1922年8月。
〔註7〕 梅光迪：《論今日吾國學術界之需要》，《學衡》第四期，1922年4月。
〔註8〕 吳宓：《英詩淺釋》，《學衡》第十四期，1923年2月。
〔註9〕 吳宓：《我之人生觀》，《學衡》第十六期，1923年4月。
〔註10〕 吳宓：《我之人生觀》，《學衡》第十六期，1923年4月。
〔註11〕 胡先驌：《白璧德中西人文教育談》，《學衡》第三期，1922年3月。
〔註12〕 胡先驌：《說今日教育之危機》，《學衡》第四期，1922年4月。
〔註13〕 本題中引文均出自該文，不復注。

生命和生活的享受,「每當宴祭,常佐以歌舞」。但這並不是說希臘人不承認死後的世界,只不過不太重視而已。繆鳳林借荷馬史詩中的話說,「與其死爲鬼王也,無寧生爲貧子之奴」,這句話「最足代表希臘人心理」。第三層是「惟人爲大」,這是就人在宇宙中的地位而言的。而在人之中,「希臘人又爲天之驕子,此世現象,會當由希臘人安排,責無旁貸」。這顯然是由人是宇宙的中心推出希臘人是宇宙中心的中心,體現的是一種我族中心主義的傾向,也體現出人的自信和勇敢的道德精神。總之,希臘入世精神就是「感此世之可貴,覺希望之無窮」即對現實世界的樂觀主義和對美好理想的追求。

繆鳳林所謂諧合即是和諧,指不同事物之間相輔相成、互助合作、互利互惠、共同發展的關係。作爲希臘精神之一,繆鳳林所說的諧合主要包含四個方面,即神與人諧合、個人與國家諧合、身與心諧合、美術與道德諧合。在繆鳳林看來,希臘人以自然爲本眞,所以神是自然的一部分。希臘之神,除解釋自然之外,兼有人性,與人諧合。這一特徵與後來隔絕神人的基督教是不大相同的。古希臘實行的是 City-states(城邦)制度,繆鳳林翻譯爲邑國制。邑國之間,各自爲政。「而其人民之於本邑,則多諧合而爲一。」身心諧合指肉體與精神的和諧,繆鳳林指出,希臘雕刻有一條原理,即 A beautiful soul housed in a beautiful body(美之靈寓於美之體),而希臘之理想公民即屬此等人。所以,古希臘學術與體育並重,注重精神與肉體或者靈與肉、心與身的和諧。繆鳳林指出,希臘人認爲美術是人性的展示,與道德觀念聯繫密切,「美善二者因諧合而爲一。最佳之美術,除美之原素外,別求其能訴諸德性。學人評論美術之優劣,亦即視其倫理之屬性而定。」繆鳳林還舉了音樂、戲劇等方面的例子,說明希臘藝術與道德的緊密結合。

與諧合相關,繆鳳林指出中節是希臘人生活的基礎,所謂中節就是指在處世接物中,「守中而不趨極,有節而不過度。」繆鳳林列舉了希臘詩歌、戲劇、雕刻等藝術形式,說明其間體現出的希臘的中節精神。繆鳳林通過引用畢達哥拉斯學派、德謨克利特、柏拉圖、亞里士多德等哲學學派和哲學家的論述,揭示了中節在道德中的地位。作爲希臘精神的中節是中國傳統文化所大力提倡的,接近於中國古代的「中庸」之德和「節欲」說。誠如繆鳳林所說:「吾國立國東亞,夙尙中節。堯舜禹湯,以是垂訓,而國號曰中。……國名如此,國性更由斯表現,此則吾國與希臘精神最相同之一點。陸子靜所謂東海有聖人,此心同此理同也;西海有聖人,此心同此理同也者非耶?」

繆鳳林指出，希臘人愛美 love of beauty、愛理 love of reason、愛智 love of wisdom。繆鳳林通過對古希臘哲學家有關理性和智慧學說的介紹，展示了希臘重視理智的精神。

通常學界認為，中世紀神學是對希臘精神的否定，而西方近代文化則是對希臘文化的復歸，即所謂的「文藝復興」，但繆鳳林卻認為，西方近代背離希臘精神的地方更多。西方近代只有一點是與希臘精神相同的，這就是入世，而其它方面則背離了希臘精神。「希臘人崇理智，而近人則多以獸概人，……皆視人性中無理智之存在；希臘人守中節，而近人則趨多極端，如經濟上資本勞動之爭，美術上自然唯美之說，毫無中節遺義；希臘人尚諧合，而近人則多喜爭攘，以言神與人，則有奴事神與廢神之事，神人遂不得諧合。以言國與民，則有國家主義與個人主義之爭，國民遂不得諧合。以言身與心，則多戕心以益身，身心遂不得諧合。以言美與善，則多尚美而忽善，美善遂亦不可諧合。」即就入世精神而言，西方近代和古希臘也還是有所區別的，因為希臘人的入世是以欣賞自然、享受自然為主的，而西方近代自培根開始，就大力提倡征服自然。其結果是：「近代之西洋文明，物質上雖有重大之成就，要不敵其精神上之損失。而其隨此文明所生之罪惡，更非筆墨所能罄。卒之，西方文明破產之聲浪，日盛一日。此則西人不善繼承希臘文明之過也。」繆鳳林還列舉了白璧德、穆爾等人的觀點，認為他們大都以希臘精神文化為真正的西洋文明，而西方文化要想不回到野蠻時代，必須發揚希臘精神。

第三，對用西方思想批判西方近代文化的省思

對「學衡派」學人用西方思想批判西方近代文化的省思應該包括兩方面的內容，即「學衡派」學人為什麼會選擇西方思想來批判西方近代文化呢？對他們的這種選擇我們應該作出怎樣的評價？

「學衡派」學人選擇西方思想來批判西方近代文化的原因應該是多方面的，但主要的是出於加大批判力度的考慮、也與他們的西學背景以及與西方思想的共鳴有關。

西方思想文化雖然有其主流的特徵，但並非鐵板一塊，同樣存在著歷史情境和學術流派的差異，彼此之間的爭辯從來沒有停止過。進入近代以後，馬克思、恩格斯是西方工業文明最早和最深刻的批判者，西方其他不少思想家也對西方近代文化進行了種種反思和批判。西方思想家是西方社會的親歷者，對自身文化有著比其他地區的思想家更為切身和深入的理解，所以他們

自身的批判是最為有力的批判。「學衡派」學人用西方思想批判西方近代文化是為了增加批判的力度、深度與可信度，這一點是可以理解的。

「學衡派」學人的西學背景體現在他們對西方思想的瞭解上。在「學衡派」的主要代表人物當中，相當一部分具有留美經歷。梅光迪 1911 年赴美，先後在威斯康辛大學、芝加哥的西北大學、哈佛大學學習。吳宓 1917 年赴美攻讀新聞學、西洋文學達 10 年之久，並重點研究 19 世紀英國文學。胡先驌 1912 年和 1923 年，兩度赴美學習和深造。劉伯明於辛亥革命後赴美攻讀哲學和教育學，先後獲碩士和哲學博士學位。湯用彤留學和深造於漢姆林大學、哈佛大學，獲哲學碩士學位。在「學衡派」的這些主要代表人物當中，有一些直接受教於白璧德教授，如梅光迪、吳宓、湯用彤等。這就使得他們有條件深入瞭解西方思想尤其是白璧德的人文主義，為他們以白璧德的思想批判西方近代文化提供了便利。在「學衡派」學人中，雖然有的沒有留學經歷，但也醉心於西方思想的研究，並從中尋找到批判西方近代文化的西方思想，如繆鳳林等人即是如此。

「學衡派」學人以西方思想批判西方近代文化的最主要原因應該是西方思想中包含有與他們自身理論傾向相互共鳴的元素，這就是對西方近代文化的批判和對中國傳統文化的同情和讚賞。首先，已如上述，白璧德人文主義是在批判美國工業文明負面效應、美國現代文學和歐洲文藝復興以來以培根為代表的「科學人道主義」和以盧梭為代表的「情感人道主義」的偏頗的基礎上提出來的，具有鮮明的文化和現代文化的批判風格，這正好為「學衡派」學人反思、批評五四新文化運動提供了武器，使「學衡派」學人找到了以西方思想家批判西方現代性弊端的實例。其次，白璧德對中國傳統特別是儒家的人文主義給與了高度的關注和評價，如他所說：「一個顯然正確的觀點是，孔子曾經被稱為東方的亞里士多德」，遠東「有佛教偉大的宗教運動」和「儒家偉大的人文運動」，還有早期道教對人文主義和宗教思想作出的自然主義的平衡。〔註 14〕肯定了孔子的地位和儒家偉大的人文運動。再次，白璧德人文主義理念的基本理路與中國一些傳統的思想資源類似，如梁實秋所說：「白璧德教授是給我許多影響，主要的是因為他的若干思想和我們中國傳統思想頗多暗合之處。」〔註 15〕如白璧德人文主義中的「內在制約」與中國傳統倫理

〔註 14〕段懷清：《白璧德與中國文化》，首都師範大學出版社 2006 年版，第 92 頁。
〔註 15〕段懷清：《白璧德與中國文化》，首都師範大學出版社 2006 年版，第 214 頁。

中的「內省」、「克己」、「節欲」、「存理制欲」等道德論有類似之處。白璧德
把人文主義概括爲「適度的法則」，與中國傳統思想中的「中庸」理念相合，
反對走極端，主張「適度」。這些都成爲「學衡派」學人弘揚中國傳統文化的
巨大動力。恰如段懷清所說：「將梅光迪、吳宓、湯用彤……等中國知識分子
吸引到白璧德身邊的，似乎也正是白璧德人文主義思想體系當中所勾勒出來
的從孔子到亞里士多德、從耶穌到佛陀之間的世界範圍內的人文思想圖
譜。……而這種世界範圍內的人文思想圖譜，不僅讓那些堅守中國古代思想
傳統的現代知識分子所喜歡，更讓那些急於反擊五四新文化運動的現代知識
分子們感受到了來自於異域思想的啓迪與民族文化復興的希望。」〔註16〕正
因爲白璧德人文主義中所具有的批判精神和與中國傳統思想的暗合，使「學
衡派」學人找到了異域思想中的知音，並內化爲他們自己的批判武器和精神
支撐。繆鳳林雖然談的是希臘精神，但更像是在談中國傳統精神，入世、諧
合、中節、理智每一條都與中國傳統思想息息相關。希臘精神和中國傳統資
源的相關性，爲「學衡派」學人弘揚中國傳統文化的精粹提供了「它山之石」，
也爲「學衡派」學人批判西方近現代文化的弊端提供了「攻子之盾」的「子
之矛」。

　　接下來的問題是，我們對「學衡派」學人選擇西方思想批判西方近代文
化應該做出怎樣的評價？顯然，「學衡派」學人以西方思想爲武器展開的對西
方近代文化的反思有著合理的成分，因爲西方近代文化決非盡善盡美，它在
幾個世紀的發展過程中暴露出一系列的醜陋之處，曾經給人類社會的發展帶
來過灾難。然而，深層的問題在於，西方思想家對西方近代文化的反思與批
判是建立在西方現代化充分發展的基礎之上的，而「學衡派」學人以西方思
想爲武器展開的對西方近代文化的反思和批判是發生在中國現代化蹣跚起步
的時期，這種歷史時空的巨大反差就決定了「學衡派」學人的批判具有歷史
時空錯位的偏向，這種批判過於「超前」，與中國走向現代化的主流方向相逆。
此外，「學衡派」和幾乎同時或稍早的「東方文化派」一樣，都是作爲五四新
文化運動時期激進思潮的直接對立面而出現的，激進思潮所主張的，往往是
「學衡派」所反對的，而激進思潮所反對的，往往是「學衡派」所堅持的。
在這種歷史情境中產生的「學衡派」學人以西方思想對西方近代文化的批判

〔註16〕段懷清：《白璧德與中國文化》，首都師範大學出版社 2006 年版，第 16～17
　　　　頁。

難免有急功近利的實用偏向，未必能全面準確把握西方思想本身，甚至出現了詮釋不足和詮釋過度的現象。如「學衡派」學人更多關注的是白璧德思想的批判精神和對東方思想的認同，而忽視了他人文主義中的現代精神，「白璧德著重指出，個人主義的精神與現代精神密不可分，成爲『現代的』（modern）不僅意味著成爲『實證的』（positive）、『批判的』（critical），還意味著要成爲『個人主義的』（individualistic）。」〔註17〕繆鳳林用希臘精神對西方近代文化的批判有偏離西方文化原型的嫌疑，如繆鳳林認爲希臘入世精神表現爲欣賞自然、享受自然，西方近代文化的入世精神則表現爲征服自然，所以西方近代文化是對希臘精神的背離，這種觀點值得商榷。應該說科學、民主、自由、征服自然是希臘精神的主流，它奠定了西方近代文化發展的基本方向，如果這樣的話，西方近代文化在主流上是對希臘文化精神的復歸，而不是背離。

2、以中國傳統思想批判西方近代文化

進化論是西方近代文化精神的根基之一，不僅對整個近代西方文化而且對 20 世紀前後的中國思想也產生了重大影響。景昌極在《學衡》第三十八期（1925 年）發表《佛法淺釋之一評進化論——生命及道德之眞詮》一文，〔註18〕通過對話形式，運用儒學和佛學思想資源，探討了道德和生命問題，體現出對西方近代文化的批評，這是以中國本土思想對西方近代文化的批判。

景昌極不否認進化論的合理性，認爲其持之有故，言之成理。但進化論的負面影響更大。他說：「惟其所見既偏，立論斯激。舊日之迷信雖去，新來之成見又生。生命之眞相未明，道德之尊嚴掃地。遺害人心，深滋危懼。充達爾文之說，世界一戰場耳。智之所貴，存我爲貴，力之所尙，勝人是尙。所謂道德，所謂協助皆不過生存競爭中互相利用之假面具。苟可以利吾國，雖舉他國之人類，而殺盡滅絕，不爲悖德。苟可以利吾身，雖舉天下之生物而殺盡滅絕，不爲逆理。近代個人主義、超人主義、侵略主義、強權即公理、戰爭造文明諸說，由是而日張。重以科學發達，工業進步。殺人之具既精，貧富之差日遠。怨毒潛滋，有觸即發。機勢既順，奔壑朝東。邪思而橫議，橫議而狂行。其勢必至破壞家庭、破壞國家、破壞人類、破壞世界。父子無親、兄弟相賊。夫婦則獸合而禽離，朋友則利交而貨賣。獸欲橫流，天性盡絕。人間地獄，天地鐵圍。嗚呼！此眞近世歐洲思想之特色，可爲疾痛隱憂

〔註17〕張源：《從「人文主義」到「保守主義」》，三聯書店 2009 年版，第 287 頁。
〔註18〕本題引文均出自此文，不復注。

者非歟？」景昌極還說：「古先聖賢，專務擴充人之善性，以掩其惡性。雖其取徑立名，不能無異，究其所歸，莫非一致。今之人則反其道而行，專務擴充人之惡性，以掩其善性。昔者親親而仁民，仁民而愛物。今則殄物而毒民，毒民而害親，而又佐以科學之淫威，飾爲進化之謬論，多方以圓其說，詭辨以利其私。長此以往，世界乃眞不可問矣。」應當說，景昌極對進化論的批評有合理的一面，因爲進化論確實有忽視互助協調作用的傾向，尤其是社會達爾文主義否定了人的平等性，成爲欺壓弱勢群體、種族歧視以及法西斯主義的理論工具。但景昌極的批評也有明顯的情緒化色彩，如認爲進化論是對道德和協作價值的否定，直接導致了個人主義、侵略主義等的盛行。甚至破壞家庭、破壞國家、破壞人類、破壞世界，危害十分巨大，還把進化論說成是佐以科學淫威的一種謬論。事實上，進化論包含有科學成分，揭示了生物進化的一般規律。它的產生標誌著物種不變論、眞理不變論等僵化理論的破產，推進了科學、哲學的發展，而且在社會領域也產生過激勵作用。對中國近百餘年來社會發展產生重大影響的最重要的外來思潮之一就是進化論，但進化論被中國化了，它不再是強勢民族欺壓弱勢民族的工具，而成爲弱勢民族追趕強勢民族的驅動力量。景昌極以及「學衡派」學人雖不完全否認進化論的正面作用，但更多關注的是它的負面作用，包含有誇大的成分，這也是出自於他們自覺的文化立場。

（二）

　　「學衡派」學人的另一理論傾向就是要弘揚以儒家爲核心的傳統文化精神，維護中華民族的文化身份和精神家園。比如胡先驌就認爲，中國文化很精美。中華民族最偉大的成就，就是能在數千年中創造和保持一種非宗教的以道德爲根據的人文主義。〔註 19〕在「學衡派」學人的思想理論中處處能夠感受到他們對中國傳統文化精神的款款深情，這表現在孔學與時代、五倫的價值、傳統禮樂論、人性論、道德修養論等多個方面，體現出他們在現代情境下對儒學的重鑄和復歸。

1、孔學與時代
　　在新文化運動中，激進思潮的代表把當時社會的種種黑暗、腐敗歸罪於

〔註 19〕胡先驌：《說今日教育之危機》，《學衡》第四期，1922 年 4 月。

以孔子爲代表的儒學，尤其是儒家以「三綱五常」爲核心的傳統倫理，在梁漱溟等文化民族主義說「不」之後，以柳詒徵爲代表的「學衡派」更是反戈一擊，揭露了今人的罪惡讓古人埋單的不健康心態，這主要體現在柳詒徵《論中國近世之病源》一文中。他指出，新文化運動中的激進派人物把當時社會的一切腐敗黑暗現象都歸罪於孔子，認爲只要去除了孔子及其學說，中國就可以繁榮昌盛，這不是看不起孔子，而是太看得起孔子了。柳詒徵非但認爲孔子及其倫理（仁、義、誠、恕、學）不是中國近世腐敗之病源，恰恰相反，不遵循孔子之道的滿清之旗人，鴉片之病夫，污穢之官吏，無賴之軍人，託名革命之盜賊，附會民治之名流政客，地痞流氓等才是中國近世腐敗真正的病源。因爲這些人不遵從孔子之教，不知何以爲人。「而建設新社會新國家焉，則必須先使人人知所以爲人。而講明爲人之道，莫孔子之教若矣」，〔註20〕充分肯定了孔子之教的現實意義。

2、五倫的價值

在「學衡派」學人看來，儒學有很多具有現實意義的元素。如繆鳳林認爲儒家的命運說雖然「莫識其所以然」，但「知其當然，且信其當然」，所以有浩然坦蕩之心，在內聖外王方面無怨無悔。〔註21〕柳詒徵則對五倫的價值進行了闡釋，認爲西方經過大戰後的反省所得出的互助結論早在中國五倫中就體現出來。柳詒徵還具體展開了中國的「互助之義」，認爲中國人「以爲婦之助夫，天職也；夫之助婦，亦天職也；父母之助子女，更天職也。天職所在，不顧一身，雖苦不恤，雖勞不怨。於是此等仁厚之精神，充滿於社會，流傳至數千年。而國家亦日益擴大而悠久，此皆古昔聖哲立教垂訓所賜。非歐美所可及也。」〔註22〕認爲五倫所體現出來的價值理念對中國歷史產生了重大影響，而且具有永恒性和先進性，不是西方文化所能夠望其項背的。

3、傳統禮樂論

景昌極在《學衡》第三十一期發表《消遣問題〈禮樂教育之真諦〉》一文，談到了儒家傳統禮樂問題，其主流是弘揚儒家傳統禮樂的精髓。

景昌極探討了傳統禮樂的產生、內涵及其關係，認爲禮樂產生於「節文

〔註20〕柳詒徵：《論中國近世之病源》，《學衡》第三期，1922年3月。
〔註21〕繆鳳林：《闡性——從孟荀之唯識》，《學衡》第二十六期，1924年2月。
〔註22〕柳詒徵：《明倫》《學衡》第二十六期，1924年2月。

以求其當」，「分界以免其爭」，通過一定的規範節制人們的過分行為，以消除爭奪而達到和諧。在景昌極看來，一方面，禮和樂是有差別的，禮偏於消極、理智、秩序；樂偏於積極、情感、和諧。另一方面，禮和樂又是緊密聯繫的，二者都兼含對方的因素，同時，禮還可以包含樂。景昌極接著展開了禮樂的內容和作用，闡釋了兩方面的道德，一方面是「節制得當之德」，包括莊、敬、中正、無邪、撙節、儉、宜、稱；另一方面是「和諧免爭之德」，包括別、異、序、論倫無患、辭讓、恭順、親、同、欣喜歡愛。贊成儒家「禮主異」，「樂主同」的觀點，認為別異與和同的結合，有助於維繫社會的穩定。

景昌極認為，傳統禮樂在現代遭遇到了窘境，其自身確實存在著一些問題，但並不是說就完全過時了。現代生活中一些負面的東西，還需要傳統禮樂的救贖。他指出，儒家所稱述的古禮，大抵集成於周代，距今近三千年，時移世易，過時的東西當然不少，「然其良法美意，足為今日之參稽者，亦頗不鮮。……其變者自變，不變者自不變耳。」〔註23〕這是對待古代禮教的一種辯證態度，對那些過時的東西（變者）應該拋棄，對那些具有永恒價值的東西（不變者）即「良法美意」應該繼承，這也是我們今天應該堅持的對待傳統的基本態度，即「去其糟粕，取其精華」。

4、人性論方面

吳宓是用理欲之辨來談人性的，其核心觀點有兩個：一個是理欲衝突論，二是以理制欲論。繆鳳林提出善惡對立論。這也是儒家特別是宋明理學家在理欲之辨中的重要觀點。

天理和人欲相對立的觀點最早見於《樂記》，在宋明理學尤其是朱熹那裡得到了強化。如「天理人欲常相對」。（《朱子語類》卷十三）「人之一心，天理存則人欲亡，人欲勝則天理滅，未有天理人欲夾雜者。」（同上）「人只有個天理人欲，此勝則彼退，彼勝則此退，無中立不進退之理。」（同上）而吳宓認為理欲經常處在「苦戰」之中，〔註24〕繆鳳林亦持善惡對立論，如他所云：「善惡異類，不能並處，如彼水火，莫能兩全。故善種現則惡種隱，惡種現則善種隱。……宋儒每言理欲相對……不能兩立，意亦略同。」〔註25〕明確表示自己的「善惡對治」論與宋明理學的理欲相對論較為一致。

〔註23〕景昌極：《消遣問題〈禮樂教育之真諦〉》，《學衡》第三十一期，1924 年 7 月。
〔註24〕吳宓：《我之人生觀》，《學衡》第十六期，1923 年 4 月。
〔註25〕繆鳳林：《闡性〔從孟荀之唯識〕》，《學衡》二十六期，1924 年 2 月。

雖然儒家在理欲之辨中存在著理欲對立論的觀點，但不是唯一甚至不是主流的觀點，更多思想家主張節欲或以理制欲。《荀子・樂論》云：「以道制欲」，「道」通「理」，「制」即節制，主張以理節欲。《荀子・正名》表達了同一個意思，「欲雖不可去，求可節也」。羅欽順認為，欲望本身沒有善惡好壞之分，善惡來自對於欲望能否節制，「欲未可謂之惡，其為善為惡，繫於有節無節爾」（《困知記》卷上）。在戴震看來，節欲就是天理的體現，「天理者，節其欲而不窮人欲也」（《孟子字義疏證》卷上）。吳宓也是以理制欲論的主張者，他說：「人能以理制欲，即謂之能克己，而有堅強之意志。不能以理制欲，則意志毫無，終身隨波逐流，墮落迷惘而已。」〔註 26〕這種思想可以說與儒家的以理節欲如出一轍，反映出吳宓思想主流上是對儒學的回歸。

5、道德修養方面

「學衡派」學人闡釋了一系列道德修養方法，總體上是對儒家道德修養方法的回歸。

繆鳳林在《闡性》一文中提倡「內省」，認為內省是道德修養不可或缺的主要方法。繆鳳林指出，以胡適為代表的接受了杜威實用主義影響的學者們認為內省法不如實驗法更確實，雖然有一定道理，但許多的心理現象是確實存在著的，如「受」、「想」、「欲」、「念」、「慚」、「愧」、「貪」「瞋」等等，是無法通過行為運動來完全表現出來，更不能以實驗方法解決這些問題。所以，內省的獨特作用是無法替代的。〔註 27〕這種認知與儒家所提倡的「學而不思則罔」的修養方法是一致的。孔子認為，「思」是內省中最重要的一環，可以塑造人性導其為善，是理性的解決心理現象的有效途徑，「君子有九思：視思明，聽思聰，色思溫，貌思恭，言思忠，事思敬，疑思問，忿思難，見得思義」。（《論語・季氏》）對自己的所言、所行、所事、所見等等能夠做自我檢查的「思」就是「內自省」、「內自訟」，能夠自覺擔負起禮義教人的責任，進而達到荀子所謂的「聖人化性而起偽」，（《荀子・性惡》）知禮義，守法度。只有通過「反求諸己」才能解決「自然科學方法無所肆其技」的問題。〔註28〕

「學衡派」學人雖然強調自我反省的內修法，但也重視「廣求勝緣」，通過向外的工夫輔助道德修養。繆鳳林說：「存養省察之外，尤宜廣求勝緣：多

〔註 26〕吳宓：《我之人生觀》，《學衡》第十六期，1923 年 4 月。
〔註 27〕繆鳳林：《闡性〔從孟荀之唯識〕》，《學衡》二十六期，1924 年 2 月。
〔註 28〕繆鳳林：《闡性〔從孟荀之唯識〕》，《學衡》二十六期，1924 年 2 月。

讀聖書，一也；博聆善言，二也；親近善士，三也；非禮勿視，四也；非禮勿聽，五也。內因外緣，分道漸進，善日長而惡日消。消之至極，至於無惡。長之至極，至於至善。」〔註29〕繆鳳林在重視內修之重要的同時，也強調內因外緣的分道漸進即內外兼修相結合的道德修養法，即道德主體在與優良道德環境的互動中提高道德修養水平。與繆鳳林注重「廣求勝緣」的思想相一致，「學衡派」的一些學人還大力提倡學習。學習是提高自我對事物的認識，到達道德修養至高境界的重要方法。林損認為，學的作用在於使人在面對誘惑時能夠增加維護道義的堅定性，即他所說的「定力」，如他所說，「定力之存繫乎學。」〔註30〕人們在利害是非面前總要做出自己的抉擇，面對著利的誘惑時，如果沒有足夠定力把持，就會走上歧途，而增強定力的重要方法就是學習。學可以使天下有道，更可以提高人的道德水平。儒家向來有重學、勸學的思想，林損認同孔子所說的「古之學者」和荀子所說的「君子之學」，並認為為學可使修為達到至高境界，即「言學之義，始乎為士，終乎為聖人」，〔註31〕通過學習，使道德修養由士而始，終而達到聖人。

除上之外，「學衡派」學人還強調了「篤志強行」的道德實踐論，重點闡釋了克己復禮、行忠恕、守中庸等，都是對儒家道德修養論的繼承和發揮。「克己復禮」語出《論語‧顏淵》：「克己復禮為仁。一日克己復禮，天下歸仁焉」，把克己復禮提到仁的高度。「學衡派」學人雖然繼承了這一思想，但也有發展和創新。吳宓是從人性論的角度來談克己復禮的，他說：「人性二元，亦善亦惡。克己者，所以去人性中本來之惡。而復禮者，所以存人性中本來之善。合而用之，則可使人性止於完善。」〔註32〕這裡可以看出吳宓的克己復禮與孔子克己復禮的不同，孔子的克己指克制自己的欲望，吳宓的克己指去除人性中的惡；孔子的復禮指恢復以周禮為核心的古代禮儀、禮節，而吳宓的復禮則為保持或恢復善性。也許正是這種差異，反映了「學衡派」學人的創新之處。忠恕之道是儒家的根本為人處世之道，亦即儒家根本的人道理念。《論語‧里仁》：「曾子曰：『夫子之道，忠恕而已矣。』」「盡己之心為忠，推己及人為恕。」（朱熹：《四書章句集注‧中庸章句》）忠恕之道就是以對待自己的

〔註29〕 繆鳳林：《人道論發凡》，《學衡》第四十六期，1925 年 10 月。
〔註30〕 林損：《政理古微六勸學》，《學衡》第五十期，1926 年 2 月。
〔註31〕 林損：《政理古微六勸學》，《學衡》第五十期，1926 年 2 月。
〔註32〕 吳宓：《我之人生觀》，《學衡》第十六期，1923 年 4 月。

態度對待別人。吳宓不但認同儒家忠恕觀念，在此基礎上更為深入。他用西方的權利義務觀念解釋忠恕問題，反映了「學衡派」學人對西方價值理念的關注，吳宓所認同的是重義務輕權利，反對重權利輕義務，前者是行忠恕，後者是反忠恕。〔註33〕「中庸」是儒家的傳統美德，《論語·庸也》:「中庸之為德也，其至矣乎，民鮮久矣！」把中庸看作最高的道德。吳宓對中庸也進行了探討，認為過善不能稱之為中庸，亦是不善。中庸與道德之不同在於道德是絕對的，以質而定，中庸是比較的，以量而定。中庸不是簡單的不偏不倚，它易言難行，須認真的審時度勢，以學識為基礎，以經驗來權衡，竭盡而深思以求中庸。與此相對，宗教派、自然派僅僅是各執一端的說詞，而白璧德的人文主義，守中庸而執中庸之道而行，故最終才能收到良好的效果。〔註34〕吳宓的中庸論在內容上沒有什麼突破，但他把中庸與亞里士多德和白璧德的倫理思想結合起來，把對中庸的闡釋與對社會批判結合起來，具有一定的特色。

6、簡要分析

「學衡派」學人在現代情境下對儒學進行了自己的解讀，展示出儒學尤其是儒家倫理中的普適性價值。儒家倫理是活著的文化生命，它包含有重要的「活元素」，對於今天甚至未來都具有重要意義。如天人論、德本論、德治論、德育論、群己論、義利論、節欲論、品德論、修養論，等等。〔註35〕「學衡派」學人看到了中國傳統文化的精美之處，看到了儒家以五倫為重要內容的價值理念的合理價值，看到了傳統禮樂以及道德修養對現代生活的意義，這在我們今天看來依然是重要的。「學衡派」學人與其他文化民族主義一樣，對儒學的推崇和提倡包含有一些情緒化和片面化的偏向，主要是迴避了儒學的內在缺失和負面效應。儒學雖然包含有一些普適價值，但作為主要是與小農經濟相適應的思想理論，其中的內在缺失和負面效應也是事實，主要表現為不平等、虛偽性、人倫異化、奴性人格等。它與現代性所包含的平等、自由、自主等精神處在對峙之中，這是我們不能迴避的一個問題。當然，並不是所有「學衡派」學人都迴避了儒學的內在缺失和負面效應，有的學者也能正視這一問題，如劉伯明認為儒家提出的「正心誠意」等道德是「主觀道德」，

〔註33〕吳宓:《我之人生觀》,《學衡》第十六期，1923 年 4 月。
〔註34〕吳宓:《我之人生觀》,《學衡》第十六期，1923 年 4 月。
〔註35〕柴文華:《論儒家倫理中的「活元素」》,《河南師範大學學報》2009 年第 1 期。

雖有重要價值，但不可「憑虛爲之」，「此古代精神有待於近今思想之彌補者
也」，〔註36〕認爲儒家道德也應該與時俱進，具有深度的現實關懷。這應當說
是對儒學的一種冷靜的態度。

（三）

由於特殊的歷史原因，「學衡派」在中國大陸長期以來是被批判的對象，
眞正意義上的學術研究始於 20 世紀 80 年代之後。目前來看，以文化、文學
視域切入的研究成果較爲豐富，而以哲學、倫理視域切入的研究成果相對偏
少。

楊輝女士雖從學稍晚，但她勤勉有加，砥礪前行，完成了「『學衡派』倫
理思想研究」的博士論文，並修改成書，爲「學衡派」思想的研究添加了新
鮮血液。在即將付梓之際，我作爲論文的指導者一方面對作者表示祝賀，另
一方面對花木蘭出版社各位同道熱心學術事業的舉措表示誠摯的謝意！

《序》的主要內容取自我與作者 2011 年在《哲學研究》發表的《論「學
衡派」的理論傾向》一文，並融合了一些新的想法。不當之處，請方家指正。

柴文華
2014 年 3 月於冰城哈爾濱

〔註36〕劉伯明：《共和國民之精神》，《學衡》第十期，1922 年 10 月。

目次

導　論

　　「學衡派」是中國 20 世紀 20 年代產生，以《學衡》雜誌爲平臺，由具有共同學術立場的知識分子群體構成的一個具有文化民族主義色彩的學術流派，主要代表人物有梅光迪、吳宓、胡先驌、柳詒徵、劉伯明、湯用彤、繆鳳林、景昌極、林損等。

一、研究的目的和意義

　　18 世紀末以來，西方各界基於對法國大革命的不同反應，出現了保守主義、自由主義、激進主義三種不同思潮，這種分野一直影響到今天。20 世紀初，中國的新文化運動與世界文化思潮緊密交織，成爲世界文化的重要組成部分，也出現了保守主義、自由主義、激進主義相互爭鳴的局面。湯一介認爲，這三派共同構成了 20 世紀初中國特色的文化啓蒙，對中國文化的歷史進程起到了不同的推動作用。「學衡派」是中國現代文化保守主義思潮的重鎮，但多年以來被邊緣化了，直至 20 世紀 80 年代才逐步受到大陸學界的重視，許多領域還處在開墾階段。

　　本課題研究的目的和意義主要在於：

　　第一，試圖改變這一學術領域研究的薄弱狀態。從目前掌握的資料來看，雖然研究「學衡派」的論著很多，但系統研究其倫理思想的尚不多見，僅有幾篇相關的研究成果（詳見下面文獻綜述）。因此，本選題以此爲突破口，在學術上具有一定的填空補白的意義。

　　第二，通過該選題的研究，把「學衡派」倫理思想的完整面貌揭示出來。經過初步的資料分析，「學衡派」倫理思想的大致輪廓已經摸清，涉及到人性

論、人生觀、善惡觀、學術人格論、西方道德觀、中國傳統道德觀等諸多方面，系統梳理和客觀呈現「學衡派」倫理思想的理路，對「學衡派」的深入研究具有重要意義。

第三，試圖對「學衡派」及其倫理思想給出相對公正的評判。自從 1922 年 2 月 9 日《晨報副刊》發表魯迅的《估〈學衡〉》（署名風聲）後，「學衡派」的名聲在大陸一直不大好，多數情況下是被批判的對象，這種狀況一直持續到 20 世紀 80 年代特別是新世紀以來才有好轉。本選題本著孟子所說的「知人論世」的原則和胡適所說的「歷史的態度」，把「學衡派」及其倫理思想還原到他那個時代，立足現代語境，盡量對「學衡派」及其倫理思想做出公正的評價。

第四，爲當代中國的道德建設提供借鑒。「學衡派」的倫理思想儘管有他那個時代的局限，但也涉及到許多重大的倫理道德問題，如中國傳統道德的普適價值問題、中國傳統道德與現代化的關係問題等，對這些問題的研究能爲當代的中國道德建設提供重要的啓示，因此具有重要的現實意義。

二、國內外研究現狀

20 世紀 70 年代末以來的 30 年間，學界在「學衡派」的研究方面取得了豐碩的成果，本書分研究資料、研究著作、學術論文、碩博論文、國外研究概況幾個方面綜述如下。

（一）研究資料類

研究「學衡派」的一手資料是 1922 年 1 月創刊至 1933 年 7 月停刊的 79 期的《學衡》雜誌。其中，1922 年 1 月至 1926 年 12 月，以月刊形式發行 60 期，1927 年停刊，復刊後，於 1928 年 1 月至 1929 年 11 月以雙月刊形式發行，即第 61～72 期。次年 1930 年再次停刊。1931 年後，斷續發行至 1933 年 7 月，即第 73 期～79 期。1979 年，江蘇古籍出版社把《學衡》79 期合訂出版，共 16 冊，是目前大陸研究「學衡派」最重要的基礎資料。除此之外，還有一些文選類的資料，如孫尚揚、郭蘭芳編著《國故新知論——學衡派文化論著輯要》（中國廣播電視出版社 1995 年 12 月版），內容分爲新人文主義、對新文化運動的批評、對新文學的批評、對中西印文明精神價值的闡發、學術方法、治學態度與學術、文化理想等，共收錄論文 42 篇。附錄有《學衡》各期要目。

（二）研究著作類

20 世紀 80 年代以來，業已出版的專門研究「學衡派」的著作約有近 10 部。

1984 年臺灣大學出版中心出版的沈松橋的《「學衡派」與五四時期的反新文化運動》，探討了「學衡派」與新文化運動的關係，揭示了二者之間的內在緊張。認為在五四運動期間，仍有許多文化人士執著於儒家文化的倫理價值，這就是所謂的「中國現代保守主義」，本書以「學衡派」為中心，對這一時期的保守思想做了探討。全書共分五章，第一章以國故派和林紓為中心概括分析了五四前期反對新文化運動的守舊人士及其思想。第二章描述了當時的時代背景及學衡派產生的經過，並對其部分成員在新文化運動中的文學爭論進行回溯。第三章探討了學衡派反對新文化主張及其思想淵源。第四章是對學衡派總體上的價值評判。包括學衡派的文化成就及其文化理想，並對其成敗得失進行分析。結論部分綜合論述了激進派和保守派在中國近代思想史上的地位和意義。

1999 年人民文學出版社出版了沈衛威的《回眸「學衡派」：文化保守主義的現代命運》，該書作為「貓頭鷹學術文叢」之一，從總體上探討了「學衡派」的人文景觀、保守傾向等，並通過個案研究，主要闡釋了梅光迪、胡先驌、吳宓等人的文化觀、文學觀、人文情懷等。該書敘述了「學衡派」的歷史背景、群體個體命運等方面，並對某些領域進行了較為深入的探討，重新評價了《學衡》人物反對新文學運動的觀點。本書中作者利用胡適檔案中的書信資料，清理了梅光迪思想的轉變過程。對於詩人胡先驌，作者以「人文精神與科學精神的雙重追求」對他的一生加以概括和詮釋。而對吳宓，作者用《吳宓日記》來解讀他的「內在矛盾、衝突」，並給予了「同情的瞭解」。

2001 年北京師範大學出版社出版了鄭師渠的《在歐化與國粹之間——學衡派文化思想研究》，對美國白璧德的新人文主義以及與「學衡派」的關係進行了細密的辨析，在廣徵博引的基礎上，對「學衡派」的文化思想進行了深度解讀。作者視野開闊，以當時世界文化演進為大背景，對「學衡派」進行了考察，運用的史實資料多達 150 餘種，提出了許多富有創見的觀點。在文化觀方面，作者客觀描述了「學衡派」與新文化運動的矛盾及其歷史局限，剖析了二者分歧的本質源於學理之爭，因此各有其長短。此外，作者認為「學衡派」是從新人文主義的「人質二元」論出發，提出了「道德為體，科學為用」的主張，是具有追求至善境界和終極關懷的重要命題。

2002 年 4 月，天津師範大學高恒文所著《東南大學與「學衡派」》由廣西師範大學出版社出版。該書是《二十世紀中國文學與大學文化叢書》系列之一，研究的重點是探討特定歷史時期大學文化形態與所在時期的文學發展的關係，通過某一點來審視全局，而東南大學與「學衡派」作為七個有意義的點之一，說明了它對當時的時代文化、文學具有一定的影響。該書主要探討東南大學與「學衡派」的關係，因為「學衡派」的創立，其主要成員是聚集在東南大學，且因東南大學興起而聚集，因東南大學的衰落而離散。內容由一個大學的興起而開端，介紹了從「南高」到「東大」的歷程，爾後對東南大學「學」與「術」並重，科學與人文的實力與繁榮景象進行了敘述。從師資教育之源起內在的說明了杜威實用主義理論影響東南大學的因素。第二章主寫了一個流派的出現，說明了「學衡派」的出現與東南大學興起之間至關重要的聯繫。分述了「學衡派」的梅光迪、吳宓、胡先驌幾位重要人物是如何聚集於東南大學，並加入「學衡派」的，進而展現了「學衡派」出現的重要標誌《學衡》雜誌創刊，前期是如何組織、出現，並呈現了當時世人最初的反應。緊接著，作者對前兩章進行了整合，細說了「學衡派」在東南大學，以及在東南大學的其它學術團體的關係。其中寫了「新人文主義」與唯科學主義，其中內容寫了「學衡派」與「科學社」成員和杜威教育思想信徒的關係。在「昌明國粹」與國學研究中，細述了「學衡派」在文學研究、創作領域的情況。本書第四章主要以吳宓、胡先驌為代表寫了「學衡派」的詩學理論與創作，即「學衡派」的舊體詩創作。作者認為，其文學成就也是有其理論的，而選取的這兩位即是「學衡派」的主將，又是兩位著名詩人。最後一章，就東南大學的衰落與「學衡派」的風流雲散，道出了「學衡派」的終結固然有其自身的原因，但與東南大學的衰落，是有直接的關係，不可忽視的。作者認為，「學衡派」因東南大學興起而始至盛，再又因其衰而終。故此，可以這樣說，「學衡派」的聚散與東南大學興衰息息相關。

由於「學衡派」思想在文化界一直處於非主導地位，甚至可說是備受排擠及非議，2005 年 11 月甘肅人民出版社出版發行了由華南理工大學周雲所著的《學衡派思想研究》一書，專門針對於此對「學衡派」的思想作了系統的研究。該書共分六章。第一章從歷史軌迹角度回顧了「學衡派」當時所處的學術環境，由此說明了寫作的緣由。並對所涉及的史料及現當代的研究狀況進行了簡要的概述。第二章作者對「學衡派」的哲學思想進行了細緻的梳理。

由至善開始論述學衡具代表性的哲學思想，既肯定了其維護中國傳統的苦心和正面作用，也對「學衡派」思想由至善到獨斷的理論局限性作了分析。第三章作者對「學衡派」道德至善的文化觀進行了歸納，「學衡派」的中西方文化觀、宗教觀、人性論都在此體現。第四章主述了「學衡派」的學術思想。雖說「學衡派」涉及政治的言論並不多，甚至可以說是遠離政治，但是在當時的大環境影響下，在與新文化運動的交鋒論戰中，政治問題可說是避無可避，因而第五章寫的是「學衡派」的政治觀念。第六章對學衡的道德救世之說下了結語，認為是歷史的悲劇和現實選擇。

　　2007 年江西教育出版社出版的鵝湖學術叢書系列中有沈衛威的著作《「學衡派」譜系──歷史與敘事》。該書以獨特的視角對「學衡派」的學術活動及其文化精神進行了梳理。作者以人文主義思潮來揭示「學衡派」活動的歷史發展途徑，把「學衡派」放在五四運動以後的中國文學思想的三個流派，即激進主義、保守主義、自由主義的框架中進行整體把握，指出他們主流從事的是非政治化的文化建設，從歷史中尋求烏托邦式的精神世界是「學衡派」維繫內部的關鍵所在，體現了其強調民族歷史文化傳統的道德理想主義學術理路。作者視野開闊，以史料體的「知識譜系」來觀照「學衡派」，把「學衡派」的群體活動即其思想共同認識放置於文化載體、大學場域中體現。文化整合中主要描述《學衡》，歷史尋根中真實體現《史地學報》，可以說《學衡》側重於思想觀念的倡導和批評，《史地學報》展示了知識層面。吳宓主編的《大公報・文學副刊》被視為《學衡》同路刊物，本書作者將它歸屬於文學批評。此外也有涉及國家民族的《國風》、《思想與時代》均體現了學衡一派不同領域的思想觀念。從中可以看出非僅以學衡論學衡，而是廣泛對其所依託的文化載體（報刊）、大學體制、個人體驗進行了剖析。第三卷主要對大學場域進行了細化，其中有大學理念、大學學術、大學精神、大學張力、大學人事，把學衡的思想研究放置於大學大的空間中，說明知識分子思想活動的不同相當的因素是緣於大學的風格不同，學術權力及學術風範影響下所傳承的的學風精神對個人「精神結構復合體」和文化群體具有深遠的影響。本書的最後一卷寫作選取了影響比較大的人物，劉伯明、柳詒徵、梅光迪、郭斌龢、張其昀、陳銓、王國維，充分展示了其人文主義歷程，深化了現代思想和學術的研究。

　　2009 年 1 月，三聯書店出版了哈佛燕京學術系列叢書，其中包括有北京

師範大學張源的著作《從「人文主義」到「保守主義」——〈學衡〉中的白璧德》，該書以對學衡的譯文爲始，由白璧德「人文主義」思想在中國的第一個闡釋形態出發，解說了白璧德的「人文主義」學說進入中國後，伴隨著時代語境的變化，人們對它的多種理解並將這些理解細化爲四種形態。該書對白璧德及其「人文主義」思想進行了研究。對「人文主義」的定義，「人文」與「人道」的關係，「人文主義」的「內在制約」，「人文主義」「二元論」、「人文主義」「存在的三個等級」，「人文主義」與宗教的關係等進行了較系統的描述。該書的第二章對「人文主義」的譯文（包括徐震、胡先驌、吳宓等）進行了分別研究。結語部分對《學衡》中的「保守」與「自由」之辨進行了自己的闡釋。該書的特點是在「翻譯研究」與「文化」、「思想」、「哲學」之間建立內在的關聯結構，對於我們深度理解「學衡派」的思想資源具有重要的啓示意義。同時，該書考查了白璧德「人文主義」進入中國之後發生的本土化或中國化的轉型問題，對於我們深入探討中西文化的結合路徑具有重要的參考價值。

此外，還有一些綜合性的研究著作論及到「學衡派」及其思想，比如中國社會科學出版社 2006 年 7 月出版的劉黎紅所著《五四文化保守主義思潮研究》一書，較深入系統地研究了五四時期的文化保守主義者及其思想。作者認爲，相對於其它文化保守主義的成果而言，不管是個人或是專題，對「學衡派」的研究都是比較重要的。該書的第一章就以較大的篇幅對吳宓進行了詳細的個案研究，剖析其成名前的個人文化活動，說明其走向文化保守主義是宏觀環境、微觀環境和個體心靈體會的結果。第二章在核心人物之文化活動網絡中，寫出了幾股保守勢力之間互爲支持、介紹，相互間的交往聯繫，「學衡派」及其作表人物作爲不可忽略的重要部分貫穿始終。第三章對「學衡派」代表人物的研究所佔篇幅較少，只在幾點思考中對柳詒徵對孔子之教失去真義原因的追究進行了些許提及。在第四章第二節東西調和：創造第三種文明，對選擇什麼樣的方式調和中西文化，保守主義們所做的選擇中，較細緻闡釋了「學衡派」中吳宓、柳詒徵、梅光迪、湯用彤等人的看法，指出文化保守主義者調和中西的內涵及突破中體西用的實質超越。第五章涉及到「學衡派」傳播西學的貢獻，梁漱溟和「學衡派」對科學與學術關係的認識，並用第四節的整篇篇幅描寫了新人文主義與「學衡派」，分析其主要思想及內在關係。指出這些強調文化發展的延續性和轉型的秩序性的保守主義知識分子，是希

望以調和中西新舊文化建立「新文化」，代表了文化改造和轉型的一種模式。

（三）學術論文類

　　從 20 世紀 70 年代末以來，研究「學衡派」其及其思想的論文大約近 300 篇，涉及面比較寬，但也有不平衡之處。總體上可以分爲以下幾大類：「學衡派」總論、「學衡派」與新人文主義、「學衡派」與現代化、「學衡派」與新文化派、「學衡派」的文化觀、「學衡派」的政治觀、「學衡派」的道德觀、「學衡派」的文藝觀、「學衡派」的史學觀、「學衡派」的教育觀、「學衡派」與其它學派的比較等。分別綜述如下：

1、「學衡派」總論

　　「學衡派」總論就是從總體上研究學衡派的，這方面的主要論文有：查國華、蔣心煥的《談「學衡派」》〔《山東師院學報》（社會科學版，1979 年 02 期），圍繞「學衡派」的性質等問題進行了探討；張憲文的《論學衡派（摘要）》（《江蘇社聯通訊》，1981 年 07 期），對 20 世紀 20 年代爲什麼出現學衡進行了論述；張憲文的《學衡派淺析》（《江西社會科學》，1982 年 04 期），對「學衡派」簡要情況等進行了闡述；魏建、賈振勇的《「學衡派」再評價》（《文學評論》，1995 年 04 期），試圖站在新的角度對學衡進行評價；譚桂林的《評近年來對學衡派的重估傾向》（《魯迅研究月刊》，1997 年 02 期），評價了由國學熱引發的青年學者對傳統文化的研讀和對國學大師的推崇，由此而對大師們提供學術陣地的刊物如《學衡派》的重估傾向；沈衛威的《「學衡派」的人文景觀》（《新文學史料》，1998 年 02 期），探討了新文化運動時期激進的新文化思潮與文化保守主義主交鋒除了文學以外的領域的人文方面的內容；李建中的《試論〈學衡〉諸子的文化模式與歷史命運》〔《陝西師範大學學報》（哲學社會科學版），1998 年 02 期〕考察了《學衡》諸子擬定的文化模式失落的原因；沈衛威的《〈學衡〉主要作者的個體命運》（《河南社會科學》，1998 年 05 期），著重展示了「學衡派」文人群體尤其是幾個代表人物的文化理想和道德操守，並揭示其個體命運；何兆武的《也談對〈學衡〉派的認識與評價》（《讀書》，1999 年 05 期），闡釋了由於拜讀龍文茂女士《再談學衡派與新文化運動》一文後引發的自己對新文化運動的一些想法。駱墨的《回眸「學衡派」》（《黨史研究與教學》，1999 年 06 期），對以往在研究中國現代文化史缺少對「學衡派」的學術研究的原因等進行了剖析；許軍娥的《〈學衡〉插畫欄目所展示的

學衡派的人文景觀》(《咸陽師範學院學報》，2001 年 04 期)，認爲《學衡》的
插畫向讀者展示了中外美術名作，而且從辦刊宗旨、整體內容、作者群體三
方面展示了「學衡派」的人文景觀；張賀敏的《學衡派與吳宓研究 70 年》〔《西
南師範大學學報》(人文社會科學版)，2001 年 03 期〕，以「學衡派」的靈魂
人物吳宓爲代表，研究了「學衡派」的文學理論等；李剛、張厚生的《〈學衡〉
雜誌初探》〔《東南大學學報》(哲學社會科學版)，2002 年 03 期〕，對學衡雜
誌欄目所提倡的文化批評立場進行了探析；張賀敏的《學衡派研究述評》(《中
國現代文學研究叢刊》，2001 年 04 期)，探討了人們對「學衡派」的研究歷程，
描述了「學衡派」被人們由批評排斥到重新受到關注的諸多曲折；余玲玲的
《關於「學衡」諸問題之爭》〔《重慶師院學報》(哲學社會科學版)，2002 年
04 期〕，結合歷史，對學衡中有爭論的文言與白話、傳統文化和西方文化進行
梳理評價；李剛、倪波的《〈學衡〉創刊與出版始末》(《新世紀圖書館》，2003
年 03 期)，從歷史的角度敘述分析了《學衡》的創刊及出版等；李汝倫的《似
淡卻濃〈學衡〉雲烟》(《書屋》，2004 年 11 期)，對「學衡派」及其人物的理
想情趣進行了評價；王麗平的《「學衡派」研究綜述》(《涪陵師範學院學報》，
2005 年 03 期)，對作爲「新人文主義」代表的「學衡派」所具有的人文傳統
進行梳理；沈衛威的《我所界定的「學衡派」》(《文藝爭鳴》，2007 年 05 期)，
對「學衡派」的時間界定等問題進行了描述；魏宏偉、胡志敏，《近五年來國
內學衡派研究綜述》(《湖北財經高等專科學校學報》，2007 年 06 期)，把近來
年國內關於「學衡派」的研究進行了較爲系統的整理。

　　2、「學衡派」與新人文主義

　　「學衡派」與新人文主義就是側重研究「學衡派」與新人文主義之間的
關係。這方面的主要論文有：曠新年的《學衡派與新人文主義》〔北京大學學
報 (哲學社會科學版)，1994 年 06 期〕，文章重審了「學衡派」，並對它與新
文化運動的相互作用作出自己的評價；陳厚誠的《學衡派文學批評與新人文
主義》(《社會科學研究》，1996 年 05 期)，對將「學衡派」視爲「復古派」的
一種定論性觀點予以否認，認爲「學衡派」成員是道德救國論者，只是不理
解文學革命的必要性而否定新文學；李愛旭的《略論白璧德新人文主義與學
衡派之關係》(《泰安師專學報》，1999 年 04 期)，主述了美國新人文主義大師
白璧德對「學衡派」的影響及其兩者之間的關係；沈衛威的《「學衡派」與現
代中國的人文主義思潮》〔《中山大學學報》(社會科學版)，2003 年 03 期〕，

論述了由「學衡派」的西學知識思想資源是源於美國新人文主義，而在中國引發的一場人文主義文化思潮；沈衛威的《現代中國的人文主義思潮導論——以「學衡派」為中心》（《文藝研究》，2004 年 01 期），本書作為專著《學衡派譜系》的導言，指出「學衡派」文化保守主義形態映現出來的新文化話語霸權下的知識抗爭；羅惠縉的《學衡派人文主義教育觀念及實踐初探》（《江西社會科學》，2004 年 10 期），對「學衡派」的教育觀念受新人文主義思想影響下的構成方式進行探討；宋占業的《新人文主義與「學衡派」》〔《南陽師範學院學報》（社會科學版），2005 年 10 期〕，論述了在中國邁向現代化的初始，「學衡派」表現出的「新保守主義」，試圖從文化發展的繼承性和規範化上制衡文化激進主義，尤其是人文精神、倫理道德的淪喪或異化；段妍的《「學衡派」新人文主義視野尋際的反思》（《北京電子科技學院學報》，2006 年 01 期），論述「學衡派」的思想在現代中國引發了一場人文主義文化思潮，這一思潮的歷史合理性及其在現實路徑中的困境；鄭大華的《論白璧德新人文主義對「學衡派」的影響》（《中國文化研究》，2007 年 02 期），主要研究了在新人文主義的影響下，「學衡派」在文化觀、文學觀、人生觀等方面的主張；李廣瓊的《自主選擇與理論淵源——學衡派對新人文主義的接受方式和接受形態》（《中國文學研究》，2009 年 03 期），分析了「學衡派」與新人文主義在人生哲學與文化取向上存在天然契合，「學衡派」對新人文主義的接受過程，是中國近現代知識分子走向現代過程中的一個縮影。

3、「學衡派」與現代化或西方文化

「學衡派」產生在中國走在現代化的途程中，所以它與現代化或西方文化的關係引起了學者們的關注，這方面的主要論文有：曠新年的《學衡派與現代中國文化》（《中國文化研究》，1994 年 04 期），認為 20 世紀不過是以不同的方式不斷地講述「五四」的故事，中國現代思想文化發展也不過是「五四」這個歷史本書的不斷複製與改寫，以此來看「學衡派」；俞兆平的《科學主義思潮中的學衡派》〔《吉首大學學報》（社會科學版），2002 年 02 期〕，說明五四時期科學主義思潮的發展是中國現代化進程的歷史必然，但淹沒了人文精神，因此呈示出現代性的負向趨勢，「學衡派」實質上也是對現代性的負面因素的反思與調整；李怡的《反現代性：從學衡派到「後現代」？》（《中州學刊》，2002 年 05 期），闡述了在現代中國文化的「反現代性」思索中，世紀之末的中國「後現代」思潮與世紀之初的「學衡派」之間跨越時空的重要

溝通與聯繫；周雲的《學衡派與中國學術的現代轉換》(《甘肅社會科學》，2003年 02 期)，作者重在對處在中國學術由傳統向現代轉換的大背景之下的「學衡派」進行總體考察，指出「學衡派」是中國現代學術建立過程中重要的一支力量，對中國學術的現代轉換做出了貢獻；董德福的《學衡派五四觀的哲學審視——兼論學衡派現代性訴求的獨特稟性》〔《江蘇大學學報》(社會科學版)，2005 年 06 期〕，認爲「學衡派」主張新舊相對論，認爲古今中西文化當明其源流，融會貫通，以建設眞正的新文化，「學衡派」現代性其中傳統的觀點與新文化運動現代化（西化的立場）構成對立互補的關係，代表著另一種文化啓蒙，因此當給予正確的評價；陳迪強的《論學衡派保守的現代性訴求》(《欽州師範高等專科學校學報》，2005 年 04 期)，認爲作爲激進的、溫和的、保守的三種不同取向的現代性訴求之一，「學衡派」也屬於中國現代思潮的一種，其文化理念的現代意義對於當前對激進思潮反思的深入而愈顯可貴；王利萍的《歷史漩渦中的文化守候——論文化守成主義者「學衡派」的現代性貢獻》(《鄭州鐵路職業技術學院學報》，2006 年 01 期)，認爲在一切價值被重估的歷史劇變的漩渦中，堅守傳統的「學衡派」其異質思維顯現出強烈反思性的現代性因素，也爲推進現代文學的實現做出了獨特貢獻；余新明的《論學衡派的歷史錯位——反現代性》〔《長春工業大學學報》(社會科學版) 2006年 02 期〕，指出「學衡派」所主張學習、保存的「中西文明」，大多是前現代思想，在實際的應用中就變成一種反現代性思想，與現實社會形成了錯位，從而導致長期被冷落；趙曉芳的《論「學衡派」保守的現代性訴求》(《大慶師範學院學報》，2007 年 04 期)，說明了「學衡派」有獨特的現代性特徵，但由於種種原因，其所體現的現代性特徵長期與封建復古主義等聯繫在一起；李輝的《論學衡派文化民族主義表象下的西方中心主義潛流》〔《社科縱橫》(新理論版)，2008 年 01 期〕，指出「學衡派」文化實踐中並無太多的中西融合的思想，中西融合的外表下是極強的文化民族主義和西方中心主義的弔詭；葉世祥、張多梅的《現代性視野中的「國粹派」和「學衡派」》〔《溫州大學學報》(社會科學版)，2008 年 04 期〕，該文回首中國文化的現代性進程，說明國粹派、「學衡派」與「五四」新文化派一樣，作爲中國文化現代性進程中的思想資源，理應受到我們的尊重；王克勇的《學衡派現代性支點下的本土化尋求》〔《內蒙古師範大學學報》(哲學社會科學版)，2008 年 06 期〕，本書側重寫了當西方思潮向中國洶涌而來的時候，「學衡派」與五四新文化運動的倡導者們

展開了激烈的交鋒，在現代性支點下展開了對本土化的苦苦尋求；程小強的《學衡派：現代性的批判與衍進，在 1922 年及其後》(《甘肅高師學報》，2009 年 01 期)，描寫了「學衡派」於 20 世紀 20 年代作爲新文化運動的保守派出現，在爭奪公共權力話語和開創公共輿論的進程中所暴露出來的自身理論資源的局限性。

4、「學衡派」與新文化派

從某種意義上說，「學衡派」是作爲五四新文化運動的對立面而產生的，所以二者的關係是學界較爲關注的一個重要問題。這方面的主要論文有：李怡的《論「學衡派」與五四新文學運動》(《中國社會科學》，1998 年 06 期)，重在對中國現代文學史上頗有爭議的「學衡派」進行重新探討，並在新的歷史層面確立它與五四新文學運動的關係；段國超的《魯迅對〈學衡〉和吳宓的批評——兼談吳宓研究》(《達縣師範高等專科學校學報》，1999 年 01 期)，根據新文學史料，考察了魯迅對《學衡》和吳宓批評的全過程，認爲對《學衡》和對「吳宓的鄙夷的說法」有欠公允並給予說明；龍文懋的《文字、文學與文化——學衡派論新文化運動》(《學術月刊》，1999 年 07 期)，認爲新文化運動是由互相關聯和銜接的三個環節構成：語言文字的改革、文學革命（新文學運動）、思想觀念——尤其是價值觀念的變革，文章圍繞「學衡派」對這三個環節的相關思想主張而展開；歐陽軍喜的《論學衡派對新文化運動的批評》〔《清華大學學報》(哲學社會科學版)，1999 年 03 期)〕，認爲「學衡派」與新文化派之間的思想爭論是一種文化觀念之爭，是「科學文化」與「人文文化」之爭，反映出不同派別對中國文化現代化出路的不同選擇；劉帆的《「學衡派」與新文化倡導者的異中之同》(《哈爾濱師專學報》，2000 年 01 期)，指出隨著 80 年代以來文化反思活動的深入，研究者開始以嚴肅的態度對「學衡派」與新文化倡導者之間複雜關係進行考察，這有助於思考中國文化發展的複雜性和多種可能性的問題；廖超慧的《新舊人文主義思潮的較量——評新文化倡導者與學衡派論爭》〔《華中理工大學學報》(社會科學版)，2000 年 01 期〕，對新文學倡導者與「學衡派」的論爭的分歧及其原因，作了深入地分析，並評析了這場論爭的是非功過；高玉的《胡適白話文理論新評——從胡適與「學衡派」的分野入手》(《學術研究》，2001 年 10 期)，側重探討語言是胡適與「學衡派」分野的開始和基礎，因此他們在理論主張和文化實踐上的歧異都可以從這裡找尋根源；張賀敏、曹艷紅的《魯迅與學衡派》〔《中山大學學

報》（社會科學版），2001 年 06 期〕，重新反思了魯迅與「學衡派」的論爭，認爲魯迅與「學衡派」的分歧代表了文化轉折期相反相成的兩種思想傾向以及對待傳統文化的兩種不同態度；李剛的《學衡派與五四時期文化新舊之爭》〔《南京理工大學學報》（社會科學版），2002 年 04 期〕，就「傳統與反傳統」、「西化與僞西化」、「知識貴族與平民主義」等主題，討論了「學衡派」對「五四」新文化運動的文化觀所作的批評。高恒文的《學衡派」對唯科學主義的批評》〔《天津師範大學學報》（社會科學版），2003 年 06 期〕，探討了「學衡派」對「五四」新文化運動批判中對唯科學主義思潮的批評，其中既有其思想原因，也有特定的現實原因；高玉的《論胡適與「學衡派」在文化建設觀念上的分野》（《求是學刊》，2004 年 01 期），文章重在描寫在如何設計和建設中國現代文學和文化的問題上，胡適與「學衡派」表現出的實質性分歧及其內在原因；高恒文的《「學衡派」對唯科學主義的批評（續）》〔《天津師範大學學報》（社會科學版），2004 年 01 期〕，寫出了「學衡派」對五四新文化運動的批評，即有其思想原因，更有其現實原因；王桂妹、林紅的《對峙的意義：從理解〈學衡〉到反思五四文化激進主義》〔《西南師範大學學報》（人文社會科學版），2004 年 05 期〕，指出，在以五四文化激進主義爲制導性力量的文化現代轉型期，《學衡》以一種異質性思維與之構成了獨特的歷史性撐拒力量，兩者間對峙又互補的關係形成了文化發展的合力；鄭大華的《重評學衡派對五四新文化運動的批評》〔《廣州大學學報》（社會科學版），2005 年 01 期〕，剖析了「學衡派」與新文化派的分歧，不在於要不要新文化，而在於如何建設新文化；不在於革新還是守舊，而在於如何革新等；蔣書麗的《學衡派和新文化派的錯位論爭》（《人文雜誌》，2004 年 06 期），說明了「學衡派」與新文化運動的分歧是由於他們對傳統和新文化（西洋文化）的解讀不同所致；吳民祥的《「新人文主義」與東南學風——以「學衡派」與「新文化派」思想論爭爲中心》〔《浙江師範大學學報》（社會科學版），2008 年 01 期〕，認爲五四時期以南北兩所著名大學爲陣地的不同思想間的學派之爭，利於中國文化與學術的健康發展及南北學風的互補，「學衡派」的新人文主義文化觀對東南大學的學風產生過重要影響；郭昭昭的《民國思想文化界的一道獨特風景——學衡派與新文化派的對抗與對話》〔《歷史教學》（高校版），2008 年 09 期〕，分析了「學衡派」是相對於新文化派以外的另一批進步知識分子對新文化派追求新文化的方式進行的反思，兩派的思想路徑不同而對抗不斷。

5、「學衡派」的文化觀

　　「學衡派」本身就是中西文化論爭的產物，所以他們對中西文化都有反省，並提出了自己的文化觀。探討這方面的論文主要有董德福的《古今中西衡價值——論「學衡派」的文化觀》(《江蘇社會科學》，1994年03期)，認爲發生在五四時期的新文化運動，本質上是一次自覺的文化反省、文化啓蒙；張文建的《學衡派的中西文化融貫說》(《探索與爭鳴》，1995年11期)，認爲「學衡派」的中西文化融貫說，是世界性的文化思潮常致極端而靡所折衷，不是宣揚歐洲中心論，就是倡導東方文明論；張文建的《學衡派的文化保守主義及其影響》(《史學理論研究》，1995年04期)說明「非新無以爲進，非舊無以爲守」，「學衡派」的文化保守主義所包涵了社會生活的各個方面的傳統與現代化的時代課題，探討與其相關的學術主張，或對文化建設提供有益的啓迪；鄭師渠的《「古今事無殊，東西迹豈兩」——論學衡派的文化觀》(《近代史研究》，1998年04期)，對以吳宓、梅光迪、柳詒征諸人爲代表的「學衡派」的文化觀進行了闡述；龍文茂的《融通中西、貫概古今——學衡派文化觀念評述》〔《首都師範大學學報》(社會科學版)，1999年01期〕，注意到一個現象，「學衡派」與激進派或國粹派所遵循的文化理路截然不同，在文化眞理的認定上亦超越了西方中心論的局限；武才娃的《學衡派的傳統文化批評觀》(《北京建築工程學院學報》，2000年04期)，重在探討「五四」時期「學衡派」的傳統文化批評觀，包括批評取向的觀點和批評責任的闡述等；鄭師渠的《學衡派論諸子學》(《中州學刊》，2001年01期)，闡述了「學衡派」與各學派論爭中怎樣評價孔子的問題，「學衡派」始終反對一味詆毀謾罵孔子，主張恢復孔子應有的歷史地位，給孔子以科學的評價；高玉的《論學衡派作爲理性保守主義的現代品格》(《天津社會科學》，2001年02期)，溯源「學衡派」的理論基礎是從西方輸入，他們也主張學習西方從而建設中國現代文化，只是在具體觀點和邏輯思路上與新文化派不同，本質上是西方保守主義觀念在現代中國的表現形態；祁小絨的《對學衡派文化保守主義思潮的認識》(《咸陽師範專科學校學報》，2001年02期)，作者認爲「學衡派」理論雖然有不可克服的局限性，但它所包含的深厚的文化底蘊以及對文化規律的闡述，使它成爲「五四」新文化運動內容的重要補充；李剛的《從「學衡派」看文化民族主義的內在困境》(《臨沂師範學院學報》，2002年02期)，看出「學衡派」是強調民族精神和文化傳統的文化民族主義，但又無法滿足國家現代化的時

代任務。文化民族主義與政治民族主義，文化認同與民族生存之間存在無法克服的內在矛盾；曹艷紅的《試論學衡派的文化觀》（《嘉應大學學報》，2002 年 05 期），試圖通過解讀《學衡》雜誌，從「學衡派」的立足點——新人文主義出發探究其文化觀，清理「學衡派」的傳統文化和西方文化的觀點，從歷史和現實兩個層面對其文化改造的主張進行價值重估；周雲的《論學衡派的文化建設方案》（《天津社會科學》，2003 年 02 期），對「學衡派」的文化建設方案進行了敘述和評論，認爲「學衡派」文化運思方案的根本原則是以道德爲指歸，進而拯救中西現世文化；韓星的《學衡派對儒學的現代詮釋和轉換》（《唐都學刊》，2003 年 02 期），認爲「學衡派」站在愼思明辯、同情立言的學術立場上，通過學理的爭辯來說明孔子在中國文化中的中心地位，闡釋孔子基本思想的現代意蘊，這對於現代文化建設有重要參考價值；李剛的《論「學衡派」的學術文化理念》（《廣西右江民族師專學報》，2003 年 04 期），研究了「學衡派」在抨擊新文化運動的同時，也展示自己的學術理念，在文化建設、教育實踐和國故的整理上也取得了一定的成績，是對中國傳統文化進行了整體反思；羅惠縉的《昌明國粹 融化新知——學衡派的文化觀》（《江淮論壇》，2003 年 05 期），借用「學衡派」的發刊詞深入探討，論述「學衡派」與新知（印度佛教、希臘蘇格拉底學說和猶太耶穌教）有相通之處，在此基礎上欲將中西文化的精髓會通融合，從而創造出優秀的文明精魂；段妍的《「學衡派」與 20 世紀初期中國文化保守主義》（《北京電子科技學院學報》，2005 年 01 期），論述了作爲 20 世紀初在中國出現的文化保守主義派別，「學衡派」與其它文化保守主義——國粹派與東方文化派的思想主張的相互間關係；樂黛雲的《世界文化語境中的學衡派》（《中國現代文學研究叢刊》，2005 年 03 期），認爲「學衡派」反對強調摒除西洋文明爲解決一時一地之問題而發的範式，尋求的是具有普遍永久性的、眞正屬於世界的西方文化，因而成爲當時中國文化啓蒙運動的重要組成部分；沈衛威的《「學衡派」史實及文化立場》（《社會科學戰線》，2006 年 03 期），指出「學衡派」成員是一個發展變化的流動群體，文化認同構成了他們的「精神共同體」，其國學研究在學術傳承意義上體現出的是知識傳統的延續；牛秋實的《「回歸」傳統的文藝復興——新文化派和學衡派關於傳統文化的論爭》（《許昌學院學報》，2008 年 01 期），認爲「學衡派」與新文化運動者們的爭論實際上是西學與西學的一場爭論，他們的思想來源都來自於歐洲，而在某種意義上說，「學衡派」具有更健全的中

西文化觀；段妍的《「學衡派」文化尋際的反思》(《北方論叢》，2009 年 04 期)，
認爲「學衡派」在現代中國引發的人文主義文化思潮對於五四時期的傳統文
化批判具有一定的理性反思，從而使中國傳統文化在參與世界文化對話中，
具備了一定的合理性內核；王存奎的《學衡派與新文化派文化論爭的歷史考
察——兼評學衡派的文化觀》〔《徐州師範大學學報》(哲學社會科學版)，2009
年 05 期〕，認爲「學衡派」主張用「開明審慎」的態度對待傳統文化，新舊
文化之間的關係是繼承與發展，而不是簡單地抑舊揚新，主張發展中國的新
文學，與新文化派都有其歷史合理性的一面，但在文學文化理解和界定等方
面又都存在著一定的局限性。

　　6、「學衡派」的政治觀

　　中國的近現代是救亡圖存和思想啓蒙並行的時代，那一時代的知識精英
沒有離開政治談學術的，「學衡派」的代表人物們也有他們自己的政治理念。
探討這方面的主要論文有吳湉南的《略論「學衡派」的民主觀念》〔《鄭州航
空工業管理學院學報》(社會科學版)，2008 年 01 期〕，指出「學衡派」認爲
民主不僅是一種政治制度，也是一種生活態度、道德精神，由此展開對「學
衡派」的民主觀念進行了整理；周雲的《學衡派的政治觀念與西方保守主義》
(《廣東社會科學》，2008 年 03 期)，論述了「學衡派」的政治觀念與西方保
守主義的關係，指出「學衡派」在宗教觀、平等觀等問題上與西方保守主義
有較大的一致性，但有意無意地忽略了西方保守主義的自由觀；丁琳琳的《回
歸「五四」時期的歷史——有關「學衡派」政治理念的評述》(《法制與社會》，
2009 年 02 期)，揭示了「學衡派」的思想內涵以及與新文化派的對立，並對
「學衡派」有關的政治理念進行評述。

　　7、「學衡派」的道德觀

　　「學衡派」的學人都有較深的道德情懷和倫理觀念，對這方面進行探討
的主要論文有沈靜的《簡析〈學衡〉派的道德意識心理》(《蘇州教育學院學
報》，2003 年 01 期)，指出「學衡派」根深蒂固的道德意識使其長期充當著「保
守派」的文化角色，但其理論的前瞻性與內在的焦慮感卻開啓了對於新文化
頗具哲學意味的思考；蔣書麗的《學衡派的道德價值》(《書屋》，2004 年 11
期)，作者哀歎世風衰變，人心恍惚，國人道德普遍下滑，甚至闕如，已是不
爭的事實。道德彷彿成了療救時世的急就方，因此從道德價值角度探討了學
衡派；陳寶雲的《道德的向度：學衡派「德化天下」思想探析》(《蘭州學刊》，

2006 年 04 期），呈現出在 20 世紀 20～30 年代道德倫理問題的討論中，「學衡派」獨具特色的「德化天下」思想，進而改造國民的道德，締造理想的國家與社會。另外，鄭師渠還發表了《論吳宓的道德思想》〔《北京師範大學學報》（社會科學版版），1996 年第 6 期〕，從個案角度探討了吳宓道德思想的主要內容。

8、「學衡派」的文藝觀

「學衡派」的代表人物多有自己的文藝觀念，探討這方面的論文主要有許祖華的《在逆反中構建的理論形態——論「學衡」、「甲寅」等復古派的文學理論主張》（《中國現代文學研究叢刊》，1989 年 01 期），在系統地闡述對文學問題看法的同時，不失時機地將自己的主張貫徹於對文學現象的具體分析中，使其復古的理論得以在逆反中構建；徐傳禮的《關於學衡派和新青年派論爭的再認識》（《中國現代文學研究叢刊》，1995 年 03 期），認為，沒有絕對正確的學者，也沒有絕對錯誤的學派，前人對「學衡派」的「定論」有重新評價的必要，其文藝方面應依據史實重新認定；李泰俊的《〈學衡〉與〈新青年〉的文學論爭》（《文藝理論研究》，1998 年 04 期），認為創辦《學衡》雜誌的主要目的就是對當時整個社會風靡的新文化運動加以檢討和批評，從而詮釋了兩者之間在文學方面的論爭；代迅的《貌似公允中的西方眼光：學衡派與中國現代文論建設》〔《三峽大學學報》（人文社會科學版），2002 年 04 期〕，「學衡派」在西方眼光與學術話語上與新文化運動主流並無二致，構成了五四新文化運動的支流，但限於當時的歷史條件，其實質仍是一種西方眼光；羅惠縉、陽耀芳的《學衡派的文學批評》〔《吉首大學學報》（社會科學版），2003 年 01 期〕，說明「學衡派」對五四新文化派在新文學建設上的批評，儘管其具有不足和缺陷，但針對五四新文化運動過分反傳統而帶來的缺陷性的攻擊也具有學理上的積極因素；陳希的《被遮蔽的另面景觀——論學衡派與西方現代詩歌》〔《中山大學學報》（社會科學版），2003 年 04 期〕，探討了過去為人們所忽視的「學衡派」另面文學景觀，並重新檢討它與五四新文學運動的關係；康泳的《再論學衡派「昌明國粹，融化新知」的文藝觀》〔《雲南民族大學學報》（哲學社會科學版），2004 年 05 期〕，作者重申「學衡派」是「五四」時期公開反對新文化運動、主張「昌明國粹」的文化保守主義群體。但它同時也主張「融化新知」，彙通中西文化，這是人們一向忽視的；李相銀的《批評的錯位——兼論學衡派的文化重構理想》〔《新疆大學學報》（哲學社

會科學版），2004年04期〕，指出「學衡派」面對五四新文化派的抨擊不予正面應對，於是造成批評對象「缺席」的錯位現象。「學衡派」自己的文化重構理想在於主張兼取中西文明之精華而加以鎔鑄貫通的文化整合觀念；白春超的《論學衡派的文學觀》〔《河南大學學報》（社會科學版），2005年04期〕，認爲「學衡派」注重文學中傳統因素的傳承，對模仿說和道德論進行了創造性闡釋，表達了自己獨特的文學主張，其中的精粹值得重視；白春超的《學衡派對模仿說和道德論的重新打造》（《中國現代文學研究叢刊》，2007年02期），研究了「學衡派」通過對模仿說和道德論的重新打造，闡發了獨特的文學主張，其中有許多眞知灼見在當時引起共鳴，產生了一定的影響；楊萌芽的《學衡派與清末民初宋詩派文人群體》（《殷都學刊》，2007年02期），著重探討了作爲20世紀20年代出現的文化保守主義流派，「學衡派」與清末民初宋詩派文人群體有著密切的關係，而且內部也有唐宋詩之爭；白春超的《學衡派文學觀的影響與自我調整》（《周口師範學院學報》，2007年06期），分析了「學衡派」秉承古典主義文學觀，強調文學的道德內涵和精神價值，對在建構中的現代中國文學產生了一定的影響。此外隨著現代中國文學的發展和深入，「學衡派」的文學觀也在不斷調整並發生了很大變化；鍾軍紅的《「學衡派」與新文學者詩學理念異同論——以胡先驌與胡適爲代表》〔《華南師範大學學報》（社會科學版），2008年03期〕，筆者細讀詩論原典發現，「學衡派」與新文學者的詩學理念既對立衝突，又相反相成。以胡先驌與胡適爲代表，從兩種詩學的多角度探尋形成他們之間差異及默契的主要原因；丘煥星的《〈中國新文學大系〉新文學本位觀質疑——以學衡派的定位爲例》（《東方論壇》，2009年01期），爲了在1930年代證明五四「新文學」的合法性，《中國新文學大系（1917～1927）》在編纂《文學論爭集》時，通過否定「舊文學」來強化其「新文學」立場，但將「學衡派」這樣的現代性矛盾統一體貶爲「復古派」，該文對「新文學」的本位觀提出了自己的質疑；高媛媛的《在學衡派對新詩的批判中探討其自身得失》〔《河南教育學院學報》（哲學社會科學版），2009年03期〕，認爲「學衡派」是一個以文化批評著稱的社團，通過學衡諸子對新詩及新文化運動的批判，我們可以看到其自身文藝理論的得與失；樊東寧的《學衡派文學批評的現代性色彩——從學衡派與新文化派的論爭談起》〔《安徽文學》（下半月），2009年08期〕，作者從考察史料發現，「學衡派」非但不守舊，而且是作爲新文學建設的一支爲新文化建設提出了很多反思性的建議，這爲現代文論建設提供了借鑒。

9、「學衡派」的史學觀

「學衡派」學人曾提出一系列的史學思想，探討這一方面的主要論文有張文建的《學衡派的史學研究》（《史學史研究》，1994 年 02 期），認爲「學衡派」的史學研究雖然具有保守主義的傾向，但是他們在文學、史學、哲學、教育等方面都有自己的積極主張；鄭師渠的《學衡派史學思想初探》〔《北京師範大學學報》（社會科學版），1998 年 04 期〕，認爲「學衡派」提出中國史學循雙軌發展，即普及與提高並重，通史與專史並舉的構想，反映了「學衡派」對於中國史學發展趨勢的總體把握，包含著宏富的內涵與巨大的歷史合理性；張越的《學衡派對歷史學性質的探討及其影響》〔《哈爾濱工業大學學報》（社會科學版），2000 年 04 期〕，寫出了「學衡派」對歷史學性質問題的探討，不僅對歷史學性質問題具有積極的促進作用，也影響到了對其它有關史學理論問題的研究；張越的《試論學衡派的史學思想》（《遼寧師範大學學報》，2002 年 06 期），認爲「學衡派」的史學思想有著自己的獨到觀點，他們認爲，歷史發展「受多方面之影響」，應「綜合各方之長」進行綜合評價；周雲的《學衡派史學思想述論》（《社會科學輯刊》，2003 年 06 期），指出「學衡派」將人的活動看做歷史主要內容，「保生」、「樂生」的人本願望是歷史發展的根本動因，同時以此作爲史學研究的對象。

10、「學衡派」的教育觀

「學衡派」學人中有不少在高校執教，對教育理念有所探討。關注這一方面的學術論文主要有鄭師渠的《論學衡派的教育思想》〔《北京師範大學學報》（人文社會科學版），2000 年 03 期〕，對「學衡派」的教育思想做出了簡要的概括，認爲其相關主張與我們今天教育界正在倡導的關於素質教育與創新能力培養的新概念是相通的，不乏借鑒意義；羅惠縉的《學衡派人文主義教育觀念及實踐初探》（《江西社會科學》，2004 年 10 期），對受新人文主義思想的影響下的「學衡派」教育觀念的構成、教育實踐主要表現方式及「學衡派」人才培養的具體目標作了細緻的梳理；陳寶雲的《教以「成人」——學衡派教育思想詮釋》（《理論界》，2006 年 02 期），認爲在有關教育改革的討論與主張中，「學衡派」的教育思想獨具特色，對人們進行道德教育，培養其健全人格，使其「成人」，這與杜威倡導的實用主義教育理論不同，有其特定的價值與現實意義。

11、「學衡派」與其它派別比較

除了以上十個方面的研究外，還有學者對「學衡派」與其它學派進行了比較研究。這方面的主要論文有高恒文的《「學衡派」與 20 年代的國學研究》（《中國現代文學研究叢刊》，2001 年 03 期），以「學衡派」爲中心，敘述「學衡派」與胡適等人倡導的「整理國故」和東南大學的「國學研究會」的關係；馬菊霞的《20 世紀初國粹派與學衡派之異同比較》（《西安聯合大學學報》，2004 年 01 期），認爲國粹派和「學衡派」是 20 世紀初先後出現的同屬於文化保守主義的兩個派別，作者從兩派比較研究中看到，文化保守主義有它始終不變的特質和自身的發展過程。

（四）碩博論文類

21 世紀以來，專門研究「學衡派」的碩士、博士論文約有 10 餘篇，主要有：

2003 年安徽大學專門史專業陳寶雲的碩士論文《學衡派的文化思想探析》，認爲《學衡》雜誌是一個重要文化研究刊物，由此而形成的「學衡派」是一個具有獨立文化品格的文化群體，有自己的思想文化體系與文化建設理路，其文化思考有廣闊的文化視野與學理色彩。

2003 年西北大學中國現當代文學專業文基梅的碩士論文《學衡派對儒家傳統的堅守》，認爲「學衡派」的文化運思思路有內在的邏輯性，絕非人云亦云，爲了克服因傳統的崩潰和歷史的斷裂所形成的價值眞空造成的時代痛苦，學衡成員努力在紛紜紊亂中尋求秩序和穩定。

2004 年湖南師範大學中國現當代文學專業劉婕的碩士論文《重估〈學衡〉——學衡派的歷史痕迹及現代意義》，主要論述的內容是在當年新文化運動蓬勃發展的情勢中，「學衡派」爲什麼選擇了傳統文化的承繼，它的選擇有怎樣的歷史依據、造成了怎樣的學術意義，以及我們站在當前的學術角度如何重新審視這個學派的現代價值。

2004 年華中科技大學中國古代文學專業鄧雲濤的碩士論文《國故與新知的不同抉擇——論學衡派與五四新文化運動》，從當時特定的時代背景和歷史環境出發，拋開原有的學術成見，對「學衡派」思想進行一番梳理工作和歷史的還原，力圖對其學術主張和文化理想作出客觀的、眞實的評價。論文分析了論戰雙方焦點問題的分歧，反思各自的思想局限性和偏頗之處。

2008 年河北師範大學中國近現代史專業郭作艷的碩士論文《論吳宓的道

德濟世思想》認為五四新文化運動時期，新文化派以民主和科學相標榜，傳統文化備受其詰難，而傳統道德首當其衝。吳宓主張融會新舊，貫通中西，珍視包括儒家倫理在內的人類道德文明，他希望以道德拯救社會，守望人類的精神家園。

2008 年福建師範大學文藝學專業李輝的碩士論文《論新人文主義思想在中國的闡釋和接受——以學衡派和梁實秋為個案》，呈現出新人文主義思潮對 20 世紀 20 年代現代文學創作與批評所發生的真實影響，在辨析新人文主義在當時的美國所產生的具體語境、理論來源及其問題意識的基礎上明確了新人文主義的內涵，並以此觀照「學衡派」與梁實秋理解、接受、闡釋與應用新人文主義思想時的具體狀況。

2009 年暨南大學中國現當代文學專業陳會力的碩士論文《重論學衡派與新文化運動》，從梳理學界對「學衡派」與新文化運動關係的研究成果出發，擬通過對「學衡派」的語言觀、文化價值觀和文化理想這三個與新文化運動關係的聯接點的考究，評價「學衡派」和新文化運動之間的關係。

2009 年陝西師範大學中國近現代史專業黃婉麗的碩士論文《中西夾縫中的思想調和——學衡派文化學說研究》，以「學衡派」所引介和闡釋的新人文主義為研究對象，分析了「學衡派」產生的歷史背景與學衡派群體的形成，將其置入複雜的社會語境中重新予以更為深層次的考慮。納入「現代性」的新理論視點，試圖更加清晰地理解「學衡派」的思想實質，弄清它在新文化運動中所扮演的歷史角色及其歷史價值，為當前同樣是轉型時期的新文化建設提供一些啟示與借鑒。

2009 年湖南師範大學現當代文學專業徐穎的碩士論文《學衡之「準星」——學衡派文化——文學思想研究》，圍繞「學衡派」對新文化派的批評在現在看來具有哪些值得思考的地方，「學衡派」在文化論爭中到底具有什麼樣的研究價值，以及他們對中國傳統文學觀念尤其是詩歌創作觀念有哪些自己的特點等問題，論述「學衡派」的文學觀念，去挖掘潛藏在歷史的塵埃中的思想的閃光點。

2009 年青島大學中國現當代文學薛兆營的碩士論文《現代傳媒與〈學衡〉的命運闡釋》，從現代傳媒這一新興的研究角度出發，以《學衡》諸人對現代傳媒的選擇、對新文化運動的批評、《學衡》的傳播效果等問題為切入點，分析現代傳媒語境對這一刊物及其所負載的文化觀念的影響，並對現代傳媒所

造成的後果進行反思。本書認爲，《學衡》雜誌運作的最終命運的出現，是因其缺乏對現代傳媒精神的有效把握，形成了與現代傳媒精神的衝突，但其存在也產生了對現代傳媒後果的反撥，預言了現代傳媒所帶來的精神危機。

　　2008 年復旦大學英語語言文學專業王雪明的博士論文《制衡・融合・阻抗——學衡派翻譯研究》，著重考察了五四運動後期「學衡派」的翻譯活動。該派是中國五四時期翻譯高潮中一支重要的力量，但因不合新文化運動主流以及同時代和後世對該派的片面認知，使他們在翻譯方面的貢獻被長期遮蔽了。該文通過對典型文本的分析，對「學衡派」翻譯活動的譯介背景、選材、策略運用、譯文特點等方面進行深入細緻的探討，揭示出「學衡派」翻譯活動在五四新文化運動的地位和作用，以及他們通過翻譯西學所意欲傳達的理念和期望達到的目的。本書的最終目的在探求「學衡派」翻譯活動在翻譯學方面的理論價值。

（五）國外研究概況

　　由於「學衡派」深受西方新人文主義的影響，其思想中的保守主義是以白璧德思想爲理論依據的，是對西方傳入的人文主義思想的展開與實踐，並在中國特定的背景下遭到來自其它文化主流的抨擊而流於邊緣，其在中國的研究尚不全面，在國外的研究更爲薄弱。據現在查到的相關資料，可以初步推斷，國外直接冠以「學衡派」爲名進行研究的尚屬罕見，只能看到一些與「學衡派」相關聯的研究，主要圍繞西方人文主義、保守主義、白璧德的著作等。比如羅杰・斯克拉頓（英）的《保守主義者的含義》；白璧德（美）等的《人文主義：全盤反思》；阿倫・布洛克（英）的《西方人文主義傳統》，等。其它的相關資料還有待進一步收集。

（六）結論

　　通過以上文獻綜述，我們可以得出以下幾個結論：

　　第一，從 20 世紀 70 年代末以來，對「學衡派」的研究取得了豐碩的成果。出版著作 10 餘部，發表學術論文 300 餘篇，碩博論文 10 餘篇。涉及內容相當廣泛，有對「學衡派」的總體研究，有對「學衡派」各方面的研究，如「學衡派」與新人文主義、「學衡派」與現代化或西方文化的關係、「學衡派」與五四新文化運動的關係、文化觀、政治觀、道德觀、史學觀、文藝觀、教育觀等。

第二，學術成果發表的時間段不平衡。20 世紀 70 年代末到 20 世紀末的成果偏少，21 世紀 10 年來的成果比較豐厚。20 世紀 70 年代末到 20 世紀末出版的專著只有零星幾部，21 世紀以後則呈增多之勢；20 世紀 70 年代末到 20 世紀末發表的學術論文約爲 20 餘篇，21 世紀以後則增加爲數百篇；而碩博論文都是 21 世紀後出現的，這可能與中國大陸 20 世紀 90 年代之後逐步興起的文化保守主義思潮有關。

第三，學術成果覆蓋的研究領域不平衡。學術成果較集中的領域是「學衡派」的文化觀、文藝觀、史學觀以及「學衡派」與新文化運動的關係、「學衡派」與西方文化的關係等，而對「學衡派」哲學思想、政治思想、教育思想尤其是「學衡派」的倫理思想研究相對偏少。目前還缺乏系統研究「學衡派」倫理思想的專著，在論文方面也只有數篇，大多偏重於某個方面或角度研究，如沈靜的《簡析〈學衡〉派的道德意識心理》、蔣書麗的《學衡派的道德價值》、陳寶雲的《道德的向度：學衡派「德化天下」思想探析》、鄭師渠的《論吳宓的道德思想》，郭作艷的碩士論文《論吳宓的道德濟世思想》，等。出現這種狀況的原因一方面是由於人們的重視程度不夠，另一方面也與研究人員的專業結構有關。目前研究「學衡派」及其思想的主要是中國近現代史、中國近現代文學史專業的學者，而中國哲學專業、倫理學專業的學者研究學衡派思想的幾乎沒有。

根據以上綜述，本書試圖對《學衡派的倫理思想》做出系統的梳理和全面的研究，以彌補或改變學界在這方面研究的薄弱狀態，爲「學衡派」的深入研究添磚加瓦。

三、「學衡派」倫理思想概述

「學衡派」倫理思想的主要思想資源是白璧德的「人文主義」，主要內容涵蓋了人性論、人生論、苦樂論、道德修養論、儒家道德論、西方道德論、學術道德論諸多方面，體現出自身的一些特徵。

由於「學衡派」的一些主力成員都是白璧德的學生，所以白璧德的思想尤其是他的「人文主義」對「學衡派」整個思想包括倫理思想的形成具有直接的和重要的意義，也可以說，白璧德的「人文主義」是「學衡派」倫理思想的重要理論基礎。除此之外，「學衡派」的倫理思想還與中國傳統倫理思想資源和西方倫理思想資源有關。

　　在「學衡派」中，集中探討人性善惡論的主要有吳宓和繆鳳林等，他們的觀點雖同中帶異，但都是結合西學對中國傳統人性論的重新鎔鑄。除吳宓、繆鳳林外，景昌極也持善惡二元的觀點。在「學衡派」中，談論人生論較多的是吳宓和景昌極，分別探討了人生觀和人生哲學的一些基本問題。在「學衡派」中，景昌極和繆鳳林談論苦樂問題較爲集中。景昌極接受了西方近代快樂論的主要觀點，他雖然不反對道義，但有爲功利辯護的色彩。而繆鳳林的苦樂論則典型地代表了「學衡派」學人的基本思想傾向，即對西方近代文化的批判和對中國傳統思想精粹的弘揚。但同樣明顯的是，景昌極和繆鳳林對唯識學的推崇是一致的，都試圖用唯識學的原理來闡釋苦樂問題。「學衡派」的文化主張意在發揚傳統文化的精粹，因而也極爲重視中國傳統道德中的道德修養論。道德修養按照吳宓的說法叫「實踐道德之法」，按繆鳳林的說法叫「盡性方術論」，按照林損的概念叫做「養性」，他們的道德修養論大都是對儒家傳統道德修養論的繼承和發揚。在新文化運動猛烈衝擊中國傳統文化的背景下，作爲主流上的文化民族主義學派，「學衡派」人物自然對儒家倫理格外重視。他們探討了儒家倫理與當下的道德狀況、孔學與當時社會的關係、提升了五倫的理論和實踐價值，並對傳統禮樂觀進行了系統闡釋，得出了與新文化運動代表人物相異甚至相反的結論。「學衡派」學人不贊同盲目學習西方，反對把中國變成西方文化垃圾的傾倒場。但他們多數都有西學背景，雖然極力維護中國傳統道德，但對於西方的倫理思想也很重視。他們的不少倫理思想都與對西方傳統的倫理思想的認知和對西方近現代倫理思想的反思有關。五四新文化運動時期，各種學術思潮彼此交鋒，自由爭鳴，波濤奔涌之時，難免泥沙俱下。因此，學術道德或學術人格問題引起了人們的關注和思考。「學衡派」學人有著較豐富的學術道德論，構成他們倫理思想中的重要部分。劉伯明在《學者之精神》中提出五種精神，即自信之精神、注重自得、知識的貞操、求眞之精神、審愼之態度。繆鳳林在《文德篇》中提出學者的文德五方面：一不志乎利，二不趨時勢，三不尙術，四不濫著述，五不輕許可。不少見解在今天仍有意義。

　　綜觀「學衡派」的倫理思想，具有以下幾個顯著特點：第一，有重要的西學背景。一方面是因爲「學衡派」的主要代表人物都有國外的留學經歷，對西學比較熟悉。另一方面他們思想的主要資源是白璧德的人文主義，而白璧德的人文主義是根植於西方傳統的。因此，在「學衡派」的倫理思想中，

處處都能體現出一些西學元素，希臘精神、西方近代各種學說（進化論、快樂論、各種文藝批評理論）等，也表現出「學衡派」倫理思想試圖融會中西倫理思想的積極努力。第二，濃郁的批判意識。這種批判意識首先表現在對五四新文化運動時期激進思潮的批判上，尤其是對其間全盤西化和民族文化虛無主義的批判。從一定意義上說，「學衡派」是作爲五四新文化運動的反對派或對立面出現的，像梅光迪、吳宓、胡先驌、柳詒徵等都是鮮明地站在文化保守主義的立場上批判五四新文化運動時期的各種激進思想。這些批判有合理之處，也有情緒化和偏激的地方。其次是對西方近代文化精神和倫理思想的批判。如胡先驌對功利主義的批判、景昌極對進化論的批判、繆鳳林對快樂論的批判，等等。這是對西方近代文化和倫理精神的一種反思，其中包含有一些值得肯定的地方，也有過激的成分。第三，對中國傳統倫理精神的回歸。「學衡派」對白璧德人文主義的吸收，對五四新文化運動思潮和西方近代文化和倫理精神的批判，其目的都是要弘揚中國傳統倫理精神，維護中華民族的文化身份和精神家園，所以在他們的倫理思想中處處能夠感受到對中國傳統道德精粹的款款深情，無論是人性論、人生論、苦樂論、道德修養論、學術道德論、儒家道德論還是他們的西方道德論，都能找到中國傳統倫理精神的要素，主要是儒家的、道家的、唯識家的。這種對中國傳統倫理精神的回歸既有維護和弘揚中國傳統道德精粹的積極意義，也有反對和排斥近現代道德精神的消極意義。實際上，「學衡派」倫理思想的上述特徵是緊密相連的，這些特徵會在各個章節得到展開和印證。

第一章 「學衡派」的產生及發展歷程

　　20 世紀的中國思想文化受當時的經濟、政治、社會的影響極大,「學衡派」的出現是與當時的文化背景息息相關的。

第一節 「學衡派」產生的文化背景

　　孟子曾提出過「知人論世」的命題,認為要把握一個學派、一種學說體系等必須關注當時的歷史情境,這樣才有可能把握一個學派、一種學說體系等產生的深層原因,為認識這個學派、這種學說的精神實質奠定堅實的基礎。這也是歷史唯物論有關思想史、哲學史研究的一個基本原則。也如當代大儒徐復觀所說:「任何思想的形成,總要受某一思想形成時所憑藉的歷史條件之影響。歷史的特殊性,既成為某一思想的特殊性。沒有這種特殊性,也或許便沒有誘發某一思想的動因,而某一思想也將失其擔當某一時代任務的意義」。〔註 1〕「學衡派」毫無疑問也是其所處的特定歷史條件影響的產物,與當時國際文化環境、國內文化環境息息相關,這也可以說是當時「學衡派」群體活動的歷史時空。

一、國際文化背景

　　「學衡派」產生於三大思潮相互抗爭和交織的基本思想文化格局中,而這種格局的形成與國際文化環境相關。18 世紀末以來,西方各界基於對法國

〔註 1〕 徐復觀:《儒家政治思想的基本結構及其轉進》,《中國人文精神之闡揚》,中國廣播電視出版社 1996 年版,第 229 頁。

大革命的不同反應，出現了保守主義、自由主義、激進主義三種不同思潮，這種分野一直影響到今天。20 世紀初，中國知識分子在學習和接受西方文化時，使中國文化與世界文化思潮緊密交織，成爲世界文化的重要組成部分。因此在當時的中國，與世界文化相共鳴也出現了保守主義、自由主義、激進主義相互爭鳴的局面。這三派可以說共同構成了 20 世紀初具有中國特色的思想文化啓蒙，對中國思想文化的發展歷程起到了不同的推動作用。其中以梅光迪、吳宓爲代表的「學衡派」接受了白璧德的新人文主義思想，在國內《學衡》雜誌等幾種學術刊物撰文著論進行文化傳播，成爲中國近現代文化保守主義思潮的重要組成部分。

從更爲直接的意義上說，「學衡派」的產生與西方近代文化危機密切相關。

西方近代文化是工業文明的典型代表，爲人類社會的發展做出了巨大貢獻，直至今日仍然具有強大的生命力。但是，西方近代文化在長期的發展過程中也暴露出不少缺失，曾給各民族國家帶來過深重的災難，這也是近現代不少外國和中國學者的一種共識。

馬克思、恩格斯是西方資本主義最早和最深刻的批判者。早在 1856 年，馬克思就曾經指出：

> 在我們這個時代，每一種事物好像都包含有自己的反面。我們看到，機器具有減少人類勞動和使勞動更有成效的神奇力量，然而卻引起了飢餓和過度的疲勞。新發現的財富的源泉，由於某種奇怪的、不可思議的魔力而變成貧困的根源。技術的勝利，似乎是以道德的敗壞爲代價換來的。隨著人類越益控制自然，個人卻似乎越益成爲別人的奴隸或自身的卑劣行爲的奴隸。甚至科學的純潔光輝彷彿也只能在愚昧無知的黑暗背景上閃耀。我們的一切發現和進步，似乎結果是使物質力量具有理智生命，而人的生命則化爲愚鈍的物質力量。現代工業、科學與現代貧困、衰頹之間的這種對抗，我們時代的生產力與社會關係之間的這種對抗，是顯而易見的、不可避免的和毋庸爭辯的事實。〔註2〕

事實上，西方不少思想家與馬克思、恩格斯一樣，對西方近代文化進行了種種反思和批判。尼采對歐洲近代實用主義的「庸俗」文化進行了批判，認爲歐洲近代文化的主體是平庸的、麻木的，他們所關注的是「錢袋之叮噹」，

〔註2〕《馬克思恩格斯選集》第二卷，人民出版社1972年版，第78～79頁。

都是「市場之蠅」。歐洲近代的藝術本質上也是市儈式的。應當說，自從尼採宣布「上帝死了」以後，西方文化陷入到深重的危機之中。美國學者艾愷（Guy S.Alitto）曾說：「東西方對現代化的批評從 19 世紀後半持續到 20 世紀，事實上，一些思想史家已看出在大戰前 20 世紀西方文明已經進入了嚴重的危機，修斯（H.Stuart Hughes）的名著《意識與社會》（1950）就描繪了 1890 到 1910 年代一群西歐傑出思想家所體現的對啓蒙種種預設所生的信心危機。」〔註3〕20 世紀 20 年代前後，德國學者奧斯瓦爾德‧斯賓格勒（Oswald Spengler）出版了轟動一時且影響深遠的《西方的沒落》（The Decline of the West）一書，批判了歷史的托勒密體系，揭示出歷史領域中的哥白尼發現，抨擊了歐洲文化中心主義的觀點，肯定了非歐文化的個性價值。他在第一章的導論中說：

> 西歐的領地被當作堅實的一極，當作地球上獨一無二的選定地區──不爲別的，只因爲我們生長在這裡；而那些千百年來綿延不絕的偉大歷史和悠久的強大文化都只能謙卑地繞著這個極在旋轉。……那幾千年的遙遠歷史，例如中國和埃及的歷史，便被縮小爲純粹的插曲，而在其緊鄰的我們的位置，自路德（Luther）尤其是自拿破侖以後的幾十年歷史，則如巨形怪影般（Brocken-spectres）傲然聳立。……對於這一流行的西歐歷史框架──它使那些偉大的文化全部繞著以我們爲所有世界事變的假想中心的軌道運行──最恰當的稱名莫過於歷史的托勒密體系（Ptolemaic system of history）。在本書中，我將提出一個替代的體系，我認爲可以稱之爲歷史領域的哥白尼發現，因爲他不認爲古典文化或西方文化具有比印度文化、巴比倫文化、中國文化、埃及文化、阿拉伯文化、墨西哥文化等更優越的地位──它們都是動態存在的獨立世界，從份量來看，它們在歷史的一般圖象中的地位並不亞於古典文化，而從精神之偉大和力量之上昇方面來看，它們常常超過古典文化。〔註4〕

斯賓格勒的「哥白尼發現」可謂擲地有聲，反響強烈，誠如艾愷所描述的那樣：「它一出版，人們成群的搶購，一部這麼艱澀的大部頭書之如此暢銷實屬

〔註3〕 艾愷：《世界範圍內的反現代化思潮──論文化守成主義》，貴州人民出版社1991 年版，第 97 頁。

〔註4〕 奧斯瓦爾德‧斯賓格勒：《西方的沒落》，上海三聯書店 2006 年版，第 17～18頁。

空前。斯氏循其 19 世紀先驅以文化爲有機的實體，它們有生命的周期：生、長、敗、死。從對世界此一文明的研究中，他建立了文化成長的規則。他以爲西方文化作爲一個整體已屆敗死之年，必爲其它新文化所取代。」〔註5〕1919年，梁啓超等人曾遊歷大戰後的歐洲，到過英國、法國、比利時、荷蘭、意大利、德國等國家，目睹了當時的淒慘情景。在《歐遊心影錄》中，梁啓超描述了西方人對自己文明破產的悲觀心態。他說：

> 我們自到歐洲以來，這種悲觀的論調，著實聽得洋洋盈耳。記得一位美國有名的新聞記者賽蒙氏和我閒談（他做的戰史公認是第一部好的——原注），他問我「你回到中國幹什麼事？是否要把西洋文明帶些回去？」我說：「這個自然。」他歎一口氣說：「唉，可憐，西洋文明已經破產了。」我問他：「你回到美國卻幹什麼？」他說：「我回去就關起大門老等，等你們把中國文明輸進來救拔我們。」我初聽見這種話，還當他是有心奚落我，後來到處聽慣了，才知道他們許多先覺之士，著實懷抱無限憂危，總覺得他們那些物質文明是製造社會險象的種子，倒不如這世外桃源的中國，還有辦法。這就是歐洲多數人心理的一斑了。〔註6〕

受西方自我反思和自我批判思潮的影響，中國 20 世紀初期的一些思想家如晚年的梁啓超、梁漱溟、張君勱等文化民族主義者對西方近代文化的危機也給予了較多關注。梁啓超的《歐遊心影錄》主要對工業文明、科學萬能論、西方近代思潮的負面效應進行了批判。梁啓超指出，在西方工業社會中，貧富差別相當懸殊，下層民眾生活在水深火熱之中：「富者益富，貧者益貧。物價一日一日騰貴，生活一日一日困難」，〔註7〕「聚了無數素不相識的人在一個市場或一個工廠內共同生活，除了物質的利害關係外，絕無情感之可言……大多數人無恒產，恃工生活，生活根據，飄搖無著，好像枯蓬斷梗……社會情形太複雜，應接不暇，到處受刺激，神經疲勞……勞作完了想去要樂，要樂未完又要勞作，晝夜忙碌，無休養之餘裕……欲望日日加高，百物日日加貴，生活日日加難，競爭日日加烈」。〔註8〕西方工業文明的發展依靠的是科

〔註5〕 艾愷：《世界範圍內的反現代化思潮——論文化守成主義》，貴州人民出版社1991年版，第99頁。
〔註6〕 梁啓超：《飲冰室合集》專集之二十三，中華書局1989年版，第15頁。
〔註7〕 梁啓超：《飲冰室合集》專集之二十三，中華書局1989年版，第7頁。
〔註8〕 梁啓超：《飲冰室合集》專集之二十三，中華書局1989年版，第10頁。

學技術，科學技術具有極高的地位，雖然科學技術本身無是非可言，但它卻可以引發人類社會中的許多是非。梁啓超指出，科學雖然帶來了物質文明的高度發達，「一百年物質的進步，比從前三千年所得還加幾倍」，〔註9〕但也造成了人們的情感、信仰等方面的危機。他說：

> 當時謳歌科學萬能的人，期望著科學成功，黃金世界便指日出現。如今功總算成了……我們人類不惟沒有得到幸福，倒反帶來許多災難，好像沙漠中失路的旅人，遠遠望見個大黑影，拼命往前趕，以爲可以靠他向導，哪知趕上幾程，影子卻不見了，因此無限凄惶失望。影子是誰？就是這位「科學先生」。歐洲人做了一場科學萬能的大夢，到如今卻叫起科學破產來。〔註10〕

梁啓超又說：「大凡一個人，若使有個安心立命的所在，雖然外界種種困苦，也容易抵抗過去。近來歐洲人，卻把這件沒有了。爲什麼沒有了呢？最大的原因，就是過信『科學萬能』」，〔註11〕科學迷信代替了人們終極關懷，當科學出現了問題，就自然而然地產生了信仰危機。梁啓超還談到了進化論和個人主義對西方近代文化所產生的負面作用，認爲西方世界所出現的貧富懸殊，一方面是由於「機器發明、生產力集中變化」所致，另一方面也是提倡經濟自由主義和生產自由競爭的結果。進化論和個人主義的負面影響是相當大的，「就私人方面論，崇拜勢力，崇拜黃金，成了天經地義；就國家方面論，軍國主義、帝國主義變了最時髦的政治方針。這回全世界國際大戰爭，其起源實由於此；將來各國內階級大戰爭，其起源也實由於此」，〔註12〕認爲在進化理論和個人主義指導下的人群最容易產生相互爭奪，導致滅絕人性的殘酷戰爭的出現。「東方文化派」的代表和現代新儒學的創始人梁漱溟繼承了梁啓超《歐遊心影錄》的基本理路，在《東西文化及其哲學》中也對西方近代工業文明的負面效應進行了批判。梁漱溟指出，以意欲向前要求爲基本精神的西方文化在征服自然，科學技術和民主自由等方面取得了重要成就，但也出現了種種問題。主要是貧富差別太大、權力過分集中在資方、失業的恐慌、生活樂趣的喪失等：

〔註9〕梁啓超：《飲冰室合集》專集之二十三，中華書局1989年版，第12頁。
〔註10〕梁啓超：《飲冰室合集》專集之二十三，中華書局1989年版，第12頁。
〔註11〕梁啓超：《飲冰室合集》專集之二十三，中華書局1989年版，第10頁。
〔註12〕梁啓超：《飲冰室合集》專集之二十三，中華書局1989年版，第9頁。

當機械發明，變動相逐以來，小工業一次一次的破壞，那些在小工業居主人地位的——小資本家——便一次一次都夷爲隸屬的工人，到大工場去做工乞活。這個結果除少數善於經營而有幸運的人作了資本家，其餘的便都變成了工人，社會上簡直劃然成兩階級……資本家與工人的關係看著是自由契約，一方要招他作工，一方願意就招，其實資本家完全可以壓迫工人制其死命，而工人則除你願意餓，可以自由去餓之外，沒有別的自由。因爲你不工作就沒有飯吃，要工作就得聽命於他。……因爲生產過剩，資本家就得賠錢，若再生產豈不更賠累，所以自然要停工。〔註13〕

其結果造成工人失業，使許多任務人的生存狀態處在水深火熱之中。資本家只知道賺錢，對工人「簡直一點情趣，一點情義沒有」，〔註14〕人異化成了機器的奴隸，成天做著機械的工作。工作之餘，人們沉醉於耳目口腹之樂，誰也不想嫁娶，家庭的樂趣蕩然無存，於是「風紀的紊亂，酗酒鬧事、自殺、殺人種種情形就不可勝言了。」〔註15〕梁漱溟的結論是：機械是西方近代的惡魔，資本主義經濟太不合理，人們生活的太累，太苦，太空虛，太沒有情義，太沒有生活味。〔註16〕除了梁啓超和梁漱溟之外，中國近現代的其它許多文化民族主義者也都關注到了這一問題。比如張君勱就對科學萬能說進行了批評，認爲科學萬能論造成了人們對於科學的迷信，而世界大戰的爆發，則宣告了科學萬能論的破產。事實上，科學絕不是萬能的，而是有所不能的。

綜上所述，正是由於西方近代文化呈現出的種種問題和危機，促使人們重新探尋中國傳統文化的價值，以尋求在中西文化相互結合的基礎上創建中國新文化的現實道路，從而催生了中國近現代的文化保守主義學派，包括「學衡派」。

二、國內文化背景

「學衡派」的產生除了與對西方近代文化危機的反思有關之外，也與國內的文化環境密不可分，主要是中國傳統文化的危機、新文化運動中激進思潮的刺激等。

〔註13〕 《梁漱溟全集》第一卷，山東人民出版社1989年版，第490～491頁。
〔註14〕 《梁漱溟全集》第一卷，山東人民出版社1989年版，第493頁。
〔註15〕 《梁漱溟全集》第一卷，山東人民出版社1989年版，第493頁。
〔註16〕 《梁漱溟全集》第一卷，山東人民出版社1989年版，第491～493頁。

　　從整個中國歷史發展的途程來看，中國的近現代社會是一個由農業文明向工業文明轉型的時代，經濟、政治、文化上呈現出一種錯綜複雜的狀態。從 19 世紀 40 年代開始，西方列強就開始了對中國的長期掠奪。隨著「西學東漸」步伐的加快，中華民族和傳統文化陷入到空前的生存危機之中。中國傳統文化的危機是一種事實存在，也是一種整體性的危機，以小農爲基礎的經濟形態、以皇權爲核心的專制體制、以「三綱五常」爲綱領的價值系統等與西方近代文化體系存在著內在的對立，它們本質上是古今的差別，也是兩種文明的衝突，而落後的農業文明根本無法與先進的工業文明相抗衡，所以中國傳統文化在近現代的悲慘遭遇很難避免。從而凸顯出「中國向何處去」，「中國文化向何處去」這一貫通於整個中國近現代的大的時代疑問和主題，中國近現代的所有學派、思潮的產生都與這個時代主題有關，都試圖以自家的理論解答這一問題，自由主義西化派如此，中國的馬克思主義如此，包括「學衡派」在內的文化民族主義或文化保守主義也是如此。可以說，中國傳統文化的危機是中國近現代所有學派、思想、學說、思潮產生的共同原因，「學衡派」及其倫理思想的產生亦不例外。

　　「學衡派」作爲五四新文化運動的直接對立物，它的產生離不開五四新文化運動中激進思潮的刺激。文化保守思潮產生於文化激進思潮的刺激這樣一種現象在日本曾經出現過，「日本明治維新的主流，固然是主張學習西方、促進社會的近代化；但它在推進的過程中，又明顯地出現了不顧國情，一味模仿西方文化的狂熱傾向，以至於有人公開提倡改換日本人種，廢除日本書字，改行羅馬字母，鼓吹全盤西化。……日本的國粹思潮便由此發端。」〔註17〕縱觀中國近現代的思想文化史，文化保守主義的產生也是與文化激進主義的刺激密切相關，反之亦然。作爲文化保守主義之一的「學衡派」就是對五四新文化運動中激進思潮的回應。五四新文化運動時期是激進思潮集中爆發的時期，以陳獨秀、胡適、魯迅、吳虞、錢玄同等爲代表的那些新派的風雲人物掀起了整體性反傳統和整體性西方化的思潮。陳獨秀說：

　　　　儒者三綱之說，爲一切道德、政治之大原。君爲臣綱，則民於君爲附屬品，而無獨立自主之人格矣。父爲子綱，則子於父爲附屬品，而無獨立自主之人格矣。夫爲妻綱，則妻於夫爲附屬品，而無

〔註17〕鄭師渠：《晚清國粹派文化思想研究》，北京師範大學出版社 1997 年版，第 2 頁。

獨立自主之人格矣。率天下之男女，爲臣，爲子，爲妻，而不見有

一獨立自主之人格者，三綱之說爲之也。緣此而生金科玉律之道德

名詞，曰忠，曰孝，曰節，皆非推己及人之主人道德，而爲以己屬

人之奴隸道德也。〔註18〕

認爲傳統道德、政治的根本原則是儒家的「三綱」，其結果是泯滅了人們「獨立自主之人格」，本質上都是「奴隸道德」。而且這些「聖教」與科學和民主是水火難容的。錢玄同說：

欲廢孔學，不可不先廢漢文；欲驅除一般人之幼稚的野蠻的頑

固的思想，尤不可不先廢漢文。……中國文字，論其字形，則非拼

音而爲象形文字之末流，不便於識，不便於寫；論其字義，則意義

含糊，文法極不精密；論其在今日學問上之應用，則新理、新事、

新物之名詞，一無所有；論其過去之歷史，則千分之九百九十九爲

記載孔門學說及道教妖言之記號。此種文字，斷斷不能適用於二十

世紀之新時代。……欲使中國不亡，欲使中國民族爲二十世紀文明

之民族，必以廢孔學、滅道教爲根本之解決；而廢記載孔門學說及

道教妖言之漢文，尤爲根本解決之根本解決。〔註19〕

認爲廢孔學、滅道教的根本途徑是「廢漢文」，它關乎到中國的存亡和未來發展。胡適認爲，中國百事不如人，而西洋的近代文明是建築在「求人生幸福」的基礎之上的，爲人類增進了不少物質上的享受。西方文化的根本精神是不知足，「物質上的不知足產生了今日鋼鐵世界，機械世界，電力世界。理智上的不知足產生了今日的科學世界。社會政治制度上的不知足產生了今日的民權世界，自由政體，男女平權的社會，勞工神聖的喊聲，社會主義的運動。神聖的不知足是一切革新一切進化的動力」，〔註20〕所以西方文化幾乎盡善盡美，所以胡適號召人們「不要怕模仿」，表示完全贊成全盤西化。五四新文化運動中整體性反傳統和整體性西方化的思潮用錢玄同的話說，一方面即「咱們應該將過去的本國舊文化連根拔去……所以我認爲過去的各國文化，不問其爲中國的，歐洲的，印度的，日本的，總而言之，統而言之，都應該棄之若敝屣。我對於它們，只有充分厭惡之心，決無絲毫留戀之想」；另一方面「將

〔註18〕陳獨秀：《一九一六年》，《青年雜誌》，1916 年第 1 期。

〔註19〕錢玄同、陳獨秀：《中國今後之文字問題》，《新青年》1918 年第 4 期。

〔註20〕《胡適哲學思想資料選》，華東師範大學出版社 1981 年版，第 317 頁。

現代的世界新文化全盤承受」。〔註21〕應該說，五四新文化運動以民主與科學
爲武器，深入討伐了以儒學爲代表的傳統價值體系的負面影響，並實現了文
字改革，推進了文學革命，爲馬克思主義學說在中國的傳播開闢了道路，誠
如毛澤東在《反對黨八股》中所說：「五四運動時期，一班新人物反對文言文，
提倡白話文，反對舊教條，提倡科學和民主，這些都是對的。」〔註22〕也就
是說，五四新文化運動激進思潮的功績是不可抹殺的，因爲中國傳統思想文
化對於中國走出中世紀、實現現代化產生過阻礙作用，應該受到批判，這也
是五四時期激進思潮激烈反傳統能夠得到許多人支持的根本原因所在。然
而，五四新文化運動時期的激進思潮也存在著種種的歷史失誤。按照柴文華
教授的觀點，主要有以下幾個方面：第一，五四新文化運動時期激進思潮的
思維方式是二元對立，認爲科學民主與孔學絕對不能兼容，他們所運用的是
一種絕對主義的方法，從而導致了「深刻的片面」。第二，五四新文化運動時
期激進思潮的整體性反傳統用文化發展的點截性否定了文化發展的連續性，
深深陷入民族文化虛無主義的泥潭而不願自拔。第三，五四新文化運動時期
激進思潮所反映出的是一種無能的心態，即把現代社會的落後歸罪於古人，
讓古人爲今人埋單。第四，五四新文化運動時期激進思潮對中國傳統習俗、
文化以及道德價值理念的批判還存在著一個重要的方法論根源，這就是杜維
明所說的「弱人政策」，即以己之短比人之長，拿中國吸食鴉片、裹小腳、打
麻將等惡俗與西方輝煌的物質文明相比，比較的結果自然會得出悲觀的結
論，從而走上整體性反傳統的道路。第五，五四時期新文化運動時期激進思
潮的整體性西化從一開始就面臨著種種疑難，他們對於全盤西化必要性和可
能性的回答很難令人信服。因此，五四新文化運動時期激進思潮儘管有踏準
時代節拍的合理性，但不少方面是錯誤的。〔註 23〕正因爲五四新文化運動時
期文化激進思潮的總體性反傳統和總體性西化存在著諸種認知不足和實際困
難，由此促成了新一輪文化保守思潮的興起，與「東方文化派」、早期現代新
儒家公開站出來爲孔子「出氣」一樣，「學衡派」諸君依然堅信儒學存在的現
代價值，他們選取儒家人文主義的精華，來警醒當世「迷途」的人們，用歷
史的智慧來反對當代的智慧，認爲「激進分子曾使用一些理論來攻擊人文主

〔註21〕《錢玄同文集》第二卷，中國人民大學出版社 1999 年版，第 187 頁。
〔註22〕《毛澤東選集》第三卷，人民出版社 1966 年版，第 788 頁。
〔註23〕柴文華：《五四時期的激進思潮及其反思》，《求是學刊》2009 年第 3 期。

義傳統，人文主義者必須站在自己的立場上直面對手並清晰闡述自己的信念，這樣他也許會在那些並不直接對其普遍性論證感興趣，但卻本能地具有良好判斷者那裡獲得有價值的支持。」〔註24〕不可否認的是，「學衡派」的首領們：梅光迪、吳宓、胡先驌、柳詒徵等很多的言論都是針對五四新文化運動時期的激進思潮而發的，表明了他們對五四新文化運動時期激進思潮的反思和批判，沒有五四新文化運動時期的激進思潮，也許就沒有「學衡派」。

第二節　《學衡》雜誌與「學衡派」的發展歷程

　　「學衡派」的產生和發展與《學衡》雜誌緊密相聯，「學衡派」學人主辦了《學衡》雜誌，《學衡》雜誌是「學衡派」學人的主要展示平臺，二者如影之隨形，《學衡》雜誌的興衰歷程在一定意義上折射出「學衡派」的發展歷程。

一、《學衡》雜誌的創刊與「學衡派」的幾位主力成員

　　《學衡》雜誌的創立與「學衡派」的幾位主力成員關係密切，其中最重要的有梅光迪、吳宓、湯用彤、胡先驌等。

　　梅光迪（1890～1945，字覲莊，後改字迪生），《學衡》雜誌的創辦者之一。他對新文化運動的態度源於與胡適的友誼。胡適與梅光迪同為安徽人，家鄉相距不遠，於何時開始交往並無史實記載，據《胡適留學日記》1911 年 8 月 18 日所記：「見北京清華學堂榜，知覲莊與鍾英皆來美矣，為之狂喜不已。」〔註25〕從而可推出兩人在國內時已相交甚深。有關兩人初期相交往的資料表明，他們彼此友情深厚，兩人都對文史有濃厚興趣，所謂惺惺相惜，對彼此才華與學術予以肯定，因而書信來往頻繁，常交流探討學術思想，發表自己的見解，「頗多相合之處」，相交甚歡。當時兩人對中國古代思想的學術觀點也還是有共同看法，多集中於對漢宋代思想文化的認知方面。此時雖然在論及詩及文字時出現了些許分歧，但還是能客觀討論、共同研究，對對方的觀點持有理解並包容之態度。1916 年 1 月開始，胡適密切關注文學改良問題，而梅光迪已師從白璧德研習新人文主義，他說在「讀到白璧德的《現代法國文學批評大師》一書前，也曾陷溺於當時流行的浪漫思想，既經皈依於白氏

〔註24〕歐文・白璧德：《文學與美國大學》，北京大學出版社 2004 年版，第 56 頁。
〔註25〕《胡適日記全編》第一冊，安徽教育出版社 2001 年版，第 128 頁。

的新人文主義，才終生未改其操……」〔註 26〕。這一時期的胡適與梅光迪已經分別完成了由單純的文學愛好青年向具有一定學術流派、思想傾向的成熟學者的轉變。這種思想認知使兩者站在不同的角度關注「民生」，力圖改變中國社會貧窮落後的局面。作為兩種學術流派的核心人物，二人都堅守自己的學術信仰，對兩種思潮在中國的傳播起到了重要的作用。且不說孰是孰非，孰強孰弱，二者都在以或激進或保守的方式中實現了知識分子的現實關懷和人文訴求，以不同的理念拓展了國民的文學視野、精神生活。胡適、梅光迪思想分歧逐漸擴大，即便經過尖銳的爭執也無法達成基本的溝通共識，1917年隨著胡適回國，文學改良主張、新文化運動在國內如火如荼，愈演愈烈，兩人漸成水火之勢，昔時好友在思想上已難有契合，思想差異範圍從文學改良方面擴大至對西方古典、中國傳統、近代文明以及人文等現代思想文化諸多方面。

吳宓（1894～1978，字雨僧），《學衡》雜誌的長期主編，1911 年在清華學堂讀書。同年，湯用彤（1893～1964，字錫予），也來到了清華學堂。二人志同道合，並於 1915 年多與廣東黃華等人在清華學堂成立了天人學會，「會之大旨：除共事犧牲，益國立群外，則欲融合新舊，擷精立極，造成一種學說，以影響社會，改良群治」，以「勵道德……謀公益為終極之宗旨」〔註 27〕。在此期間，吳宓將自己將來要辦的報刊名字也已想好，據吳宓日記所記，他日所辦之報的英文名字 Renaissance（「文藝復興」），意在「國粹復光」。〔註 28〕從吳宓這些活動中可看出吳宓志於「融合新舊」的文化立場，已現日後「學衡派」的學術風格端倪。1917 年吳宓赴美。據吳宓記載，此時胡適在國內，與陳獨秀聯合，提倡並推進所謂「新文化運動」，聲勢煊赫，不可一世。梅光迪則正在「招兵買馬」，到處搜求人才、聯絡同志，擬回國後與胡適作一全盤大戰。〔註 29〕1918 年 8 月急於謀求同道的梅光迪拜訪了吳宓，兩人「屢次作竟日談」，「梅君慷慨流涕，極言我中國文化之可寶貴，歷代聖賢、儒者思想之高深，中國舊禮俗、舊制度之優點，今彼胡適等所言所行之可痛恨。昔伍員自詡『我能覆楚』，申包胥曰：『我必復之』。我輩今者但當勉為中國文化之

〔註 26〕 侯健：《近代中國思想人物論》，美國哈佛大學出版社 1976 年版，第 136 頁。
〔註 27〕 《吳宓詩及其詩話》，陝西人民出版社 1992 年版，第 210 頁。
〔註 28〕 《吳宓日記》第一冊，三聯書店 1998 年版，第 504 頁。
〔註 29〕 《吳宓自編年譜》，三聯書店 1995 年版，第 177 頁。

申包胥而已，云云。宓十分感動，即表示：宓當勉力追隨，願效馳驅，如諸葛武侯之對劉先主『鞠躬盡瘁，死而後已』，云云。」〔註30〕吳宓接受了梅光迪的主張，在梅光迪的引見下得見白璧德，接受了白璧德的新人文主義思想，拜其為師。吳宓和梅光迪在學術理論與文學志向方面達成共識，為「學衡派」的誕生奠定了進一步的基礎。

《學衡》雜誌創刊還有一個直接的誘因。1917 年，回國後的胡適在《新青年》上發表《文學改良芻議》，胡先驌則在《南高日刊》上發表《中國文學改良論》，開始了兩派間的正面衝突。1920 年 3 月初，胡適的新詩集《嘗試集》出版，胡先驌隨即寫了一篇書評進行批判，但由於新文化運動在當時社會影響極深，找遍全國竟沒有哪個刊物肯給予發表，《吳宓自編年譜》記載說，「《學衡》雜誌之發起，半因胡先驌此冊《評〈嘗試集〉》〔註31〕撰成後，歷投南北各日報及各文學雜誌，無一願為刊登，或無一敢為刊登者。此，事實也。」〔註32〕胡先驌遂和梅光迪、劉伯明等人商定自辦雜誌，決定在南高師「以此校為聚集同志知友，發展理想事業之地」。〔註33〕1921 年 5 月，梅光迪修書邀請吳宓加入他所要從事的重大事業，信中提到「尤以 1920 年秋，即與中華書局有約，擬由我等編撰雜誌（月出一期），名曰『學衡』，而由中華書局發行。此雜誌之總編輯，尤非宓來擔任不可」。〔註34〕而此前兩人在美國「屢次作竟日談」時，吳宓早已表示願效「諸葛武侯之對劉先主『鞠躬盡瘁，死而後已』」的精神，勉力相隨，故爾改變了即將回國赴北京高等師範任教的計劃，接受了梅光迪的力邀，同年 6 月赴東南大學任教，參與學衡創辦事宜。1921 年 11 月，《學衡》雜誌相關人員聚首，召開第一次會議，成員有吳宓、梅光迪、劉伯明、柳詒徵、胡先驌等。會議公舉吳宓為「集稿員」，成員遵從梅光迪提議，決定：《學衡》雜誌不立社長，總編、撰述員等，以免有名位之爭；凡為《學衡》雜誌作文章者即為社員，不作文章即不是社員。《學衡》雜誌仿《庸言》體例，由插畫、通論、述學、文苑、雜俎、書評等欄目構成，各欄目分設專員進行編輯。《學衡》的發刊宗旨是「論究學術，闡求真理，昌明國粹，融化

〔註30〕《吳宓自編年譜》，三聯書店 1995 年版，第 177 頁。
〔註31〕該文後刊登在《學衡》第一期上。
〔註32〕《吳宓自編年譜》，三聯書店 1995 年版，第 229 頁。
〔註33〕《吳宓自編年譜》，三聯書店 1995 年版，第 214 頁。
〔註34〕《吳宓自編年譜》，三聯書店 1995 年版，第 214 頁。

新知。以中正之眼光，行批評之職事，無偏無黨，不激不隨。」〔註35〕體裁及辦法：「（甲）本雜誌於國學則主以切實之工夫，為精確之研究，然後整理而條析之，明其源流，著其旨要，以見吾國文化，有可與日月爭光之價值。而後來學者，得其研究之津梁，探索之正軌，不至望洋興歎，勞而無功，或盲肆攻擊，專圖毀異，而自以為得也。（乙）本雜誌於西學則主博極群書，深窺底奧，然後明白辨析，審慎取擇，庶使吾國學子，潛心研究，兼收並覽，不至道聽途說，呼號標榜，陷於一偏而昧於大體也。（丙）本雜誌行文則力求明暢雅潔，既不敢堆積餖飣，古字連篇，甘為學究，尤不敢故尚奇詭，妄矜創造，總期以吾國文字，表西來之思想，既達且雅，以見文字之效用，實繫於作者之才力。苟能運用得宜，則吾國文字，自可適時達意，固無須更張其一定之文法，摧殘其優美之形質也」。〔註36〕1921 年 11 月底，《學衡》創刊號全稿寄出，次年 1 月上海中華書局正式出版發行。《學衡》雜誌以弘揚中華傳統文化，反對新文化的建立新文學主張為己任，代表了在當時中國社會尋求中西思想融合的一部分知識分子推動中華文化發展的思想理念。新人文主義學說與中國儒學在理念上有多方的共識，隨著《學衡》的宣傳，通過歐文・白璧德培養的學生吳宓、梅光迪、湯用彤等中國學者及其所影響的學子為媒介，美國的新人文主義思潮進入中國學界，從此開始了新人文主義與儒學溝通的階段，與中國儒學本有的東方人文主義一道影響中國社會。

二、《學衡》雜誌的興衰與「學衡派」的發展歷程

　　《學衡》雜誌於 1922 年 1 月創刊，1933 年 7 月停刊，共出版發行 79 期。其中，1922 年 1 月至 1926 年 12 月，以月刊形式發行 60 期，1927 年停刊。1928 年 1 月復刊後，至 1929 年 11 月以雙月刊形式發行了第 61～72 期。1930 年再次停刊。1931 至 1933 年 7 月時斷時續，不定期發行了第 73 期～79 期。《學衡》雜誌有相對穩定的作者群，主要撰稿人及發表文章的數量為：柳詒徵，49 篇；吳宓，35 篇；繆鳳林，22 篇；王國維，20 篇；胡先驌，15 篇；湯用彤，7 篇；劉伯明，6 篇；梅光迪，5 篇。需要指出的是，梅光迪、吳宓、湯用彤等早年留學於美國哈佛大學時，都曾師從於白璧德，自是新人文主義宣傳的主力。由於《學衡》是以東南大學為聚集之地，許多干將是當時南京

〔註35〕　《學衡雜誌簡章》，《學衡》第一期，1922 年 1 月。
〔註36〕　《學衡雜誌簡章》，《學衡》第一期，1922 年 1 月。

高師——東南大學的教師，如柳詒徵、胡先驌、劉伯明等，在他們薰陶影響下，大批學生也加入了《學衡》作者行列，主要是繆鳳林、景昌極、張其昀、徐震堮等。此外，也有眾多南京支那內學院的師生受此影響，當時在校的有湯用彤、熊十力、蒙文通等人。自創刊到終刊期間，有不下百人爲《學衡》撰稿。

　　學界對「學衡派」存在時間的看法一直存有爭議。最簡單明瞭的說法是以《學衡》雜誌的存在時間而論，即 1922 年 1 月至 1933 年 7 月。因《學衡》雜誌的創辦，社會人士即以「學衡派」來稱呼這一學術團體，逐漸的吳宓等人也自稱「學衡」社員。沈衛威認爲，《學衡》雜誌的實際存在時間雖然沒有異議，但「『學衡派』成員的活動卻不限於這個具體時間」，他認爲，「『學衡派』的存在是新文化——新文學運動。換句話說，『學衡派』是反對新文化——新文學的，是以保守來反對、牽制和制衡激進的新文化——新文學」。沈衛威把「學衡派」的存在時間細化，把「學衡派」的存在時間與新文學運動的發生並存，以至於從 1915～1917 年梅光迪與胡適的討論與矛盾期算做是成員活動的開始。1917 年至 1921 年間，稱爲「前學衡時期」。1922 年 1 月至 1933 年 7 月，稱爲「學衡時期」。1932 年 9 月，「學衡」成員因《國風》而重新集結，《國風》始於 1932 年 9 月 1 日，終於 1936 年 12 月，稱爲「後學衡時期」。因此，在沈衛威看來，「學衡派」的活動時間不僅是《學衡》時期，而是在相當長的一段時間內。〔註 37〕高恒文在《東南大學與「學衡派」》中認爲，「一般都是想當然的把《學衡》存在的時間當作『學衡派』存在的時間，這幾乎是學術界到目前爲止的基本看法，幾成定論，彷彿是不言而喻、不言自明的歷史事實。其實，這完全是一個誤解，一個因爲不求甚解而粗心犯下的錯誤。」高恒文說：「我傾向於認爲，以『學衡社』的成立，作爲『學衡派』起始的時間。」在「學衡派」的終止時間上，他的看法與沈衛威相去甚遠，認爲「1926 年 12 月，是『學衡派』存在的最後時間；更確切的說，1924 年 7 月至 1926 年 12 月，是『學衡派』解體的過程。《學衡》有前期與後期之分：1922～1926 年爲其前期，1928～1933 年則爲其後期；前期是『學衡派』的《學衡》，後期庶幾可以說是吳宓的《學衡》」。〔註 38〕這種觀點可以理解爲，他以「學衡派」

〔註 37〕沈衛威：《「學衡派」譜系》，江西教育出版社 2007 年版，第 29～33 頁。
〔註 38〕高恒文：《東南大學與「學衡派」》，廣西師範大學出版社 2002 年版，第 4～5 頁。

作爲一個文化和文學的團體的實際存在爲依據，群聚群力時則爲一團體，若團體的實際存在形式發生質疑，則團體也意味著解體了。

以上兩種觀點，可以說均持之有故，言之成理，但有些方面尙需進一步商榷。作爲一種思想存在，能夠論述成文並在專刊發表，爲眾所知所學固然是好。但不能說存在之實體沒有，這種思潮當眞就隨實際形式的解體而立即消散。筆者傾向於，不可單以《學衡》而論「學衡派」，與《學衡》相關的幾種「學衡派」人士活躍其中的刊物及「學衡人」在《學衡》雜誌的前後期的相關活動都應該算做「學衡派」存在的時間及活動範圍。這樣，我們可以把「學衡派」的整個發展歷程分爲「萌芽期」、「發展期」、「衰落期」、「延續期」。

1915 年至 1921 年是「學衡派」的萌芽期。在這一時期，梅光迪和胡適發生了爭論，並與吳宓初步結盟。面對儒學、新人文主義、新文化運動，他們擁有共同的學術觀點，求同存異，「團結一切可以團結的力量」，醞釀將星星之火發展成燎原之勢。

1922 年 1 月～1926 年 12 月是「學衡派」的發展期。1922 年 1 月《學衡》創刊，「學衡派」以南京高師——東南大學爲中心，聚集了梅光迪、吳宓、胡先驌、劉伯明、柳詒徵、湯用彤等學界精英。隨著《學衡》的發行，「學衡派」的觀點在社會廣爲傳播，引發了學界的爭論和反響，美國的新人文主義也開始進入更多知識分子的視野。儘管隨著《學衡》的發行，在「學衡派」的內部及外部都出現了一些矛盾和困難，但總的來講，「學衡派」的影響力、實力不斷壯大，越來越多的南京高師——東南大學師生彙集於此。同期相繼出現的其它刊物也屬「學衡派」陣營，由學生組織史地部主辦的《史地學刊》，學生組織文學研究會和哲學研究會合辦的《文哲學報》，另有《國學叢刊》等都有「學衡派」成員的指導或親自參與，與《學衡》發刊宗旨觀點相似，爲刊物寫作的作者群互相交叉，這些主要的學生作者後來都成了《學衡》及其它外圍刊物的主力干將。

1928 年 1 月至 1933 年 7 月是「學衡派」的衰落期。《學衡》復刊後發生了很大變化，主要體現在「學衡派」主力成員的變化及其中的矛盾衝突。首先，東南大學副校長兼文理科主任劉伯明在 1923 年病逝，這對「學衡派」是一沉重的打擊。由於劉伯明在東南大學身居要職，聲望很高，受人愛戴，並對《學衡》給予了很大的支持和幫助，爲「學衡派」學人提供了一個良好的發展空間和寬鬆環境。而劉伯明病逝後，東南大學發生了火災及「易長風波」，

〔註 39〕校園環境相對混亂,加上其它流派對「學衡派」學人的排擠,便導致了「學衡派」成員的相繼離散。其次,「學衡派」的一些成員對《學衡》表示不滿,認為與其辦刊初衷越來越遠。胡先驌對《學衡》甚為失望,於 1923 年秋去美國哈佛大學讀博士學位。兩年後回國,也只是有「學衡派」成員之名而無其實。梅光迪在 1922 年《學衡》創刊前,可說是「學衡派」的主力干將,為《學衡》的創辦付出了許多心血,更寄託了極大的希望,而 1923 年 1 月以後卻不再向《學衡》投稿,並於 1924 年赴美國哈佛任教。再次,1924 年吳宓離開東南大學,轉赴東北大學,再後受聘於清華國學院。繆鳳林、景昌極也於此前到東北大學。這樣,「學衡派」的東南大學中心在成立了不足 3 年之後,隨著其主力成員的相繼離去,已近瓦解。另外,《學衡》的編輯工作隨著吳宓於 1925 年轉到清華大學國學研究院也有所不同,此前雖事實上大多由吳宓編輯,但名義上還是由集體編輯,此時則完全變成吳宓個人編輯,作者群也悄然發生了變化,以王國維、陳寅恪為代表的部分清華師生和其它北大高校的一些師生也相繼加入了作者群。還有就是「學衡派」主要成員的內部分歧。《吳宓日記》中記錄了 1927 年 11 月 14 日胡先驌到北平後與吳宓的會面情況,「始吾望胡之來,以為《學衡》社友,多年睽隔,今茲重敘,志同道合,必可於事業有裨。乃結果大失所望。蓋胡先驌不惟謂(一)專心生物學,不能多作文。(二)胡適對我頗好,等等。且謂(三)《學衡》缺點太多,且成為抱殘守缺。為新式講國學者所不喜。業已玷污,無可挽救。(四)今可改在南京出版,由柳(詒徵)、湯(用彤)、王易三人主編。(五)但須先將現有之《學衡》停辦,完全另行改組。絲毫不用《學衡》舊名義,前後渺不相涉,以期煥然一新。而免新者為舊者帶壞云云」。〔註 40〕當吳宓提出改良,仍用《學衡》名義辦下去時,胡先驌認為「《學衡》名已玷污,斷不可用。今之改組,絕不可有仍舊貫之心,而宜完全另出一新雜誌。至於原有之《學衡》,公所經營者,即使可以續出,亦當設法停止云云」。〔註 41〕「學衡派」內部矛盾分歧加重,用吳宓的話講「夫《學衡》之局,已成弩末」。〔註 42〕據吳宓所說:「民國二

〔註39〕1925 年 1 月 6 日,教育部免除郭秉文東南大學校長職務,欽點胡敦復任新校長,遭到東南大學部分學生、教師以及一些社會人士的反對。雖然最終郭秉文沒能回到東南大學,但是胡敦復也未能進入東南大學。「易長風波」後,東南大學元氣大傷,進入動盪期。
〔註40〕《吳宓日記》第 3 冊,三聯書店 1998 年版,第 437 頁。
〔註41〕《吳宓日記》第 3 冊,三聯書店 1998 年版,第 437~438 頁。
〔註42〕《吳宓日記》第 3 冊,三聯書店 1998 年版,第 438 頁。

十一年秋冬，《學衡》雜誌社員在南京者，提議與中華書局解約，以本雜誌改歸中山書局印行。宓當時力持反對。」1933 年 7 月編輯完第 79 期後，吳宓正式辭去總編輯職務，由繆鳳林君繼任，然後與中華書局解約。《學衡》就此終刊。

　　1933 年之後，「學衡派」還有一個延續期。《學衡》終刊不能視為「學衡派」的結束，如前文所提，《學衡》創辦後已在社會和知識分子中產生過重要影響，有著廣泛的作者群與支持者。梁啓超就非常贊同《學衡》的思想主張，香港大學副校長沃姆欣賞並贊同《學衡》的觀點，「以為中國精神文明若聽其破滅，不特非中國民族之福，而亦世界之大不幸也」。〔註43〕此外，除了「學衡派」主要成員的朋友及學生，南京高師──東南大學的師生的相當部分也紛紛加入「學衡派」，在除《學衡》以外創辦了外圍刊物，共同弘揚民族文化的傳統，反對新文化運動中的激進思潮。在《學衡》終刊前，1932 年 9 月 1 日即創辦了《國風》，時任社長是原「學衡派」骨幹的柳詒徵，也有其它「學衡派」成員加入，實現了胡先驌所言的徹底改組另外創建新雜誌。《學衡》停辦後，吳宓也加入了《國風》的創作隊伍，此前原為《學衡》撰搞的一批南京高師──東南大學的師生，漸漸也轉而成了該刊物的作者。該刊物可以看作是「學衡人」在《學衡》後完全另行「改組」，拋異了「舊名義」，實現「煥然一新」的聚集。1941 年至 1948 年浙江大學文學院所辦的《思想與時代》，由張其昀主持，更有學「學衡派」人物梅光迪、郭斌龢等，該刊也可以視為與《學衡》同調的刊物。但無論如何，1933 年 7 月後「學衡派」作為一支團體性的學術力量慢慢消散，逐漸「泯然眾人」矣。

〔註43〕吳宓：《沃姆中國教育談》，《學衡》第二十二期，1923 年 10 月。

第二章 「學衡派」倫理思想的思想資源

　　由於「學衡派」的一些主力成員都是白璧德的學生，所以白璧德的思想尤其是他的「人文主義」對「學衡派」整個思想包括倫理思想的形成具有直接的和重要的意義，也可以說，白璧德的「人文主義」是「學衡派」倫理思想的重要理論基礎，所以本章的重點是探討白璧德「人文主義」對「學衡派」及其倫理思想的影響。除此之外，「學衡派」的倫理思想還與中國傳統倫理思想資源和西方倫理思想資源有關。但由於後面有專章探討「學衡派」的儒家道德觀和西方道德觀，所以此章從略。

第一節　白璧德其人其作

　　歐文・白璧德（Irving Babbit, 1865～1933），美國哈佛大學比較文學教授，文學和文化批評家。1865 年 8 月 2 日出生於美國俄亥俄州（Ohio）西南部的代頓（Dayton）。1885 年進入哈佛大學學習，此間曾在歐洲遊學訪問，1889年畢業於哈佛大學古典學（classics）專業。1890 至 1892 年在巴黎大學（Sorbonne）學習，並跟從梵文教授烈維（Sylvain Levi, 1863～1935）工作一年，學習和研究梵文、巴利文以及印度哲學。1892 年重返哈佛大學研究生學院，攻讀東方學（Oriental Studies）碩士學位，師從拉曼（Charles Lanman）教授開始研究東方語言並進而從事東方研究，1893 年取得美國哈佛大學的碩士學位（A.M）。後在威廉士大學（Williams college）任法文教員一年，教授西班牙文、意大利文和法文等語言。1894 年回任哈佛大學古典系教員，此後由於古典系的衰落而轉任法文教員，1902 年被評爲副教授，1912 年爲哈佛大

學法國比較文學教授。1923 年被邀至法國巴黎大學講授法國浪漫派文學。1933 年 7 月 15 日在美國波士頓康橋（Cambridge, Mass）家中（6 Kirkland Road）病逝。

白璧德是美國「人文主義」思潮的領軍人物。在他看來，文藝復興以來的西方社會過於關注「物的原則」而忽略了「人的原則」。由此他認為人應該回到人的本源立場上來，崇尚人的道德想像和人文理性，反對功利主義的審美觀，相信倫理道德是人類行為的基礎。圍繞這一思想主題，他寫了不少論著，主要有：《文學與美國大學》（*Literature and the American College*）（1908 年）；《新拉奧孔》（*The New Laocoon*）（1910 年）；《近世法國批評大家》（*Masters of Modern French Criticism*）（1912）；《盧梭與浪漫主義》（*Rousseau and Romanticism*）（1919 年）；《民主與領袖》（*Democracy and Leadership*）（1924 年）；《論創造性》（*On Being Creative*）（1932 年）；《法國文學小史》（*French Literature*）（1928），等。

第二節　白璧德「人文主義」的提出

首先需要說明的一個問題是，該文所使用的概念是白璧德的「人文主義」而不是「新人文主義」，其原因有三：一是白璧德在陳述自己的思想的時候，一般都採用「人文主義」而不是「新人文主義」，他也不希望別人把他的學說稱作「新人文主義」；二是在美國，白璧德的學說也始終被人們稱作「人文主義」；其三在《學衡》雜誌的所有文章中，只有一篇談到了「白璧德先生新人文主義之大旨」，其它幾乎有關談到白璧德思想的文章都稱其為「人文主義」。〔註1〕

白璧德「人文主義」的提出可以看作是三大批判的結果：一是對美國社會的批判；二是對美國現代文學的批判；三是對歐洲文藝復興以來人道主義傳統的批判。白璧德是美國工業文明發達並出現危機的親歷者，他明言：「批評家的任務便是與其所處的時代搏鬥，並賦予這個時代在他看來所需要的東西。」〔註2〕從 1914 年開始，美國文學進入到現代主義時期，白璧德將阿諾

〔註 1〕 轉見張源：《從「人文主義」到「保守主義」》，三聯書店 2009 年版，第 44～45 頁。

〔註 2〕 轉見張源：《從「人文主義」到「保守主義」》，三聯書店 2009 年版，第 43 頁。

德〔註3〕的思想作爲重要的思想資源，展開了他的社會批評和文化批判，對當時具有代表性的思潮「現實主義」和「現代主義」進行了激烈的批評。正像張源所描述的那樣：「在白璧德看來，美國的浪漫主義與現實主義文學實爲一丘之貉，現實主義並不代表早期浪漫主義某種根本性的轉向，二者只是自然主義的不同側面而已；那些自認爲代表了『現代性之極致』（the very pink of modernity）的年輕的激進主義者們，不但不是『太現代』了，而是『還不夠現代』（not modern enough），他們缺乏眞正的『現代精神』（the modern spirit），從而並不能抗拒權威、對事物作出自己的判斷。」〔註4〕白璧德最爲深刻的批判應該是對歐洲文藝復興以來人道主義〔註5〕傳統的批判。在 1908 年出版的《文學與美國大學》（*Literature and the American College*）一書中，白璧德區分了兩種人道主義：一種是「科學人道主義」，一種是「情感人道主義」。「應該明確的是，實證的、功利主義的運動主要是由科學人道主義者鼓動的；而情感自然主義（即情感人道主義——引者注）則成爲浪漫主義運動中即便不是最重要，也算是重要的因素。」〔註6〕「科學自然主義」或「科學人道主義」的代表是 16 世紀的培根，而「情感自然主義」或「情感人道主義」的代表是18 世紀的盧梭。培根「因爲追求自然之道而對人道不屑一顧；在追求統攝萬物的過程中他失去了對自己的統攝」；〔註7〕培根的一種說法正好可以來描述盧梭的學說，「自我愉悅的思想對所有的束縛都很敏感，他們會把自己身上的腰帶和弔襪帶都當成束縛自身的鐐銬鎖鏈」，爲了急於擺脫各種形式的束縛，盧梭不惜去損害犧牲美德。〔註8〕總之，在白璧德看來，不論是以培根爲代表的「科學人道主義」，還是以盧梭爲代表的「情感人道主義」，儘管他們都有理論上的合理性，但也具有種種理論的和操作上的重大缺憾，需要用「人文

〔註3〕 阿諾德（Matthew Arnold, 1822～1888）英國文學家、文學評論家。面對工業文明的負面效應，主張用文化解決當下的問題。

〔註4〕 張源：《從「人文主義」到「保守主義」》，三聯書店 2009 年版，第 37～38 頁。

〔註5〕 白璧德所說的「人道主義」雖不甚周延，但主要是指對「物律」的宣傳，與宣傳「人律」的「人文主義」有別。

〔註6〕 段懷清編譯：《新人文主義思潮——白璧德在中國》，江西高校出版社 2009 年版，第 194 頁。

〔註7〕 段懷清編譯：《新人文主義思潮——白璧德在中國》，江西高校出版社 2009 年版，第 198 頁。

〔註8〕 段懷清編譯：《新人文主義思潮——白璧德在中國》，江西高校出版社 2009 年版，第 201 頁。

主義」去取代或修正他們。正是在以上批判的基礎上，白璧德提出了他的「人文主義」思想。

第三節　白璧德「人文主義」的主要內容

「人文主義」一般是指歐洲文藝復興時期代表新興文化的主要思潮。有兩方面的含義：一是指與中世紀神學不同的、以人與自然爲對象的世俗文化的研究。二是指一種基本的價值理念和哲學觀念，強調以「人」爲主題和核心，要求尊重人的本質，人的利益，人的需要，人的多種創造和發展的可能性。人文主義作爲一種思潮，其主流是市民階級反封建、反中世紀神學和禁欲主義的新文化運動。但正像世界上不存在兩個完全相同的東西一樣，「人文主義」和其它許許多多概念都很難有一個普遍公認的定義，牛津大學著名人文學者阿倫‧布洛克（Alan Bullock）說：「沒有人能夠成功地作出別人也滿意的定義」。〔註9〕那麼，白璧德是如何理解和界定「人文主義」的呢？

在眾多對該問題的研究成果中，張源的闡釋可謂清晰明瞭。在《從「人文主義」到「保守主義」》一書中，張源把白璧德的「人文主義」概括爲「一個核心」、「二元論」、「存在的三個等級」。

「一個核心」指「內在制約」（inner check），這是白璧德「人文主義」最核心的概念。白璧德在《盧梭與浪漫主義》（Rousseau and Romanticism）（1919年）中指出：「內在制約」是一種永恒的倫理元素，是人類經驗的「共同核心」（common center），對於「放縱的欲望」（expansive desire）呈現爲一種「制止的力量」，是相對於「生命衝動」（vital impulse）而言的「生命控制」（vital control），是相對於「道德上的懶惰」（moral laziness）的一種「道德責任」（moral responsibility），還是否定原則（no-principle）對於肯定原則（yes-principle）施行的一種否決權力（veto power）。〔註10〕

白璧德有關「二元論」的表述是多維度的，包括「人律」與「物律」的二元論、「人之高尚」與「卑下自我」的二元論、「人性的二元論」、「人類精神的二元論」、「善惡二元論」等。在解釋人是二元的存在時，白璧德指出，其中一元是與他人共有的「倫理自我」（ethical self），另外一元是個人的「性情自我」（temperamental self），後者應置於前者的管轄之下。白璧德還指出，

〔註9〕 張源：《從「人文主義」到「保守主義」》，三聯書店2009年版，第46頁。
〔註10〕 張源：《從「人文主義」到「保守主義」》，三聯書店2009年版，第55～56頁。

「人文主義」源於對「內在生活」（inner life）的認識，而「內在生活」便是「精神法則」與「肢體法則」之間的對立狀態（the opposition between a law of the spirit and a law of the menbers），這二者之間的恒久「對立」導致了一場無盡的「戰爭」，此即人心中的「洞穴中的內戰」（the civl war in the cave）。總之，在白璧德看來，人文主義者由於認識到人的內心有一個能夠實施控制（control）的「自我」，並有一個需要「控制」的「自我」，他對於人生的態度是「二元論的」（dualistic）。〔註11〕這實際上是對人性、人生、人心複雜性的揭示，類似於理想與現實、理性與感性、靈與肉、善與惡的對立衝突，是他關於「內在制約」的說法的重要鋪墊。

白璧德在概括其「人文主義」的人生觀時，最終使用的是「存在的三個等級」（three orders of being）這一表述方式。這三個等級即宗教的、人文主義的、自然主義的，也曾表述為超自然主義、人文主義、自然主義。這其中，人文主義是「適度的法則」，它是對過度的自然主義（即走向極端的自然主義）和過度的超自然主義的（即走向極端的超自然主義）的一種制約力量。〔註12〕

從張源對白璧德「人文主義」的闡釋中，可以看出白璧德「人文主義」中的一些隱含的思想傾向：一是提倡「人律」，重視道德，反對「物律」，批判人的物化；二是堅持「適度」的原則，既肯定科學人道主義和情感人道主義的合理性，也批評科學人道主義和情感人道主義所導致的科學迷信、物質至上、功利主義以及極端的個人主義和縱慾主義；三是與中國傳統倫理思想的暗合。白璧德所謂的「內在制約」與中國傳統倫理中的「內省」、「克己」、「節慾」、「存理制慾」等道德論有類似之處。白璧德把「人文主義」概括為「適度的法則」，與中國傳統思想中的「中庸」理念相合，反對走極端，主張「適度」。可以說，白璧德的「人文主義」既來源於歐洲文藝復興以來的人文主義傳統，也是對這一傳統的反思和批判，從而在當時的美國思想界獨樹一幟，對同時代中國的文化保守主義思潮包括「學衡派」產生了重要影響。

第四節　白璧德「人文主義」對「學衡派」倫理思想的影響

通常有一種觀點，中國 20 世紀初的自由主義來源於美國的實用主義等，

〔註11〕 張源：《從「人文主義」到「保守主義」》，三聯書店 2009 年版，第 57～58 頁。
〔註12〕 張源：《從「人文主義」到「保守主義」》，三聯書店 2009 年版，第 60～62 頁。

激進主義來源於馬克思，唯有保守主義是自本自根的。實際的情況不完全如此，湯一介先生就指出，「以《學衡》雜誌爲代表的現代保守主義者則服膺新人文主義宗師白璧德……三派共同構成了 20 世紀前期的中國文化啓蒙。……保守主義派則可以起著使傳統不至於斷絕，使民族文化傳統得以繼往開來的可能。學衡派正是起著這樣的作用。」〔註 13〕這說明中國的保守主義也與西方文化有著相當的關聯，白璧德「人文主義」對「學衡派」包括對其倫理思想的影響是一種事實存在。

白璧德「人文主義」對「學衡派」包括對其倫理思想的影響主要體現在現代性批判和向東方人文主義的回歸上，也體現在白璧德「人文主義」對「學衡派」主要代表人物思想的影響上。

已如前述，白璧德「人文主義」是在批判美國工業文明負面效應、美國現代文學和歐洲文藝復興以來以培根爲代表的「科學人道主義」和以盧梭爲代表的「情感人道主義」的偏頗的基礎上提出來的，具有鮮明的文化和現代文化的批判風格，這正好爲「學衡派」學人反思、批評五四新文化運動提供了武器，使「學衡派」學人找到了以西方思想家批判西方現代性弊端的實例。另一方面，白璧德對中國傳統特別是儒家的人文主義給與了高度的關注和評價，如他所說：

> 我個人熱衷於將人的經驗分別爲三個層面——自然的、人的和宗教的。經過其結果的檢驗，佛教中最優秀的成分認同了基督教。經過同樣的檢驗，儒學與亞里士多德的思想主張也是一致的，而且，總體上與那些崇尚禮儀和中庸之道的古希臘人的思想也是一致的。一個顯然正確的觀點是，孔子曾經被稱爲東方的亞里士多德。遠東不僅有佛教偉大的宗教運動和儒家偉大的人文運動，而且在早期道教，這一場旨在對人文主義的和宗教的思想作出自然主義的平衡的運動中，曾經顯示過與我這裡正在研究的這場運動的驚人的相似之處。〔註 14〕

肯定了孔子的地位和儒家偉大的人文運動。而且，白璧德「人文主義」理念的基本理路與中國一些傳統的思想資源類似，如梁實秋所說：「白璧德教授是

〔註 13〕段懷清編譯：《新人文主義思潮——白璧德在中國》，江西高校出版社 2009 年版，《序言》第 7～8 頁。

〔註 14〕段懷清：《白璧德與中國文化》，首都師範大學出版社 2006 年版，第 92 頁。

給我許多影響，主要的是因爲他的若干思想和我們中國傳統思想頗多暗合之處。」〔註15〕這也成爲「學衡派」學人弘揚中國傳統文化尤其是中國傳統倫理精神的巨大動力。誠如段懷清所說：「將梅光迪、吳宓、湯用彤……等中國知識分子吸引到白璧德身邊的，似乎也正是白璧德人文主義思想體系當中所?勒出來的從孔子到亞里士多德、從耶穌到佛陀之間的世界範圍內的人文思想圖譜。……而這種世界範圍內的人文思想圖譜，不僅讓那些堅守中國古代思想傳統的現代知識分子所喜歡，更讓那些急於反擊五四新文化運動的現代知識分子們感受到了來自於異域思想的啓迪與民族文化復興的希望。」〔註16〕

白璧德「人文主義」對「學衡派」及其倫理思想的影響還體現在白璧德與他的中國學生即「學衡派」幾位主力成員的交往當中。

梅光迪曾經談到：

就像所有同齡人一樣，沉浸於托爾斯泰的人道主義之中的我，同樣渴盼在西方文學中能找到某種與古老的儒教傳統相通的更爲沈穩而有朝氣的東西。帶著極爲虔誠的熱情，我反覆閱讀了白璧德當時所出的三部著作。這些書給我展示出來的是一個嶄新的世界，或者說是把舊的世界賦予了新的意義和新的語彙。〔註17〕

道出了白璧德的著作對他的震撼和影響，使他看到了「嶄新的世界」或舊世界的「新意義」。梅光迪將白璧德看作是「在一個擁擠不堪的學術世界中」的「特立獨行者」，「他就像是天上的一顆獨行的星星，不屬於任何一個星系」，「他注定要在一種阻礙他的個性才能開花結果的環境中度過他的一生」。梅光迪甚至將白璧德視爲「這個無英雄時代最後一位烈士。」〔註18〕充分表達了梅光迪對白璧德的崇拜之情。從梅光迪在《學衡》上發表的的幾篇重要文章（《評提倡新文化者》、《評今人提倡學術之方法》、《論今日吾國學術界之需要》、《現今西洋人文主義》、《阿諾德之文化論》）來看，既有介紹白璧德思想學說的，也有表達自己觀點的。梅光迪對新文化運動的激烈批評，對學術方法、學術道德的闡論均有白璧德思想的影子。

吳宓是通過梅光迪的引薦走近白璧德的，他試圖在白璧德帶有濃厚倫理

〔註15〕段懷清：《白璧德與中國文化》，首都師範大學出版社 2006 年版，第 214 頁。
〔註16〕段懷清：《白璧德與中國文化》，首都師範大學出版社 2006 年版，第 16～17頁。
〔註17〕段懷清：《白璧德與中國文化》，首都師範大學出版社 2006 年版，第 117 頁。
〔註18〕段懷清：《白璧德與中國文化》，首都師範大學出版社 2006 年版，第 191 頁。

道德色彩的人文思想中尋求他渴望得到的東西。「白璧德對於西方近現代主流思想文化的清理批評，尤其是他對西方人文思想資源的梳理張揚，對東方經驗、特別是孔子儒家人文思想和佛陀思想的借鑒以及在此基礎上所倡導的東西方思想文化貫通融合的主張，已經不僅僅只是從知識上開闊了吳宓的視野，還從文化思想上，尤其是文化史觀和文化哲學上，對吳宓產生了越來越深的影響。」〔註 19〕段懷清認為：「吳宓對白璧德思想學說的認同是全面的、徹底的，其虔誠程度絕不遜色於新文藝者對西方浪漫主義者的信念。」〔註 20〕吳宓是《學衡》的主要負責人，自己也在《學衡》上發表了 30 餘篇文章，應該說，吳宓在人性論、人生觀、道德觀諸多方面都深受白璧德思想的影響。比如白璧德「人文主義」的重要內容之一就是「二元論」，吳宓對此深信不疑，甚至比白璧德本人還要堅決徹底。在《我之人生觀》中，吳宓明確反對純善或純惡的人性一元論，主張人性二元論，即人性既非純善，又非純惡，而是有善有惡，亦善亦惡，可善可惡。再比如，白璧德的「人文主義」把人生觀分為宗教（或超自然主義）、人文主義、自然主義三個層面，吳宓在《論新文化運動》一文中，也把人立身行事分為三級，即「天界」、「人界」、「物界」，重點闡論了「人界」（Humanistic level）。這些都反映了白璧德「人文主義」對吳宓人生觀、倫理觀的深刻影響。

胡先驌雖未親耳聆聽白璧德的演講，但他翻譯過《白璧德中西人文教育談》（Humanistic Education in China and in the West），並發表在《學衡》第三期上。在緊接著的《學衡》第四期，胡先驌發表了《說今日教育之危機》一文，其旨意與他翻譯的《白璧德中西人文教育談》的意旨大體相同，有些段落是對原文的進一步闡發。「白璧德教授以為中國習尚，有高出於歐西之人文主義者，以其全以道德為基礎故，洵知言也。」〔註 21〕胡先驌在白璧德的學說中找到了知音，也找到了武器，並以此為基礎大力弘揚儒家倫理精神。

綜上所述，白璧德「人文主義」對「學衡派」學人思想包括倫理思想的形成和闡揚具有重要的意義，它為「學衡派」批判激進思潮、審視傳統道德提供了一種視域或基點，並成為「學衡派」主流思想的內在元素。那麼，除了白璧德「人文主義」這一思想資源之外，「學衡派」倫理思想還有哪些其它思想資源呢？

〔註 19〕段懷清：《白璧德與中國文化》，首都師範大學出版社 2006 年版，第 198 頁。
〔註 20〕段懷清：《白璧德與中國文化》，首都師範大學出版社 2006 年版，第 208 頁。
〔註 21〕胡先驌：《說今日教育之危機》，《學衡》第四期，1922 年 4 月。

第五節 「學衡派」倫理思想的其它思想資源

除了白璧德「人文主義」之外,「學衡派」倫理思想還有一些其它的思想資源,主要是中國傳統倫理思想資源和西方倫理思想資源。

「學衡派」學人作爲文化民族主義者或文化保守主義者自然對中國傳統倫理思想格外重視。從一定意義上講,他們的倫理思想是以中國傳統倫理思想爲藍本的,也可以說是致力於中國傳統倫理思想的現代闡釋和言說。而在中國傳統倫理思想資源中,他們又格外重視儒家倫理思想和佛學倫理思想。

在儒家倫理思想方面,「學衡派」學人探討了儒家倫理與當下的道德狀況、孔學與當時社會的關係、提升了五倫的理論和實踐價值。如胡先驌就認爲中華民族最偉大的成就,就是能創造和保持一種以道德爲根據的人文主義。孔子之教的正心、誠意、修身、齊家、治國、平天下,克己復禮,以知、仁、勇三達德,行君臣、父子、夫婦、昆弟、朋友五達道。又崇尚中庸,反對過與不及。這些學說影響深遠,至今仍有重要價值。柳詒徵在《論中國近世之病源》一文中認爲,把當時社會的一切腐敗黑暗現象都歸罪於孔子非常過分。孔子之道既不是中國近世腐敗之病源,也不是專制產生的原因,而且儒家倫理很有現實意義。

在佛學倫理思想方面,「學衡派」學人吸收了唯識學和其它佛學思想來闡釋自己的人性論和倫理觀等,並以佛學理論爲武器,對西方的某些學說展開了批判。比如繆鳳林就認爲,如果對孟荀性善性惡論做進一步的追問,就會發現他們理論的問題,需要用唯識家的人性論來補偏救弊。繆鳳林運用唯識家的學說對人性善惡的原因做了描述和分析,認爲「凡性皆有種」,性是「種子」的現起,種子是性的依據或潛在的功能,也可以說是性起的因緣。性起除「種子」這個因緣外,還有其它三緣,即增上緣、所緣緣、等無間緣。「種子」亦有善有,它來自阿賴耶識。景昌極也認爲,佛法可以回答和批評進化論在理論上和事實上的疑難。

「學衡派」是現代情境下的文化民族主義或文化保守主義,而現代情境主要體現在對西學的寬容和吸收上。當然,「學衡派」倫理思想的一個方面的思想資源是西方倫理思想, 〔註 22〕包括古代的也包括近現代的,包括肯定的

〔註22〕白璧德「人文主義」也屬於西方思想資源,但鑒於它對「學衡派」的特殊意義,故已在前面重點論述。此處的西方倫理思想指除了白璧德「人文主義」之外的其它西方倫理思想。

也包括否定的。繆鳳林把希臘精神概括爲四個方面：入世、諧合、中節、理智，認爲西方近代文化則是對希臘精神的背離，而與中國傳統倫理精神有不少暗合之處。希臘精神和中國傳統資源的相關性，爲「學衡派」學人弘揚中國傳統倫理精神的精粹提供了域外的思想武器，也爲「學衡派」學人批判西方近現代文化的弊端提供了重要依據，成爲「學衡派」倫理思想的重要資源和內容。

第三章 「學衡派」的人性論

在「學衡派」中，集中探討人性善惡論的主要有吳宓和繆鳳林等，他們的觀點雖同中帶異，但都是結合西學對中國傳統人性論的重新鎔鑄。除吳宓、繆鳳林外，景昌極也持善惡二元的觀點，如云：「倫理學上之善惡二元、固確乎不拔之說也」，〔註1〕本章重點闡釋和分析吳宓和繆鳳林的人性論。

第一節　人性二元論

吳宓在《論新文化運動》、《我之人生觀》等文中，提出了他對人性的看法，肯定了善惡是非的確定性，明確反對人性一元論，主張人性二元論，並認為人性二元乃道德之基。

在《我之人生觀》中，吳宓肯定了善惡是非的確定性，認為「世間有絕對之善，絕對之惡；絕對之是，絕對之非；乃至絕對之美之醜。」〔註2〕這裡的「絕對」是客觀之意，認為善惡等有自己明確的界限。

在《論新文化運動》一文中，吳宓把人立身行事分為三級，即「天界」、「人界」、「物界」，重點闡論了「人界」（Humanistic level）。認為「人界」以道德為本，尤重中庸與忠恕二義。「凡人之天性皆有相同之處，以此自別於禽獸，道德仁義，禮樂政刑，皆本此而立者也。」〔註3〕具體來講，人心有理和

〔註1〕 景昌極：《佛法淺釋之一評進化論──生命及道德之真詮》，《學衡》第三十八期，1925 年 2 月。
〔註2〕 吳宓：《我之人生觀》，《學衡》第十六期，1923 年 4 月。
〔註3〕 吳宓：《論新文化運動》，《學衡》第四期，1922 年 4 月。

欲兩個元素，兩者相互抗爭，如果人們能夠以理制欲，「則人可日趨於高明，而社會得受其福。吾國孔孟之教，西洋蘇格拉底、柏拉圖、亞里士多德以下之說，皆屬此類。近人或稱之為人本主義，又曰人文主義（Humanism）。」〔註4〕在這裡，吳宓認為人性有相同之處，人的心性有理和欲兩個部分，而以理制欲不論對個人還是社會都具有重要價值，這也是吳宓所理解的人文主義。

在《我之人生觀》中，吳宓進一步發揮了他的上述主張，他以西方人性論為背景，明確反對人性一元論，主張人性二元論，並認為人性二元乃道德之基。

吳宓所說的人性一元論，即指那些主張人性或純惡或純善的理論學說。吳宓指出，主張人性惡者，主要是「昔之宗教家。如耶教之聖奧古斯丁以下，以及十七世紀法國之 Jansenists，〔註5〕又十八世紀美國之 Jonathan Edwards〔註6〕等。」〔註7〕他們主張人性純惡，認為由於人類始祖亞當夏娃犯罪之故，人生乃與罪惡俱來，且罪孽深重。雖畢生虔敬修持，也未必能贖其罪。死後將入地獄受苦，惟遇上帝憐憫而特賜恩典（Grace）者，始可獲免而得福。但誰能獲得這種恩典，是難以預料之事，大權掌握在上帝手中。主張人性善者，是西方近代的浪漫派以及自然派，盧梭是其典型代表。他們認為人性純善，之所以後天陷入罪惡，是由於社會環境的驅使和逼迫。所以人們「當任先天之情，縱本來之欲，無所拘束，無所顧忌，則所為皆合於善。若為禮教制度、風俗習慣所阻礙，即不得不轉而為惡。」吳宓指出，人性一元論的主張是錯誤的，因為它們不符合事實，弊病頗多，其中最主要的是相信「偶然之機（Chance），主命運之說（Fatalism），謂萬事前定（Determinism），而使人廢然墮於悲觀。」性惡論者雖然「用意甚善」，「然危詞聳聽，使人震驚憂懼，或至瘋狂。且上帝之賞罰既不視一生行事之善惡功過為定，則其所謂權衡者，從其心之所欲 Capric 而已，是亦偶然之機也。」以盧梭為代表的性善論「設詞之詭，害世之深，彰明較著。一察歐西近二百年之歷史，及現今之世亂，即可知之。此乃極端之利己主義。人於其所為，不自負責，而歸罪於環境。然環境乃虛空渺茫之物，且人若全為環境所制，不能自脫，則環境固亦偶然

〔註4〕吳宓：《論新文化運動》，《學衡》第四期，1922 年 4 月。

〔註5〕法國的冉森派（Jansenists），崇尚虔誠，反對「或然論」，遵從「恩寵論」。

〔註6〕喬納森・愛德華滋（Jonathan Edwards, 1702～1758），美國著名神學家。

〔註7〕吳宓：《我之人生觀》，《學衡》第十六期，1923 年 4 月（本題凡引此篇不復注）。

之機也。」性惡論派「尚有畏懼上帝之心足以箝制之驅策之」，而性善論者則「誠所謂率獸食人，毫無顧忌然。其說今方盛行，此人心世局之大憂也。」但不論是性惡論，還是性善論，都是相信「偶然之機」，其結果必然導致「怠惰萎靡，不能精勤奮發」，等等。指出了人性一元論在理論上的錯誤和現實中的弊端，即用被動性抹殺了人的主動性和選擇性，而盧梭的性善論又導致了利己主義泛濫，對西方社會產生了諸多負面影響。

在批判人性一元論的基礎上，吳宓明確贊成人性二元論，即人性既非純善，又非純惡，而是有善有惡，亦善亦惡，可善可惡。「西方柏拉圖、亞里士多德即主此說，而吾國先賢亦同。蓋皆見之眞切，最合事實者也。」吳宓主要是從理欲之辨來探討這一問題的，要點如下：第一，認爲主張人性二元論的人，都把人的心性分爲理和欲兩個部分，「其上者曰理【又曰天理（Reason）】，其下者曰欲【又曰人欲（Impulses or Desire）】」；第二，理和欲相互衝突：

> 二者常相爭持，無時或息。欲爲積極的，理爲消極的。欲常思行事，而理則制止之，阻抑之。故欲又稱爲 Inner Check 或 Will to Refrain。……彼欲見可求可戀之物近前，則立時奔騰激躍，欲往取之。而理則暫止之，迅爲判斷。如謂其物而合於正也，則任欲之所爲而縱之。如謂其物之不合於正也，則止欲使不得往。此時，欲必不甘服，而理欲必苦戰一場。

第三，理勝欲則人趨善，欲勝理則人趨惡。

> 理勝則欲屈服，屢屢如是，則人爲善之習慣成矣。若理敗，則欲自行其所適，久而更無忌憚，理愈微弱，馴至消滅，而人爲惡之習慣成矣。……理所以制欲者也。或疑所謂理，太過消極。不知理非不許欲之行事，乃具辨擇之功。於所可欲者則許之，於所不可欲者，則禁之而已。……人能以理制欲，即謂之能克己，而有堅強之意志。不能以理制欲，則意志毫無，終身隨波逐流，墮落迷惘而已。

第四，以理制欲既區別于禁欲主義，又區別於縱慾主義，二者走向了兩個不同的極端，「而制欲之說則歸本於中道，故最可取也。」第五，天理是人之爲人的依據，「人之所以異於禽獸者幾希。所謂幾希者，即心性中之理也，即以理制欲之『可能性』也。」

吳宓還對人性二元論的功能進行了分析，認爲它是道德之基。吳宓指出，所謂道德，就是「行事之是非」。但人性一元論認爲一切成於偶然之機，否定

了其間人力的作用，如果這樣的話，「則行事安所謂是與非？又從何處得道德乎？」根據人性二元之說，則因人遇事用理做判斷，自行抉擇，其結果是自負責任，善則我之功，惡則我之罪。「人各有其意志之自由（Freedom of the Will）。……當選擇之頃，則吾有全權自由決斷，舍生而取義可也，去膏粱文繡而趨鼎鑊斧鋸亦可也。……正惟人有意志之自由，而於其所行事自負道德責任。……顯而易見，故凡大小罪惡過失，無論環境如何之不良，其中要必有由於人之自取而甘願爲之者。易言之，環境固可減輕罪名，然不可委其全責於環境，而直云世間無所謂罪惡也。」吳宓的結論是「非共確信人性二元之說，則道德直不能言也。」在吳宓看來，道德依賴於人的能動性或選擇性。人性一元論使人完全被動於上帝或環境，否定了人的能動性，從而也就否定了道德的存在。而人性二元論肯定了人的能動性，肯定了人的自由和責任，這樣才會有所謂的道德可言。

　　吳宓鍾情於人性二元論除了上述的理論理由之外，還與他的個人體悟密切相關。他說：

> 因吾曾取一元及二元之說一一體驗之，躬行之。又沉思默察，內觀反省。積之久，見之明。乃知一元之說，實不合於事實。而人性二元，則爲吾體驗反省所得之結果，雖欲不信之而不能也。竊謂道德乃實行之事，苟但遵父師之教，讀古人之書，虛愛道德之高之美，而行之者，必不能堅，必不能篤，惟若自行體驗。少年之時，依從上言（1）（2）等各派之教〔註8〕，自放於不道德。一一涉歷之後，深知其中之利害苦樂。然後幡然改途，歸於道德。視道德爲至眞爲至樂，如衣食生命之不可須臾離者。彼人之於道德，始能堅而能篤也。

以個人的經歷體悟出人性二元「雖欲不信之而不能也」。

第二節　對孟荀人性論的分析

　　繆鳳林雖然是一個史學家，但在「學衡派」中對倫理學比較關注，他對儒家尤其是孟子、荀子的人性論進行了細密的研究，提出了一些獨特的觀點。

　　繆鳳林認爲，在中國古代的學術流派中，只有儒家的人性論比較突出。

〔註8〕「（1）（2）等各派之教」指人性一元論的兩派。

儒家的人性論有五種學說,一是告子的無善無不善說;二是孟子的性善說;三是荀子的性惡說;四是揚雄的善惡混說;五是世子的有善有惡說。後來,繆鳳林又結合西學,對歷史上的人性論做了進一步的總結。他說:

> 古今中外,言性之說,略可區為五派:一者謂人性皆善,孟子、劉安、新柏拉圖派、萊布尼志等是也,是曰唯善論;二者謂人性皆惡,荀子、叔本華等是也,是曰唯惡論;三者謂有性善有性不善,世子、霍布士等是也,是曰性有善惡論;四者謂人性善惡混,楊雄、程朱(宋儒言理氣理欲者皆是)、柏拉圖、亞里士多德等是,是曰空間上之二元論;五者謂人性能善能惡,其本體不可以善惡。而其發現也則可善可惡,王安石、蘇東坡、王陽明等是也(西土無主是說者,由其從善惡以論性,不能上溯至極故也),是曰時間上之二元論(就性能善能惡,善與惡相消息言)或曰超絕的一元論(就性之本體非善非惡言)。〔註9〕

繆鳳林尤其對孟荀的人性論進行了分析。在他看來,孟子性善論的核心是性可以為善,如他所說:「孟子性善之主旨,實僅曰性可以為善,初不曰凡性皆善或必善。」〔註10〕認為孟子的性善論不是說人性都是善的,也不是說人性必然為善,而是說人性可以為善。繆鳳林還列舉了《孟子》「生於其心、害於其政」,「作於其心、害於其事」等論斷,指出孟子人性論中包含有可以為惡的成分,其結論是:「孟子雖言性善,實言性可以為善,可以為惡。」荀子雖然是性惡論的主張者,但其中包含有性善論的成分。比如,在荀子看來,禮義法度皆起於聖人,即生於聖人之不可學不可事之性。但聖人之性與其它人是沒有差別的,所以「人人性中,必皆可生起禮義法度,性得禮義法度然後治。生起禮義法度之力,既為人性所固有。此力又善而非惡,人性之可以為善也審矣」。另外,荀子還有一句名言:「塗之人可以為禹」。

> 推究其所以然之故,則曰:「凡禹之所以為禹者,以其為仁義法正也。然則仁義法正,有可知可能之理。然而塗之人也,皆有可以知仁義法正之質,皆有可以能仁義法正之具。然則其可以為禹明矣。」更進而推究,塗之人何以皆有可以知仁義法正之質,皆有可以能仁

〔註 9〕 繆鳳林:《人道論發凡》,《學衡》第四十六期,1925 年 10 月。
〔註10〕 繆鳳林:《闡性【從孟荀之唯識】》,《學衡》第二十六期,1924 年 2 月(本題凡引此篇不復注)。

義法正之具？則曰：「塗之人者。皆內可以知父子之義，外可以知君
臣之正。然則其可以知之質，可以能之具，其在塗之人明矣。」是
則塗之人之有可以知仁義法正之質，可以能仁義法正之具。殆同目
明而耳聰，則與孟子仁義禮智非由外鑠我也我固有之也奚殊？塗之
人因是故可以為禹，又與孟子人皆可以為堯舜何？謂非人性可以為
善之明證耶！雖云塗之人可以為禹，而未必能為禹，然仍無害可以
為禹。

通過這些推理，繆鳳林得出的結論是，「荀子雖言性惡，實亦言性可以為善可
以為惡。」這實際上是暴露了孟荀人性論中的相互矛盾之處。

第三節　對唯識宗人性論的闡揚

繆鳳林認為，如果對孟荀性善性惡論做進一步的追問，就會發現他們理
論的局限性，需要用唯識家的人性論來補偏救弊。繆鳳林的問題是：「孟荀言
性善，則曰仁義禮智；言性惡，則曰食色貪欲。此言善言惡，果以何為標準
耶？」也就是說，性善性惡的判斷標準是什麼呢？這個標準是完全正確的嗎？
還是另有其它標準呢？在繆鳳林看來，性有體用之分，仁義貪欲只是性之用，
而非性之體，都是性之表顯於用的結果，而非原因。用必有體，果必有因。
這裡的問題在於，性之體或性之因到底是一種什麼東西呢？體與因憑藉什麼
而發為用與果的呢？體和用、因和果究竟是一種什麼關係呢？性之用起，必
藉根身。但性之體用是局限於根身呢？還是不局限於根身。如果局限於根身，
怎麼能夠不與他人相混淆呢？性可善可惡，其體其因是各有善有惡呢？還是
非善非惡呢？如果說有善有惡，則善惡之性不並起，為什麼其體與因能並處
而無礙？如果說非善非惡，為什麼其所發之用與果又有善有惡呢？此體此
因，是和良知良能一樣屬於先天呢？還是兼有後天因素呢？如果說它屬於先
天，那麼這個先天又從何而來呢？如果說它兼有後天因素，那麼，這些後天
因素又怎麼產生的呢？性之用，不外乎心理作用。性是心單獨特殊之作用呢？
還是有諸種複雜現象組成的作用系統呢？如果說是各種作用的統稱，那麼對
各種作用應該怎樣分析？……繆鳳林認為，以上問題「皆論性進一步應有之
問題，而皆孟荀之所未言，有待唯識家之補苴者也」。

繆鳳林結合古今中外思想家尤其是唯識家的觀點，重點對人性為善為惡
原因以及相關問題進行了探討。其要點如下：

第一、古今中外先哲對人性爲善爲惡原因的探討。繆鳳林首先提出了一個問題，性固然能善能惡，但原因在哪裏呢？這種原因是純粹的外因呢？還是純粹的內因。抑或是內外因兼有呢？對這個問題，古今中外思想家的回答是不一致的，大致可以分爲三派：（1）認爲人性善惡的表現完全來自內因，與外因毫無關係。此派可以稱作自由論（Libertarianism）。其極端的觀點是認爲人既然有爲善爲惡的自由，因此無論何種行爲，皆可發出，本無限定，更不需要原因，這種觀點可以稱作無定論（Indeterminism）【或稱絕端的自由論】。（2）認爲人性善惡的表現完全來自外因，與內因毫無關係。此派可以稱作定命論（determinism）。其極端的觀點是認爲人生行爲完全受外物因果律支配，毫無變化的可能，這種觀點可以稱作宿命論（fatalism）【或稱絕端的定命論】。（3）認爲人性善惡的表現發自內因，但也常受外因的影響。借用佛學的寓言，這無量內因，純係個人自業招感，自作自受，自負全責。此派可稱作自定論（Self-determinism）但也認爲，人生行爲經常會受到環境薰染。在做了上述劃分之後，繆鳳林對各派的觀點進行了概括性的評價，他說：「自由論謂外緣了無關係，理固非是。然如定命論謂純粹決諸外緣，於個人內因本眞，完全忽視，則又何以解於以堯爲君而有象……用是二說，過猶不及。無定論與宿命論，變本加厲，厥失更甚。故最得眞相者，惟有自定論。」〔註 11〕明確讚賞內外因兼重的自定論。接下來，繆鳳林運用唯識家的學說對人性善惡的原因做了描述和分析。

第二，「凡性皆有種」。他認爲，人們有仁性（如見孺子入井而有怵惕惻隱之心），也有貪性（如見名利少艾而有染著之念），而仁貪之性背後「必另依據一種勢力」作爲其因。因爲「仁性起時，貪性不現；貪性現時，仁性不起。不起不現之時，仁性貪性固仍潛在。吾人名此起者現者曰自覺（the conscious），名此不起不現者曰非自覺（unconscious），則吾人凡自覺之際，必另有非自覺之部分。此部分雖非自覺，其功能仍屬潛在。」總之，這種「勢力」、「潛在功能」即是「種子」。〔註 12〕「凡性皆有種。種子未起，不曰性而曰種；種子已現，則曰性而不曰種。而所謂性、所謂自覺、所謂記憶，皆不過此潛在功能之現行而已。」也就是說，性是「種子」的現起，種子是性的依據或潛在的功能，也可以說是性起的因緣。

〔註 11〕 繆鳳林：《人道論發凡》，《學衡》第四十六期，1925 年 10 月。
〔註 12〕 「種子」：佛學名詞。以植物的「種子」能產生結果比喻阿賴耶識中包含有產生世界萬象的潛能。

第三，性起除「種子」這個因緣外，還有其它三緣，即增上緣、所緣緣、等無間緣。仁貪之性的現起「必與識俱」，如見孺子將入於井則起仁性，見名利少艾則起貪性。此「見」（眼識及五俱意識）很重要，如果沒有此「見」，則仁貪之性不能現起，這叫增上緣；仁貪之性的現起「必待境俱」，此「境」即是指「孺子及名利少艾」，如果沒有「孺子及名利少艾」作爲境界依，仁貪之性也不能現起，這叫所緣緣；仁貪之性是相對立的，不能同時存在，必前性滅而後性方生，如仁起時必無貪，仁滅而貪或隨生，這叫無間緣。「種子雖恒潛在，而三緣則非恒有，緣備性起。緣既非恒有，故性有現有不現。」也就是說，仁貪之性的產生有著諸多複雜的原因，有主觀的，有客觀的，需要做全面分析。

第四，「種子」也有善有惡。繆鳳林指出，性既然能善能惡，「種子」也有善有惡。但這並不是說善種能生惡性，惡種能生善性。但極善之人，非無惡種；極惡之人，非無善種。「種子」和性一樣有善有惡。繆鳳林舉例說：

> 嘗見古今不德之士，雖多深知權勢名位，召禍媒介，而其求之也，奴顏婢膝曾不稍顧。楚館秦樓，殺身利器，而其趨之也，如蛾投燈，寧死不退。錢財物寶，不足爲福，而其斂之也，細大不捐，永無止足。以及欺詐不義之行，好勇逞鬥之事，居亦明曉其非，且嘗以是曉人，及至親臨其境，卒莫由自拔。事過境遷，愧悔無地，天日自矢，決不重犯。口血未乾，故態復萌，其放僻邪侈，較前且益加劇焉。若此者，皆其貪鬥等噁心所種子勢力強盛有以致之也。其在躬行之君子，則因其固然，不蹈非行，名利聲色，視若浮雲，彼其人非不知身外之物，取之有節之無損於德也。怡情紅粉，出之有度之實爲韻事也，然其自守之嚴，律己之勤，卒莫肯以彼易此。甚至一念之微，亦不愧於屋漏，亦曰其善種勢強實使之然耳。是故心理之活動，莫不本之其固有之潛在勢力。〔註13〕

第五，「種子」來自阿賴耶識。繆鳳林說：「善惡二者，必俱有先天本有種子，方能現起若斯善惡之性。然此本有種又奚自來歟？曰：傳諸無始，如上所明。種子等流，有情各有賴耶執持。此賴耶識，無始時來，一類相續，常無間斷，性堅持種，令不散失。」從上面的邏輯推理看，繆鳳林認爲人有仁貪之性，仁貪之性的背後是「種子」，性有善惡，「種子」亦有善惡。「種子」由阿賴耶識執持。

〔註13〕繆鳳林：《評快樂論上》，《學衡》第三十二期，1924 年 8 月。

第四節 人性可善可惡

上面提到，在諸多人性論中，繆鳳林贊成「時間上之二元論」或「超絕的一元論」，這種學說「謂人性能善能惡。其本體不可以善惡名，而其發現也則可善可惡。……是曰時間上之二元論（就性能善能惡，善與惡相消息言），或曰超絕的一元論（就性之本體非善非惡言）。」〔註14〕也就是說，繆鳳林在人性論上所持的觀點是，無善無惡是性之體，可善可惡是性之用。從經驗世界和先哲的學說出發，繆鳳林也贊成性可善可惡說，「然吾人經驗之世界，固已有善有惡矣。古今之哲學家宗教家及道德家，亦言善言惡，且導人爲善捨惡矣。非人性之可以爲善，可以爲惡，必不足以致此。」正因爲人性可善可惡，所以繆鳳林也看中環境對人性生成的作用。按照唯識家的說法，「種子現行，待緣生法」，「故與善人處，其性習善；與惡人處，其性習惡。習之既久，相去則遠。善者益善，如入芝蘭之室，久而不聞其香；惡者益惡，如入鮑魚之肆，久而不聞其臭。」這也可以看作繆鳳林對孔子「性相近，習相遠」思想的復歸。

第五節 對善惡標準的探討

人性可善可惡，但什麼是善，什麼是惡呢？也就是說善惡的標準如何把握呢？繆鳳林就此問題談了自己的看法，要點如下：（1）善惡標準是不斷變化的。繆鳳林指出，從人類進化史觀來看，有關善惡標準的見解是隨時而異的，「其初也，酋長之所命令者，神聖不可侵犯也；其繼也，天神之所垂誡與夫明君之所詔論者，至善也；其進也，先聖先賢之德音，積世遺傳之禮法，絕對之準則也。」〔註15〕也就是說，不同的歷史階段有著不同的善惡標準。（2）善惡標準即至善。繆鳳林指出，人道的終極目標或依託即是至善。「人道論者之所以判定行爲之價值者，自不外乎視行爲對於至善關係之疏密。行爲之契乎至善或順乎至善者，則目之爲善；其離乎至善或背乎至善者，則目之爲惡。誠能明瞭至善，善惡之標準即在其中。」〔註16〕認爲至善是善惡的標準，順乎至善爲善，背乎至善爲惡。（3）善惡標準論的分派。既然至善是善惡的標

〔註14〕 繆鳳林：《人道論發凡》，《學衡》第四十六期，1925年10月。
〔註15〕 繆鳳林：《人道論發凡》，《學衡》第四十六期，1925年10月。
〔註16〕 繆鳳林：《人道論發凡》，《學衡》第四十六期，1925年10月。

準，那麼何爲至善呢？繆鳳林概括了古今中外的學說觀點，認爲主要有三種看法：第一種觀點認爲，最大限度的快樂就是至善，行爲能夠達到最大限度的快樂爲善，而引生許多痛苦的爲惡，這種觀點可以稱作是快樂論。其間又可分爲唯我、唯人兩類，前者求一己快樂，如楊朱和伊壁鳩魯就是這樣；後者求人類快樂，如邊沁、穆勒……薛知微等人就持這種觀點。第二種觀點認爲，至善就是人生行爲的普遍法式，行爲能與此相契合，能爲普天下樹立榜樣者爲善，而違背普遍法式不能普及人群者爲惡。這種觀點可以稱做法則論，以康德其代表。第三種觀點認爲，至善是理性的完滿實現。行爲與實現理性密切相關者爲善，而阻礙理性實現者爲惡。這種觀點可以稱作成德論，以孔子、孟子、柏拉圖、亞里士多德、釋迦牟尼等爲代表。（4）對上述觀點的分析評價。在描述善惡標準上的三種觀點之後，繆鳳林對其進行了評判。在他看來，快樂論和法則論都有它們的道理，但都不完備。前者的錯誤在倒果爲因，後者的錯誤在有形而無質。成德論是以人性二元立論的，人性中既有善惡二者，那麼善惡之本眞，即寓於性中，其中必有至善之分子。這個絕對的標準，即存於此至善之性〔註17〕的實現。縱云過去之人類，無有實現此至善。人性中至善的可能性是潛在不失的，當至善實現之日，即吾人成德完滿之秋，人道進化之終極。很明顯，繆鳳林對快樂論、法則論不甚滿意，而對成德論較爲讚賞，爲人性善惡確立了一個至善的標準。

本章小結

　　吳宓、繆鳳林的人性善惡論有著一些較明顯的差別，如吳宓的人性善惡論具有較純粹的儒家倫理特色，而繆鳳林人性善惡論則運用了許多唯識學的語言和思想；從總體上來比較，繆鳳林的人性善惡論探討的問題更多，認識的也更深刻。

　　儘管二人的人性善惡論有著一些差別，但作爲「學衡派」的代表，其主流傾向無疑是一致的，主要表現在以下幾個方面：

〔註17〕 「此至善之性，佛教名曰無漏聖種。由佛教言，成佛者實早已完全實現。今爲免論理過難，特取格林倫理學概論之說。至對此至善之疏解，固與格林異也。」——作者原注。

一、有重要的西學背景

雖然吳宓的人性二元論也談到了與中國先賢先聖的偶合，但沒有展開。
而他作爲批判對象的人性一元論主要以西方思想家的思想爲範本的，這反映
了吳宓思想的西學背景。這裡有兩個由吳宓人性論思想所引發的問題值得進
一步思考。一個是基督教的性惡論和荀子的性惡論的主要區別在哪裏？從總
體上說應該是在去惡的途經上，基督教走的是依靠上帝恩典的神學道路，荀
子走的是「化性起僞」、「隆禮」、「重法」的道德和政治之路。如果說基督教
走的是一種「外在超越」（通過人類之外的力量拯救人類）的路向，那麼荀子
走的應該是一種「內在超越」（通過人類自身的力量拯救自己）的路向。與此
相關的第二個問題是，盧梭的性善論〔註 18〕和孟子性善論的差別在哪裏？按
照吳宓的理解，盧梭「謂人性純善，而其所以陷於罪惡者，則由於社會之環
境驅使之，逼迫之。故當任先天之情，縱本來之欲，無所拘束，無所顧忌，
則所爲皆合於善。若爲禮教制度、風俗習慣所阻礙，即不得不轉而爲惡。」〔註
19〕如果這種理解是準確的話，那麼盧梭的人性善偏重於人的情慾和自由方
面，而孟子的性善論則偏重於道德良知方面。繆鳳林的人性論也有較深厚的
西學功底，他在談人性爲善爲惡原因、善惡標準、道德修養論等觀點時，涉
及到古今中外許多思想家及其流派，如伊壁鳩魯、蘇格拉底、柏拉圖、亞里
士多德、耶穌、邊沁、穆勒、康德，等等，對西學的引進、吸收、借鑒可以
看作這一代文化保守主義或文化民族主義的一個共同性特徵。

二、對中國傳統倫理的復歸

吳宓是用理欲之辨來談人性的，其核心觀點有兩個：一個是理欲衝突論，
二是以理制欲論。繆鳳林提出善惡對立論。這也是儒家倫理特別是宋明理學
家在理欲之辨中的重要觀點。

天理和人欲相對立的觀點最早見於《樂記》：「人生而靜，天之性也；感
於物而動，性之欲也。物至知知，然後好惡形焉。好惡無節於內，知誘於外，
不能反躬，天理滅矣。夫物之感人無窮，而人之好惡無節，則是物至而人化

〔註18〕 有學者認爲，盧梭「既反對性善論，也不贊同性善論，而是堅持認爲最初的
人性既無所謂善，也無所謂惡。」（趙林：《浪漫之魂——讓・雅克・盧梭》，
武漢大學出版社 2002 年版，第 180 頁。）

〔註19〕 吳宓：《我之人生觀》，《學衡》第十六期，1923 年 4 月。

物也。人化物也者，滅天理而窮人欲者也。」體現天理的人性本來是靜而無瑕的，但在外物的誘導下產生了欲望，這是所謂的人化於物，化於物的人如果不知道自我反省，雖然能夠「窮人欲」，但卻導致了「天理滅」的後果。〔註20〕《樂記》中把天理和人欲對立起來的觀點在宋明理學尤其是朱熹那裡得到了強化。二程的弟子謝上蔡云：「天理與人欲相對，有一分人欲即滅卻一分天理；有一分天理即勝得一分人欲。人欲才肆，天理滅矣。」把天理和人欲看作絕對對立的二物，此有則彼滅，彼勝則此滅。這種觀點被朱熹所繼承和發揮，如：「天理人欲常相對」。（《朱子語類》卷十三）「人之一心，天理存則人欲亡，人欲勝則天理滅，未有天理人欲夾雜者。」（《朱子語類》卷十三）「人只有個天理人欲，此勝則彼退，彼勝則此退，無中立不進退之理。」（《朱子語類》卷十三）意思很清楚，天理和人欲就像戰場上的敵我雙方一樣，彼進則我退，彼勝則我敗；我進則彼退，我勝則彼敗。彼此消長，冰碳難容。因此，人們要想存天理，就必須滅人欲。〔註21〕而吳宓認為理欲經常處在「苦戰」之中，繆鳳林亦持善惡對立論，如他所云：「善惡異類，不能並處，如彼水火，莫能兩全。故善種現則惡種隱，惡種現則善種隱。有若白晝，苟遇日蝕，天昏地暗。時當深夜，如有電燈，光耀明徹。斯之作用，是稱對治。……貪心起後，無貪繼興。無貪起已，貪又隨至。貪與無貪，相互消長。惟能克治，莫可並容。宋儒每言理欲相對，時習心過，不能兩立，意亦略同。」〔註22〕明確表示自己的「善惡對治」論與宋明理學的理欲相對論較為一致。

雖然儒家倫理在理欲之辨中存在著理欲對立論的觀點，但不是唯一甚至不是主流的觀點，更多思想家主張節欲或以理制欲。《荀子・樂論》云：「以道制欲」，「道」通「理」，「制」即節制，主張以理節欲。《荀子・正名》表達了同一個意思，「欲雖不可去，求可節也」。桓範說：「節欲者安」（《群書治要》。卷五十三）節制欲望者可保自身平安。羅欽順認為，欲望本身沒有善惡好壞之分，善惡來自對於欲望能否節制，「欲未可謂之惡，其為善為惡，繫於有節無節爾」（《困知記》卷上）。在戴震看來，節欲就是天理的體現，「天理者，節其欲而不窮人欲也」（《孟子字義疏證》卷上）。多數儒家學者提倡節欲或以理制欲的理由在於：首先是欲不可去。《詩經・小雅・天保》：「民

〔註20〕柴文華等：《中國人倫學說研究》，上海古籍出版社 2004 年版，第 80 頁。
〔註21〕柴文華等：《中國人倫學說研究》，上海古籍出版社 2004 年版，第 81 頁。
〔註22〕繆鳳林：《闡性【從孟荀之唯識】》，《學衡》第二十六期，1924 年 2 月。

之質矣，日用飲食」，日用飲食是民眾本性的內在要求。《禮記·禮運》：「飲食男女，人之大欲存焉」，飲食男女是人類最大或最基本的欲求。《荀子·正名》：「雖為守門，欲不可去，性之具也」，即使像守門人那樣地位低賤的人，也存在著不可去除的欲望，這些欲望是人性當中本來就具有的。明儒羅欽順在他的《困知記》中對人欲存在的必然性作了比較系統的闡釋，認為人欲出於天（天然），是內在於人性當中的，而天然存在的東西是無法人為地去除的，這種觀點顯然與程朱理學中存天理，滅人欲的主張針鋒相對，背道而馳。呂坤《呻吟語·聖賢》中也說：「耳目口鼻四肢有何罪過？堯、舜、周、孔之身都是有底；聲色貨利，可愛可欲有何罪過？堯、舜、周、孔都是有底，」以儒家學者心目中不可動搖的聖人立論，來證明人欲存在的必然性和合理性。後來的王夫之、戴震等人也論述過類似的觀點。其次，多欲縱慾皆有害。放縱自己的感性欲望，既有害於他人和社會，也有害於自己的生理和心理，這一現象或事實早就引起先哲們的關注，並構成節欲說的直接理論依據。在古代思想家看來，縱慾是一切罪惡的源頭，「貪欲者，眾惡之本」（王廷相：《慎言·見聞》）。它破壞既定的倫理綱常和社會秩序，迷失善性，損傷人格。再次，理存於欲中。早在程朱等理學家大力宣傳存天理，滅人欲的理欲對立論的同時，也有一些思想家倡導理存於欲中的理欲統一論，尤其是明末清初的陳確、王夫之、戴震等人對這一問題闡釋的較為透徹。比如陳確認為天理不是先在的（「人心本無天理」），也不是獨立自在的，它存在於人欲之中，依託於人欲，並通過人欲展示自身，而人欲的合理滿足（「人欲恰到好處」、「人欲正當處」）正是天理的內在要求，從而把理與欲、道德與欲望、理性與感性緊密地結合了起來。〔註23〕總之，欲不可無、縱慾多害、理存欲中，因此，人們既不能無欲，更不能縱慾，最好是以理節欲。而吳宓的以理制欲論可以說與儒家的以理節欲如出一轍，反映出吳宓倫理思想主流上是對儒家倫理的回歸。繆鳳林雖然沒有展開理欲之辨，但在其整個倫理思想中，尤其是他的道德修養論，明顯地具有儒家倫理的印記，比如在提倡「存養省察」的內在進路的同時，也主張多讀聖書、博聆善言、親近善士、非禮勿視、非禮勿聽等的外在進路。

〔註23〕柴文華等：《中國人倫學說研究》，上海古籍出版社 2004 年版，第 87～88 頁。

三、理論局限

　　人是一個謎，是一串拉不直的問號。因為人的世界很精彩，人的世界也很無奈。人是一個事實世界，同時又是一個價值世界、情感世界。事實世界是可能量化的世界，價值世界、情感世界不可能完全轉化為計算機的符號系統。因此，儘管我們已經達到了對人類基因圖譜認知的水平，但其「所嘗識者未若所不識之眾也」。〔註24〕人性也是如此。人性問題所涉及的是人的本體論問題，即人之所以為人的依據，也可以歸結為人禽之辨。這裡首先需要思考的是人性是什麼的問題，歷史上出現過多種對人性的界定，如人是理性的動物，人是道德的動物，人是文化的動物，人是符號的動物，人在現實性上是社會關係的總和，等等，直至今天，我們也不可能說我們已經窮盡了人性的規定，人性是開放的，它也許永遠處在創造之中。以善惡來談人性，實際是對人性的一種價值評判，其局限在於把人後天的道德屬性先在化。人之初本無善惡，但卻有為善為惡的可能性，而把這種可能性轉換為現實性的是後天的社會歷史情境。我們雖然應該關注人性的善惡問題，更應該關注人之所以為人的依據，在這一點上，馮友蘭先生的探討具有啟發意義。他認為人性可以分為兩類，一類是人之「輔性」，即與其它動物所共同具有的屬性，如飲食男女等；另一類是人之「正性」，即人之為人所獨有的東西，如覺解、理性，等。吳宓、繆鳳林以善惡談人性，固然有可取之處，但其視域、論域有待拓寬。

〔註24〕柴文華等：《中國人倫學說研究·自序》，上海古籍出版社 2004 年版，第 1 頁。

第四章 「學衡派」的人生論

　　馮友蘭在《中國哲學史》中指出，哲學是以宇宙論（A Theory of World）、人生論（A Theory of Life）、知識論（A theory of Knowledge）爲基本內容的，這三者之間緊密相關，比如人生論以宇宙論爲根基，也連帶知識問題，知識論可證宇宙論，三者「相即不離」，「互有關係」。〔註1〕由此可見，人生論是哲學的重要內容，亦可稱爲人生觀、人生哲學。也就是說，人生論、人生觀、人生哲學三個概念很難區分開，都是以人生爲研究對象的學說，主要探究人在宇宙中的地位，揭示人生的眞諦，研究人生的目的、意義和態度等。本書使用的人生論，是可以與人生觀、人生哲學互換的概念。〔註2〕「學衡派」有著自己豐富的倫理思想，而人生論是他們倫理思想的重要理論基礎。探討「學衡派」的人生論有助於深化對「學衡派」整體思想的把握，也有助於我們重新審視歷史形態的人生理論。在「學衡派」中，談論人生論較多的是吳宓和景昌極，我們重點以他們的學說爲敘述文本，從而揭示「學衡派」人生論的一些共同性特徵。

第一節　人生觀的構成

　　吳宓在《學衡》第十六期上，發表了《我之人生觀》一文，對人生觀的性質、構成、種類以及人生觀與社會的關係做了專門的探討。

〔註1〕 馮友蘭：《中國哲學史》，中華書局 1961 年版，第 7 頁。
〔註2〕 也有論者認爲，人生哲學與人生觀不同，是人生觀的理論形式。此說似有不妥，因爲人生觀是對人生的根本看法，也屬於理論形態。如果強作區分，也只能說人生哲學比人生觀的理論層次高深一些而已。

　　在界定人生觀時，吳宓說：「所謂某之人生觀者，即其人立身行事之原則也。凡此人對於人生之權利義務、一己與他人及國家社會之關係、人與人相接之道，以及是非利害、得失輕重、賢愚高下、悲歡苦樂、恩讎親疏、禍福榮辱等，種種見解集合而總稱之爲其人之人生觀。」〔註3〕明確地把人生觀界定爲人們「立身行事之原則」，是關於人生種種關係、境遇、情感、行爲等見解的「總稱」。也就是說人生觀是關於人生的種種見解，屬於精神和理論的範圍。

　　吳宓借用西方學者的觀點，討論了人生觀與不同時代的關係。他指出，西方學者在通觀前史的基礎上，把歷史分爲「精約之世」（Age of Concentration）和「博放之世」（Age of Expansion），這兩種時代經常交互遞代。在「精約之世」，學術思想歸於一致，人們重視克己與潛修，人生觀大體相同而精神安定；而「博放之世」，學術思想各自爲主，人們重視任情尙氣，人生觀各不相同，且隨時轉變，導致人們精神迷惘，無所依歸。從總體上來講，在二千餘年的歷史上，還是「精約之世」多。而吳宓把他生活的時代看作「博放之世」，「學術思想之淆亂，精神之迷惘，至今日中國而極矣」。〔註4〕這實際上是把歷史區分爲一元化時代和多元化時代，一元化時代人們的人生觀相對統一，精神安寧；多元化時代人們的人生觀是多元化的。而吳宓本人不喜歡多元化時代，比較推戴一元化時代。

　　在吳宓看來，「人生觀之構成，厥有五事」：一是天性，也可稱個性，「謂生來之所稟賦，人與人各不相同之處。」二是境遇，「例如農家子以勤儉力作爲天職，官場中人以結納奔競爲能事。」三是時勢，「例如生於歐洲中世，則不期然而崇信耶教。生於十九世紀後半葉，則信物競天擇之說」。四是讀書，「例如讀畢叔本華 Schopenhauer 之 *The Metaphysics of the Love of the Sexes*〔註5〕及托爾斯泰之 *Kreutzer Sonata*〔註6〕。則以爲男女夫婦之結合純由體欲，無殊禽獸，而無所謂禮教與愛情。而讀畢亞里士多德之倫理學者，則以中庸爲正道，而德行成於習慣，故以訓練與修養爲要務。」五是涉世，「例如一生安樂豐裕者，則好行慈惠。受貪官污吏之逼虐者，則走而爲游俠寇盜，劫掠殘

〔註3〕 吳宓：《我之人生觀》，《學衡》第十六期，1923年4月。
〔註4〕 吳宓：《我之人生觀》，《學衡》第十六期，1923年4月。
〔註5〕 *The Metaphysics of the Love of the Sexes*：《論性愛的形而上學》。
〔註6〕 *Kreutzer Sonata*：《克萊采奏鳴曲》。

殺,肆行報復。」﹝註7﹞從吳宓所談的人生觀構成的五項內容來看,不像是人生觀內容自身,更像是在談人生種種現象產生的原因。在這五事之中,「有由於內者,有由於外者,有出之己意者,有因事之偶然而不自知,或即知之而非吾力之所能控御矯正者,未可一概論也。」﹝註8﹞吳宓還把人生觀分為「不正當」的人生觀和「純正健全」的人生觀。「不正當」的人生觀包括「恣意行事」、「不自省察」、「俯仰隨人」、以偏蓋全,盲從一家之書、一人之教,等等。「純正健全」的人生觀亦即「略有價值之人生觀」,它「既能勤於省察,勇於改過,又能慎於抉擇,明於辨析。遍讀古今各家之書,一一理解而領會之。歷行東西各派之教,一一辛苦而體驗之。又曾涉歷種種生涯,榮枯升沉悉所身受。哀樂悲歡,悉所心感。然後靜思熟計,融貫歸納。」﹝註9﹞這裡涉及到道德修養上的向內的工夫——內省,即「勤於省察,勇於改過」,也涉及到道德修養上的向外的工夫——學習,即「遍讀古今各家之書」,「歷行東西各派之教」,還能夠理性的、坦然的對待人生的榮辱哀樂。

吳宓受白璧德把人生觀分為宗教(或超自然主義)、人文主義、自然主義三個層面的影響,也把人生觀分為三種,「一者以天為本,宗教是也;二者以人為本,道德是也;三者以物為本,所謂物本主義 Naturalism 是也。」﹝註10﹞認為人生觀分為宗教、道德、物本三種,其中以人文主義也就是第二種最為合適。吳宓明確表示「吾崇信之」。

第二節 人生哲學的性質

《學衡》第六十九期發表了景昌極《人生哲學序論》一文,該篇的編者按強調了人生哲學的重要性,云:「今之中國,今之世界,所最需要者,為一種正確完美之中心思想及人生觀,以為社會治理設施及個人修養行事之標準及指歸。而此中心思想及人生觀,又必根據於博大精深之哲學。」﹝註11﹞景昌極著有《哲學論文集》,其中的《人生哲學序論》較為系統地探討了人生哲學的一系列問題。

﹝註7﹞ 吳宓:《我之人生觀》,《學衡》第十六期,1923 年 4 月。
﹝註8﹞ 吳宓:《我之人生觀》,《學衡》第十六期,1923 年 4 月。
﹝註9﹞ 吳宓:《我之人生觀》,《學衡》第十六期,1923 年 4 月。
﹝註10﹞ 吳宓:《我之人生觀》,《學衡》第十六期,1923 年 4 月。
﹝註11﹞ 景昌極:《人生哲學序論》,《學衡》第六十九期,1929 年 5 月。

在景昌極看來，人生哲學以總論人生價值問題為主，所以也可以稱之為價值論或價值哲學，它與形上學、知識論鼎足而三，是哲學的重要組成部分。這種觀點與本章開篇所提到的馮友蘭對哲學內容的理解是一致的。這裡所說的價值是與事實相對應的一個概念，價值判斷自身也是一種事實。所以所謂價值論其實就是研究價值判斷這一之事實的學問。

人生哲學既然是一種價值哲學，它以價值問題為主，與那些泛論與宇宙相對的人生不完全一樣，這應該是一個學術分野。人生哲學中應該包括探求根本問題的道德哲學或稱理論倫理學，還有社會哲學、政治哲學、法律哲學、經濟哲學、教育哲學、歷史哲學、宗教哲學、藝術哲學等。而在上述各種哲學中，又應以道德哲學為主，以道德價值為人生最高價值。

作為人生哲學的價值哲學是普遍存在的，是非常重要的。「讀者苟一反省其日常之所思所行，幾於無時無處不有價值判別之作用，美醜、貴賤、善惡、智愚、是非、真偽皆是。價值哲學本身之價值或重要，即此可知。謂為一切學問之歸宿，不亦可乎？」〔註12〕認為價值哲學是人生日常言行操作所離不開的，也是其它學問的歸宿。

第三節　人生哲學的問題

景昌極認為，作為價值哲學的人生哲學所要研究的問題是多方面的，大致說來主要有兩大類：一類是價值的一般問題，如價值的產生、種類、高下、持續性問題；另一類是道德哲學問題，如道德準則、對象、由來等問題。

一、價值的一般問題

價值的一般問題應包括以下四項：

1、價值的發生問題。景昌極認為，一切價值的發生，「皆由人心或眾生心，對種種境，有種種好惡苦樂之作用故。」〔註13〕

2、價值的種類問題。這是景昌極詳細闡釋的一個問題，這個問題向來為世人所詳，他分析如下：

（1）個人的價值與社會的價值。所謂社會的價值，是「集一社會上大多

〔註12〕景昌極：《人生哲學序論》，《學衡》第六十九期，1929 年 5 月。
〔註13〕景昌極：《人生哲學序論》，《學衡》第六十九期，1929 年 5 月。

數人相同或公認之價值,因以爲一社會上各個人之標準者也。」〔註 14〕其中有經濟的價值(即所謂值錢多少,也是貴賤二字的本義),這是由人與人交易而起;地位的價值(即社會上地位的高下、名聲的隆污,是貴賤二字的引伸義),這是由人與人之相統屬、相比較、相毀譽而起;道德的價值(即善惡、賢不肖),這是由於人與人之自動的相利相害而起。由上看來,價值起於人與人之間的關係。

(2)自然的價值與人爲的價值。「不待加以人力而有利用厚生之價值者,其價值爲自然的,如自然界之水與氣是。各種農產物、製造品等,其價值爲自然的而兼人爲的,二者所佔分量之多,種種不一。至如人類創造之文學科學等,則其價值幾於純爲人爲的。」〔註 15〕自然與人爲的分別是相對的而非絕對的。人爲的價值又可分爲技藝的價值、智慧的價值、德行的價值三種。

(3)直接的價值與間接的價值。「飲食衣服之類,人所直接享受者,其價值爲直接的。財利權勢等享樂之資具等,其價值爲間接的。」〔註 16〕

(4)感覺的價值與意識的價值。感覺的價值,「謂由五官(眼耳鼻舌身)之苦樂好惡而生者。」意識的價值,「謂由想念之苦樂好惡而生者。」〔註 17〕

3、價值的高下問題。景昌極認爲,價值的高下,「由主觀之比較而生」。「集一時多數主觀之比較,其相同或公認者,遂成爲一時社會上之準則或常識。常識者固一切準則最後之準則也。」〔註 18〕學者使用理性來修正常識,而理性自身是最普遍的常識。理性所根據的是事實,「而事實之公認,其自身實亦最普遍之常識,此之謂常識之準則,爲一切準則最後之準則。……最普遍之常識爲最後之準則一語,仍不外從最普遍之常識得來。」〔註 19〕

在人生的各種價值中,無我利他之德行、平等一如之境界,其價值爲最高,「以其可以拔根本苦得究竟樂故。」個人精神上與身體上的修養次之,各種文章、美術、技藝又次之。「亦視其與最高價值關係之疏密而定。」〔註 20〕至於各種物品的價值高下,是各行專家的事情,不在人生哲學的研究之列。

〔註 14〕景昌極:《人生哲學序論》,《學衡》第六十九期,1929 年 5 月。
〔註 15〕景昌極:《人生哲學序論》,《學衡》第六十九期,1929 年 5 月。
〔註 16〕景昌極:《人生哲學序論》,《學衡》第六十九期,1929 年 5 月。
〔註 17〕景昌極:《人生哲學序論》,《學衡》第六十九期,1929 年 5 月。
〔註 18〕景昌極:《人生哲學序論》,《學衡》第六十九期,1929 年 5 月。
〔註 19〕景昌極:《人生哲學序論》,《學衡》第六十九期,1929 年 5 月。
〔註 20〕景昌極:《人生哲學序論》,《學衡》第六十九期,1929 年 5 月。

4、價值之持續問題。人生面臨的不僅是生的問題，還有死的問題，這就出現了價值能否持續的問題。景昌極反對價值不能持續的觀點，認爲這種觀點會導致「消極頹唐，苟且偷安，恣睢任情」的斷滅的人生觀，「假令人死而一切精神作用斷滅，則上言種種價值上之差亦將隨以斷滅，智愚賢不肖，咸與草木同腐。平日種種高下大小之分別，至此乃殊見其無謂。」〔註 21〕所以積極的人生觀都主張價值持續之說。從歷史上看，價值持續論大致有三種：「一曰子孫持續說，謂子孫承父祖之遺體，即不啻父祖之化身。吾國一般社會最重嗣續，實即此種心理之明徵；二曰社會嗣續說，其中又可分爲立德立功立言三者，古所謂三不朽是。意謂個體雖滅，而其功業之影響則永存於社會，今歐美哲人，亦多以此自解者；三曰精神嗣續說，謂眾生隨其業力，死此生彼，種因既異，獲果亦然。」〔註 22〕顯然，三種價值持續論一個是世俗的，一個是儒家的，一個是宗教的。而景昌極最看重的是第三種，認爲其「有待學者之探討……取佛法唯識之義，與今生物學上之進化說，展轉推尋，以求一是」。〔註 23〕

二、道德哲學問題

景昌極認爲，除了上述價值的一般問題之外，人生哲學還包括道德哲學問題，主要是：

1、道德準則問題。道德準則究竟是什麼？這在景昌極看來是道德哲學第一重要問題。

2、道德對象問題。即道德究竟應該研究什麼問題的問題。

3、道德產生問題。即道德的發生學問題，或道德的來源問題。「此問題討論道德心、道德律起自先天抑後天，其在古代，爲玄學史上甚要問題。及至今日，以正確邏輯爲之辨析，糾紛立解。」

4、道德責任問題。主要討論因果是否前定，意志是否自由等問題。

5、藝術哲學、宗教哲學、歷史哲學、政治哲學、教育哲學等的根本問題大體以以上諸問題爲依歸。

〔註21〕景昌極：《人生哲學序論》，《學衡》第六十九期，1929 年 5 月。

〔註22〕景昌極：《人生哲學序論》，《學衡》第六十九期，1929 年 5 月。

〔註23〕景昌極：《人生哲學序論》，《學衡》第六十九期，1929 年 5 月。

第四節 人生哲學的流派

人生哲學流派紛紜，但大體有一下幾種：

1、神學的或武斷的人生哲學。基督教、伊斯蘭教等宗教的人生觀屬於此類，其解釋人生的眞相以「以神旨或天心爲主」，「其所示人生各種當然之軌範，多有與科學的人生哲學不謀而合者，然其理論之不充，終不可以掩。」〔註24〕

2、玄學的或臆想的人生哲學。「其特色在以臆想或玄理說明事實，而不問事實上能證明與否。以故其理論每難以自圓，如古來天理良知諸舊說是。其所示言行之軌範，多有與科學的人生哲學暗合者，亦與神學同。實則神學亦可謂爲玄學之一種，武斷與臆想，每相因而至，未可以強分也。」〔註25〕

3、科學的或實證的人生哲學。「其特色在不以事實遷就臆想，不以臆想遽爲定論，求人生各種價值軌範之概然而略其偶然。世之作者固莫不以此自期。」〔註26〕景昌極此處明確反對張君勱等玄學派的人生觀，認爲科學可以解決人生觀的問題，「實則科學之於因果，本惟求其概然。自然現象，既可以科學方法治之，人事又何獨不然？人生哲學或道德之指導人心，蓋猶衛生學醫學之指導人身。各人之身不盡同，而無害於概然之衛生學與醫學，亦猶各人之心不盡同，而無害於概然之人生哲學或道德。」〔註27〕這種對科學的寬容有與科玄論戰中科學派觀點相同的地方。

本章小結

綜觀吳宓、景昌極的人生論，我們可以作出如下分析：

第一、吳宓在他的人生論中，揭示了人生觀與時代背景的關係問題。認爲在社會安定的時代中，會產生一元化的人生觀；在社會動亂的時代中，會產生多樣化的人生觀。儘管這種表述未必準確，但他揭示的現象是存在的。一般而言，在穩定的社會中，人們思想包括人生觀的趨同性十分明顯，但也容易導致僵化。在動亂的社會中，人們的思想包括人生觀趨於活躍和多元，

〔註24〕景昌極：《人生哲學序論》，《學衡》第六十九期，1929 年 5 月。
〔註25〕景昌極：《人生哲學序論》，《學衡》第六十九期，1929 年 5 月。
〔註26〕景昌極：《人生哲學序論》，《學衡》第六十九期，1929 年 5 月。
〔註27〕景昌極：《人生哲學序論》，《學衡》第六十九期，1929 年 5 月。

但也容易導致無序。中國的先秦時期、魏晉時期、明清之際等都是經濟、政治上的混亂時代，卻是思想上的黃金時代。吳宓顯然讚賞安定的社會和一元化的人生觀，認為這樣可以使人們的精神世界得到安寧。從思想文化發展的角度來看，我們更欣賞自由多元的時代，儘管可能「亂花漸欲迷人眼」，但留給人的卻是姹紫嫣紅的生機和活力。儘管我們與吳宓的價值判斷不同，但他所揭示的人生觀和時代背景的關係對我們依然有啟發意義。要瞭解具體的人生觀的生成，離不開對社會土壤的分析。

第二、人生觀與科學的關係問題。我們注意到，「學衡派」學人雖然批判西方近代文化的負面效應，但對西方的科學、民主並不反對。尤其可貴的是，他們並不像某些哲學家那樣拒斥科學實證，而是肯定了科學實證與人文領域的相互關聯。景昌極就把科學實證與人生哲學結合起來，反對張君勱等玄學派的分離科學和人生觀的偏向，這對於我們今天正確理解科學與哲學、科學與人生觀的關係仍有借鑒意義。

第三、人生哲學與道德哲學的關係問題。從景昌極對人生哲學問題的論述中可以看出，他所說的人生哲學所應該包括的問題一類是價值的一般問題，另一類是道德哲學的問題，換句話說，道德準則、道德對象、道德產生以及道德責任問題（這些問題是倫理學探討的問題）屬於人生哲學的問題。這就是說，在景昌極看來，人生哲學包含道德哲學，道德哲學是人生哲學的一部分，也是最重要的部分。這種理解應該是符合邏輯的，人生離不開道德，人生哲學應該包含道德哲學；人生不能歸結為道德，人生哲學除道德哲學外，還應該包括更為豐富的內容，所以，道德哲學僅僅是人生哲學的一部分。〔註28〕

第四、人生哲學的性質問題（價值哲學）。景昌極把人生哲學等同於價值哲學，這是值得商榷的問題。價值是揭示外部客觀世界對於滿足人的需要的意義關係的範疇，是指具有特定屬性的客體對於主體需要的意義。價值哲學是關於價值的性質、構成、標準和評價的哲學學說。人生價值應該是價值哲學研究的最主要對象，但價值顯然不能等同於人生價值。人生價值是回答人怎樣生活才有意義的問題，而價值除人生價值之外，還應該包括各種自然物、

〔註28〕這裡實際還涉及到道德哲學與倫理學的關係問題，筆者以為，道德哲學是倫理學的一部分，與倫理學中的元倫理學或理論倫理學相當。這就是說，道德哲學是倫理學的一部分，倫理學包含道德哲學，但仍屬於人生哲學的一部分。馮友蘭曾經把人生論分為心理學和倫理學兩部分，說明倫理學包含在人生論中。

物質產品、精神產品等的價值問題，儘管這些價值離不開人。也就是說，人生價值是價值哲學研究的主要內容之一，但價值哲學研究的內容又不僅僅限於人生價值，價值哲學不能等同於人生哲學，二者應該是交叉的關係。

第五章 「學衡派」的苦樂論

　　「苦」即「痛苦」，指生理上的痛感和精神上的失落或無奈。「樂」即「快樂」，指生理上的快感和心理上的滿足或高興。因此，苦與樂屬於感覺或情感的範疇。苦樂論也可稱苦樂觀，指人們對痛苦和快樂及其關係的基本見解，是世界觀、人生觀和價值觀的反映，既是人生哲學也是倫理學的重要問題。在「學衡派」學人當中，景昌極和繆鳳林談論苦樂問題較爲集中。有趣的是，二人的觀點不盡相同，景昌極接受了西方近代快樂論的主要觀點，他雖然不反對道義，但有爲功利辯護的色彩，所以景昌極的苦樂論包含有義利論。而繆鳳林的苦樂論則典型地代表了「學衡派」學人的基本思想傾向，即對西方近代文化的批判和對中國傳統思想精粹的弘揚。但同樣明顯的是，景昌極和繆鳳林對唯識學的推崇是一致的，都試圖用唯識學的原理來闡釋苦樂問題。

第一節　苦樂的界定和分類

　　景昌極在《學衡》第十三期上發表了《廣樂利主義》一文，他自己聲稱做此文的目的是爲「樂利」正名，因爲「古今中外之人，聖賢豪傑，庸愚奸狡，推究至極，無非實行樂利主義者，亦無非主張樂利主義者」。〔註 1〕景昌極還在《學衡》第五十四期上發表《苦與樂——佛法淺釋之一》，進一步闡釋苦與樂是人生行爲根本動力的觀點。在這兩篇文章中，景昌極以西方近代快樂論和唯識學的觀點爲基礎，探討了苦與樂的界定和類型，苦樂與道德、利害、好惡、願望、習慣等的關係，把苦樂作爲人生行爲的根本原動力，並爲樂利辯護，重利而不輕義。

〔註 1〕景昌極：《廣樂利主義》，《學衡》第十三期，1923 年 6 月。

在《廣樂利主義》和《苦與樂——佛法淺釋之一》中，景昌極首先對苦與樂做了界定，在此基礎上對苦與樂做了類型劃分。

景昌極說：「何謂樂？所欲之謂樂；何謂苦，所惡之謂苦。有所好而後謂之樂，非樂本樂而後人欲之；有所惡而後謂之苦，非苦本苦而後人惡之。是知欲樂惡苦云者，猶謂欲所欲而惡所惡，是主觀的，非客觀的。」〔註2〕明確把樂規定爲「所欲」，把苦規定爲「所惡」，認爲苦樂是主觀的。繆鳳林指出：「至穆勒約翰起，乃爲強有力之說明。其言曰：……何謂樂？所欲之謂樂；何謂苦，所惡之謂苦。」〔註3〕顯然，景昌極對苦與樂的界定來源於西方近代的快樂論。

接下來，景昌極根據多少、久暫、結果之進退、連類之同異等對苦樂進行了分類，也就是他所說的「苦樂之差」。他說：

> 自普通人類之主觀觀之。飲酒食肉，少樂也；而八珍具陳，肴饌並進，則多樂也。癬疥之疾少苦也，而決肌潰臃，則多苦也。終身飽暖，久樂也。而一日之浪費，則暫樂也。播糠眯目，暫苦也。而目盲則久苦也。讀書愈多，學益進，身益修，其樂彌增，此結果更進之樂也。及吸烟愈多，體益弱，癖益深，其苦轉甚，則結果轉退之樂也。陷於疾病，馴至衰死，此結果更進之苦也。而彼夙夜辛勤，刻苦自勵，否極而泰來者，則結果轉退之苦也。從以從事公共事業致富，且同時受社會贊許者，連類相同之樂也。彼以囤積居奇致富，而同時受社會唾罵者，則連類相異之樂也。彼爲官失勢，同時親朋離散者，連類相同之苦也。而彼辛勤力耕，轉得欣賞自然界之美者，則連類相異之苦也。試更簡以別之，則連類之同異，可以併入多少。結果之進退，可以併入久暫。苦樂之差，略盡於此。〔註4〕

從景昌極的分類來看，從數量上講，苦樂有多少之分；從時間上講，苦樂有久暫即長短之分。同時還有遞進之苦樂、連類相同之苦樂、連類相異之苦樂等等。對快樂做了較爲細密的劃分。在《苦與樂——佛法淺釋之一》中，景昌極還從另外的角度提到了一些苦樂劃分問題，如「肉體之苦樂」、「精神

〔註2〕景昌極：《廣樂利主義》，《學衡》第十三期，1923年6月。
〔註3〕繆鳳林：《評快樂論上》，《學衡》第三十二期，1924年8月。
〔註4〕景昌極：《廣樂利主義》，《學衡》第十三期，1923年6月。

之苦樂」、「苦樂之物」、「苦樂之感」、「苦樂之念」等。認為「苦感樂感與所苦所樂之事物,絕不可分。亦猶視覺聽覺與所視所聽之色與聲之絕不可分也,既絕不可分。斯任舉感覺或事物,皆可以相攝。如人見月思鄉,謂之因月思鄉固可,謂之因見思鄉,亦何不可?又如人有聞聲見道者,謂之因聲見道固可,謂之因聞見道,亦何不可?今人因苦饑而思食,樂學而讀書。謂為因饑思食,因學而讀固可,謂為因苦思食,因樂而讀,亦何不可?」〔註5〕主張「苦樂之物」與「苦樂之感」的內在關聯。

第二節　苦樂與道德

在景昌極看來,道德、善惡、義利都來源於苦樂。

一、道德產生於苦樂或由苦樂引發的計較心和同情心

景昌極指出,人與人相處,都是各求其所樂。既然如此,就難免爭奪。爭奪會導致兩敗俱傷,結果求樂反得苦。這樣就不得不「結群互約」,以求全體之多樂,「而道德生焉。」這種觀點與荀子的性惡論思路相近,認為放任個人追求自己的快樂,就會產生人與人之間的爭奪和混亂,於是就產生了群體,制定出規約,目的是協調個人求快樂之間的矛盾衝突。既然群體和規約出現了,道德自然也就產生了,因為道德就是協調人際關係,規範人們的行為。另外人與人相處,其天性習慣大致相同,所以其好惡苦樂,也大致相同。然而,「智計有賢愚,經驗有富乏,各人行為之結果,苦樂於以懸異。於是有賢哲多聞之士,樂與眾人同樂,告之以自求大樂之道,而各種道德學說生焉。」〔註6〕也就是說,由於人們智慧與經驗的不同,行為個體所獲得的苦樂差異很大,那些「賢哲多聞之士」於是提出各種道德學說,目的是為了與眾人同樂,闡明求大樂的道理。總之,「由前之說,人群與道德,出於計較心。由後之說,人群與道德。出於同情心。二者並行不悖,不可偏廢。而其目的之在取樂去苦則一也。」〔註7〕人群與道德出於計較心和同情心,而計較心和同情心出於人們取樂去苦的需要。

〔註5〕 景昌極:《苦與樂——佛法淺釋之一》,《學衡》第五十四期,1926 年 6 月。
〔註6〕 景昌極:《廣樂利主義》,《學衡》第十三期,1923 年 6 月。
〔註7〕 景昌極:《廣樂利主義》,《學衡》第十三期,1923 年 6 月。

二、道德或善惡問題，以苦樂爲根本條件之一

景昌極說：

> 試一思之，假令人皆不樂生而苦死。則殺生者何惡，救生者何
> 善？假令人皆不樂富而惡貧，則布施者何善，偷盜者何惡？且非惟
> 無善惡之辨而已，亦將無有殺生救生布施偷盜等事。且非惟無善惡
> 事而已，亦將無一切事。假令人皆不樂群而苦獨，則家國社會何由
> 而成？假令人皆不樂智而苦愚，樂美而苦醜，則學術文章何由而興。
> 假令吾人靜而不思動，則何有於勤勞。動而不思靜，則何有於懈息。
> 然則謂無苦樂之別，則匪惟無善惡之事，將乾坤息而萬事畢者。豈
> 爲過言乎？〔註8〕

意思是說，沒有樂生苦死，就沒有救生之善和殺生之惡；沒有樂富惡貧，就
沒有布施之善和偷盜之惡，等等，結論是，無苦樂則無善惡，善惡來源於苦
樂，甚至沒有苦樂，則「乾坤息而萬事畢」，一切都不復存在。景昌極雖然認
爲苦樂是善惡或道德的根本條件之一，但又認爲並非唯一的根本條件。除了
這個條件之外，還有其它條件，「即一人之苦樂能影響他人之苦樂是。若其不
然，一人雖有苦樂，而不與他人之苦樂並進或衝突，則仍是苦樂問題，而無
善惡問題。……人與人相互影響，然後乃由苦樂利害，進而爲善惡問題。」
意思是說，一個人的苦樂不會產生善惡問題，人與人的苦樂相互影響時才有
善惡。

景昌極自我解釋說，他寫作《廣樂利主義》一文並非輕視道德，實際上
恰恰是提倡道德。「今世之人，惡聞道德而喜聞樂利者，以不知德道之爲大樂
大利，而非不樂不利也。」〔註9〕也就是說，樂利與道德並不衝突，道德是眞
正的大樂大利，樂利與道德是統一的。

三、苦樂和義利的關係

與上兩個問題相聯繫，景昌極探討了義利說的產生，提倡樂與利、樂與
義、義與利的統一。

1、義利說的產生。在景昌極看來，「後世之賢哲，捨樂而不談，則爲『利』
與『義』之說，以促人之遵守道德焉。然而推究至極，其使人共求多樂之初

〔註8〕 景昌極：《苦與樂——佛法淺釋之一》，《學衡》第五十四期，1926 年 6 月。
〔註9〕 景昌極：《廣樂利主義》，《學衡》第十三期，1923 年 6 月。

衷,未嘗稍變也。」〔註10〕也就是說,賢哲創立義利說的目的是為了促使人們遵守道德,但歸根到底離不開苦樂,換句話說,苦樂是義利說產生的最終根源。

2、利和樂的關係。景昌極指出,利這個概念的意義比較含混,當其與義相對時,主要指為財利之利,福利之利,這層意義上的利與樂這個概念幾乎沒有差別。仔細琢磨利的意思,還是指「改良享樂之具」,「人類享樂之工具,其最要者無過於身心。故有害於某人之身心者,往往謂之不利於某人。其次享樂之工具,莫利於財貨,故財貨亦謂之『財利』或『貨利』焉。」〔註11〕把利界定為財利之利,福利之利,即人類享樂的工具。景昌極認為,利和樂的關係是複雜的。有「樂而不利者,酗酒荒淫之樂是也」,「有利而不樂者,如『天之將降大任於斯人,必先苦其心志,勞其筋骨,空乏其身,行拂亂其所為,以增益其所不能』是也」。〔註12〕也就是說,利和樂有相互分離的情況。「然核實言之,則利者特樂之在未來者耳。……故知大樂必利,真利必樂,即樂而可利(如美術家以美術之樂收束其身心),即利而可樂(如道德家以身修心誠為樂)。所謂樂利主義者,即求大樂主義是已。」〔註13〕也就是說,從未來之樂和大樂的角度考慮,樂與利是統一的。

3、義和樂、義與利的關係。在一般人看來,作為道義的義好像是客觀之至善,如「天經地義」、「捨生取義」,實際上,義是主觀的,正如孟子所說:「仁義禮智,非由外鑠我也,我固有之也」。(《孟子・告子》)孟子的「捨生取義」與苦樂息息相關,景昌極認為,「所欲之謂樂,所惡之謂苦。則是捨生取義云者,亦捨辱生之小樂,而取義死之大樂。或捨辱生之大苦,而取義死之小苦焉耳。」〔註14〕因為「捨生取義」追求的是大樂,去除的是大苦,所以這個命題本身也是樂利主義的。不僅義與樂是統一的,義與利也是統一的,《易傳・文言傳》所說「利者,義之和也」,「利物足以和義」,《墨子・經上篇》所謂「義,利也」都說明了這個問題。實際上,「樂也,利也,義也,三而一也」〔註15〕,指出了三者的統一性。

〔註10〕景昌極:《廣樂利主義》,《學衡》第十三期,1923 年 6 月。
〔註11〕景昌極:《廣樂利主義》,《學衡》第十三期,1923 年 6 月。
〔註12〕景昌極:《廣樂利主義》,《學衡》第十三期,1923 年 6 月。
〔註13〕景昌極:《廣樂利主義》,《學衡》第十三期,1923 年 6 月。
〔註14〕景昌極:《廣樂利主義》,《學衡》第十三期,1923 年 6 月。
〔註15〕景昌極:《廣樂利主義》,《學衡》第十三期,1923 年 6 月。

景昌極還進一步闡釋了義利問題，他認為，人群與道德，出於計較心及同情心，計較心以道德為方法，同情心直接以道德為目的。計較心常蔽於私利，同情心是道義所本。所以賢哲之士，通常舍利而言義。義利之別大抵是公利與私利之別，「或問義利之別，曰：只是為人為己之分」。（《朱子語類》卷十三）義利之辨實際是以良心代替計較心。「同情心者，即道德上所謂博愛心，仁心或良心之所基也。所謂良心者非他，亦道德上之習慣而已。人之性情出於天性者半，出於習慣者亦半。道德家即利用之，以道德上之陶冶，使人類天性中之同情心，繼長增高，而成所謂道德上無所為而為之良心，以代其有所為而為之計較心焉。道義與利害之辨，如是而已。」〔註16〕

在義利關係上，景昌極明確主張二者的統一。認為義是為了求更大的利，而不是不要利。「古今賢哲，所以重道義之陶冶，而輕利害之計較者，職是之故。然推究至極，亦未始非樂利主義也。」〔註17〕《尚書‧大禹謨》曰：「正德利用，厚生唯和」。正德者義也，利用者利也，厚生者樂也，三者一也。他結尾指出該文的主旨是「義利一也」。

4、中國傳統的樂利思想傳統

為了說明樂利的合理性和重要性，景昌極挖掘了中國傳統的樂利思想傳統。他指出，「《周易》最為儒家所尊，而幾於卦卦皆言利。《繫辭》言之尤詳。……匪獨《周易》然也，墨子曰：『義利也』。……孔子《論語》……亦何嘗諱言樂利？孟子……非謂仁義與功利之利背馳也。荀子……欲辨義利，而以治亂榮辱為之標準。所謂治亂榮辱者，獨非利與不利之辨乎？由是可知，捨真利不足以言義。」〔註18〕接下來，景昌極還列舉了《淮南子》、《禮記》、《老子》、《列子‧楊朱篇》等古代典籍中有關樂利的思想以及古代典籍中記載的有關事例來說明樂利思想的重要性。在談到佛學時，景昌極指出，「佛家以生老病死，愛別離，怨憎會，求不得，五陰盛諸苦，發出世心。以自在極樂諸境，為究竟位。以『利樂有情，窮未來際』為大菩薩行。其直言利樂，在在可見。馬鳴大士作《起信論》，開卷即曰：『有何因緣而造此論，……為令眾生離一切苦，得究竟樂，非求世間名利恭敬故。』」〔註19〕認為佛學也大談苦與樂。

〔註16〕景昌極：《廣樂利主義》，《學衡》第十三期，1923年6月。
〔註17〕景昌極：《廣樂利主義》，《學衡》第十三期，1923年6月。
〔註18〕景昌極：《廣樂利主義》，《學衡》第十三期，1923年6月。
〔註19〕景昌極：《廣樂利主義》，《學衡》第十三期，1923年6月。

5、西洋倫理學中的樂利思想

為了進一步說明樂利的合理性和重要性，景昌極還闡釋了西洋倫理學中的樂利思想。在他看來，西洋倫理學中的論至善分為兩派：一派是快樂說，以快樂為至善。「古代之色利奈學派（The Cyrenaics）〔註20〕、伊壁鳩魯學派（The Epicurians）、德謨克利圖氏（Democritus）等。近世之洛克（Locke）、巴特拉（Butler）、哈謙生（Hutcheson）、休謨（Hume）、勃萊（Paley）、邊沁（Bentham）、約翰彌勒（John Mill）等隸之。」第二派是勢力說，以動作或涵養或全成或知靈為至善。「古代之蘇格拉底（Socrates）、柏拉圖（Plato）、西尼克學派（The Cynics）、亞里士多德 Aristotle、斯多噶學派（The Stoics）、新柏拉圖學派（Nes-platonists）、近世之霍布士（Hobbes）、斯賓挪莎（Spinoza）……康德（Kant）等隸之。」〔註21〕第一派以大樂為至善，第二派以大利為至善。雖主張義，然義不離利，利不離樂。西方近世邊沁一派倡導樂利主義最為著名，他們以最多數之最大樂利為旨歸。

第三節　苦樂是人生行為的根本原動力

景昌極《苦與樂——佛法淺釋之一》一文從苦樂與行為、苦樂與利害、苦樂好惡與美醜高下、苦樂與情感、苦樂與習慣等多層面論證了「苦與樂為人生行為之根本原動力」〔註22〕的主旨，強調了苦樂對人生的重要性。

從苦樂與行為而言，苦樂使人們行為的動力。

> 人生而有種種苦痛缺憾，而思所以彌補之。饑則思食，寒則思衣，病則思愈，愚則思智，患貧則思利，見輕則思名，靜則思動，動則思靜，未得則患得，既得則患失。人之苦痛缺憾無窮，所以彌補之者亦無窮。人世……曾鮮片刻休息，大抵為苦感所驅已耳。……見樂而趨者、亦復不少，如所謂見獵心喜之類是。然惟其見動之樂，是以厭靜之苦。惟其見彼之樂，是以厭此之苦，謂為為苦所驅、亦無不可。〔註23〕

〔註20〕The Cyrenaics：即昔勒尼學派。
〔註21〕景昌極：《廣樂利主義》，《學衡》第十三期，1923 年 6 月。
〔註22〕景昌極：《苦與樂——佛法淺釋之一》，《學衡》第五十四期，1926 年 6 月。
〔註23〕景昌極：《苦與樂——佛法淺釋之一》，《學衡》第五十四期，1926 年 6 月。

指出人的各種行為都是「為苦感所驅」或「見樂而趨」，結論是，人們的行為直接由苦樂之感所發動。

就苦樂與利害言，利害因苦樂而生。「人於取捨行止未定之事，每計較其利害而決之。利害者，因苦樂而生，亦即苦樂之別名也。行為之由計較利害而決者，蓋直接動於苦樂之念者也。人生行為之直接動於苦樂之感與苦樂之念者，已占行為之重要部分。……苦樂關係行為之重、即此可見。」〔註24〕認為利害決定行為，那麼苦樂決定利害，說到底，行為還是決定於苦樂。

就苦樂與好惡言，有苦樂而後有好惡。「無所苦，亦將無所惡。無所樂，亦將無所好。好之甚而戀戀不捨，是曰貪愛。惡之甚而恨恨不已，是曰瞋恚……貪愛以樂為因，瞋恚以苦為因。而為種種業果之原動力，即此一端，已足證明苦樂為人生行為之根本原動力矣。」〔註25〕景昌極運用唯識學的語言和觀點，認為好以樂為因，惡以苦為因，而種種業果皆源於此，這足以證明苦樂是人生行為的根本原動力。

就苦樂好惡與美醜高下而言，美醜高下源於苦樂好惡。「有苦樂好惡，而後物有貴賤美醜高下之分。所樂而好者，為貴為美為高。所苦而惡者，為賤為醜為下。物有貴賤美醜高下之分，而後人之行為有所取捨於其間。人各有所取捨，不能無所衝突，於是有戰爭以相奪，有政法以相持，有道德以相助。此非人生行為之原動力乎？而苦樂實為之根。即此一端，亦足證明苦樂為人生行為之根本原動力矣。」〔註26〕認為人們在對貴賤美醜高下的取捨中會產生衝突，戰爭、政法、道德等人類行為便由此而生。但貴賤美醜高下實際來源於苦樂，所以苦樂是人生行為的根本原動力。

就苦樂與情感而言，有苦樂而後有各種情感。

> 有苦樂而後有願望和恐懼，想像將來之苦樂，於是有願望與恐懼。有苦樂而後有懊悔與慶幸，追念過去之苦樂，於是有懊悔與慶幸。有苦樂而後有嫉妒與驕慢，疾他人之樂，恃自己之樂，於是有嫉妒與驕慢。有苦樂而後有憐憫與悲哀，歎他人之苦，傷自己之苦，於是有憐憫與悲哀。有苦樂而後有慚愧，比較今昔人我之苦樂貴賤，乃不相如，於是有慚愧。……夫各種感情者，非人生行為之原動力

〔註24〕景昌極：《苦與樂——佛法淺釋之一》，《學衡》第五十四期，1926 年 6 月。
〔註25〕景昌極：《苦與樂——佛法淺釋之一》，《學衡》第五十四期，1926 年 6 月。
〔註26〕景昌極：《苦與樂——佛法淺釋之一》，《學衡》第五十四期，1926 年 6 月。

乎，而無苦樂則不起，即此一端，亦足證明苦樂爲人生行爲之根本
原動力矣。〔註27〕

景昌極這裡提到人的多種情感，願望、恐懼、懊惱、慶幸、嫉妒、驕慢、憐
憫、悲哀、慚愧，所有這些情感都是人生的動力，而所有的情感又都來源於
苦樂，這足以證明苦樂是人生行爲的根本原動力。

就苦樂與習慣而言，有苦樂而後有種種習慣。「所謂品性、癖嗜、風俗、
禮制、本能衝動等。習慣之養成，亦與觀念相似，初爲苦樂所使，繼則忘苦
樂。而直接爲行爲之原動力焉。如人飯後散步，初以避飽悶，繼覺舒適而安
之，乃成習慣。……習慣之於個人爲品性、癖嗜，於社會爲風俗、禮制，於
種族爲本能衝動，茲數者非人生行爲之原動力乎？而苦樂實爲之根。即此一
端，亦足證苦樂爲人生行爲之根本原動力矣。」意思是說，小到個人的生活
習慣，大到社會的風俗，都是人生的動力，但這些習慣則來源於苦樂，這足
以證明苦樂是人生行爲的根本原動力。

總之，利害、美醜、高下、貴賤、情感、習慣等是人們行爲的動力，但
這些動力皆來自於苦樂，證明苦樂是所有動力的動力，即人生行爲的根本原
動力。

第四節　快樂論的分類

同是「學衡派」中理論素養較高的代表人物，繆鳳林和景昌極對西方近
代快樂論的態度是不同的，景昌極是讚賞，而繆鳳林是批評。繆鳳林說：「本
志第十三期載景君昌極《廣樂利主義》一文，於二說（心理快樂論和倫理快
樂論——引者注）亦未能明辨，又其立論頗與本論相違反」，〔註28〕表明了自
己和景昌極的立論相違。繆鳳林對快樂論的批評既屬於他的西方道德觀，也
屬於他的苦樂觀，故放在本章闡論。

繆鳳林在《學衡》第三十二、三十五期上分上下篇發表了《評快樂論》
一文，在批評西方近代快樂論的基礎上提出了自己的快樂論，表現出對中國
傳統倫理精神尤其是唯識學理論的回歸傾向。

繆鳳林對西方近代的快樂論做了區分，將其分成心理快樂論和倫理快樂

〔註27〕景昌極：《苦與樂——佛法淺釋之一》，《學衡》第五十四期，1926 年 6 月。
〔註28〕繆鳳林：《評快樂論上》，《學衡》第三十二期，1924 年 8 月。

論兩種。「謂人生必惟快樂之是求，是曰心理上之快樂論（Psychological hedonism 省稱心理快樂論）。……謂人生應永求至大量之快樂，是曰倫理上之快樂論（Ethical hedonism 省稱倫理快樂論）。倫理快樂論之中，又有謂人應永求一己至大量之快樂者，是曰快樂論之唯我宗（Egoistic Hedonism 亦稱唯我快樂論）。有謂人應永求人類或一切有情至大量之快樂者，是曰快樂論之唯人宗。（Universalisic Hedonism 或稱唯人快樂論，此派亦稱樂利論 Utilitarianism，然其名實濫用詳下篇）」。〔註 29〕繆鳳林的理路非常明晰，快樂論分心理快樂論和倫理快樂論兩種，倫理快樂論又分唯我快樂論和唯人快樂論兩類，快樂論的傑出代表人物是如邊沁（Jeremy Bentham）、穆勒約翰（John Stuart Mill）等。

第五節　心理快樂論的苦樂觀及其批判

在劃分不同快樂論的基礎上，繆鳳林概述了心理快樂論的基本觀點，並展開了自己的批判和反證。

繆鳳林認為，邊沁心理快樂論的宗旨是「人之避苦求樂為心理之事實，謂苦樂二者為人生行事惟一之動機與正鵠」。〔註 30〕穆勒約翰進一步深化了這一學說，指出「何謂樂？所欲之謂樂。何謂苦？所惡之謂苦。所欲與樂，所惡與苦，蓋同一心理之現象，而附以二名焉耳。是故凡有所欲，必與其所樂成正比例。」〔註 31〕

繆鳳林指出，邊沁和穆勒約翰的觀點受到了其它心理快樂論者的追捧，但「其言似亦甚辯，然細加審思，實毫無意義。……曰穆氏之苦云樂云，正其一家之曲說，而毫不中乎事理者也」。〔註 32〕繆鳳林由此對心理快樂論的觀點展開了駁難。

他首先確立了自己的苦樂說：

何謂樂？何謂苦？曰苦樂為感而非物，領納順境所隨生適意之感，是謂樂，領納違境所隨生不適意之感，是謂苦。人不能無欲，

〔註 29〕繆鳳林：《評快樂論上》，《學衡》第三十二期，1924 年 8 月。
〔註 30〕繆鳳林：《評快樂論上》，《學衡》第三十二期，1924 年 8 月。「正鵠」：「鵠」亦可稱「鵠的」，指目標；「正鵠」，指正確的目標。
〔註 31〕繆鳳林：《評快樂論上》，《學衡》第三十二期，1924 年 8 月。
〔註 32〕繆鳳林：《評快樂論上》，《學衡》第三十二期，1924 年 8 月。

當其以某物爲鵠，即名爲欲，欲而達其鵠的稱順境相，情緒領此，
適意之感隨生。所欲遇有障礙，鵠的未能實現，稱違境相，情緒領
此，不適意之感隨生。前者曰樂，後者曰苦。故知快樂云者，欲望
達其鵠的時所生之感情而已。苦痛云者，欲望不達鵠的時所生之感
情而已。……蓋所欲者，客觀之鵠的。樂者，鵠的達時隨生之感情。
二者固二而非一，不能謂言所欲即攝所欲鵠的達時隨生之感。言樂
即攝其所領納之順境相（即所欲之鵠的——原注）也。

繆鳳林在這裡確認了苦樂是一種感受，苦樂和欲望並非一回事。人的欲望對
象，是客觀的目標，欲望實現了目標才會產生快樂，欲望實現不了目標就會
產生痛苦。所以目標和實現或沒實現目標所產生的感受不是一回事，因此，
邊沁和穆勒約翰所說的所欲即樂，所惡即苦混淆了欲望和苦樂的界限，其所
謂樂者非樂，其所謂苦者非苦，是不能成立的。

其次，繆鳳林用唯識學的觀點進一步申明了自己的主張。在他看來，苦
樂，唯識家稱之爲受。謂受能領納順違中（不順不違）境，令心等起歡慽捨
（不歡不慽）相。適悅身心，稱作樂受。逼迫心身，稱作苦受。於身於心非
逼非悅，稱作不苦樂受。唯識家的觀點與西洋心理學的不同之處在於，他在
苦樂感之外，增加了一個不苦不樂之感，這還是比較符合日常生活眞相的，
僅以此點就可以看出「唯識學之精微」。更進一層，唯識家對苦受、樂受做了
深入劃分，「其分析更匪易所思矣」。而心理快樂論者只知苦樂，不知不苦不
樂，較唯識家的學說爲淺陋。

再次，繆鳳林列舉生活中的實例，對心理快樂論的觀點進行了反證。第一
個例子是：「鄉之人見大火乍起，則嘗被髮纓冠以救其鄰；爲人母者見其子之
投水，則涉危履險以拯其難。」〔註33〕同鄉人見鄰居家起火，會奮不顧身去滅
火；母親見到自己的孩子掉入水中，會不顧安危去拯救。繆鳳林分析說，這些
突如其來的事件容不得人們有半點思考，也不是能用求樂避苦所能說明的。相
類似的行爲很多，都與趨樂避苦的說法無關。第二個例子是引用詹姆士〔註34〕
的，「人之一笑一吁，豈各絕有樂感之隨其後乎？又人之含羞，必赧其顏，豈
赧顏之舉，即所以避其痛苦乎？又人之心中驚憂忿怒之既極，往往形諸動作。

〔註33〕繆鳳林：《評快樂論上》，《學衡》第三十二期，1924 年 8 月。
〔註34〕詹姆士（James，William；1842～1910）：美國心理學家，哲學家。

如是動作，豈以樂感爲之原動力乎？」〔註35〕認爲人的笑和籲並非會有樂感隨其後，人的害羞也不是爲了避苦，人的極端情緒所導致的行爲，也並不是以樂感爲動力的。詹姆士把人們的行爲歸結爲衝動力。繆鳳林認爲「詹氏尚未能洞窺究竟」，而唯識家的觀點才能解開人們的疑問。唯識家認爲，各種心理現象，各有其潛在的功能（即種子——引者注）。作用顯現的關鍵，除了親因外，還必須有增上、等無間、所緣等三緣。（詳見本書第三章第二節，《繆鳳林的人性論》）其中最重要的是要看其潛在功能勢力的強弱。他說：

> 人心不同，有如其面。潛在功能勢力之強弱，因亦千差萬殊。有善種特強者，有惡種特強者，有善惡種勢力不相上下者。種勢苟強，緣至必現，毫非人力所能強爲。……古今不德之士，……皆其貪鬥等噁心所種子勢力強盛有以致之也。……躬行之君子，……亦曰其善種勢強實使之然耳。……是故心理之活動，莫不本之其固有之潛在勢力，衝迫而出，沛莫能御。如鳶飛於天，如魚躍於淵。莫或使之，若或使之。〔註36〕

這顯然是種子決定論，認爲人們的一切行爲，不論是善行還是惡行，都是有由這種潛在功能勢力所決定的，並且，當種子和因緣結合後，各種行爲是自然而然的出現的，想阻擋都是不可能的。從這個角度講，動作之源與趨樂避苦之念是「了無關係」的，心理快樂論的觀點是站不住腳的。

第六節　倫理快樂論的苦樂觀及其批評

上文已提及，繆鳳林把快樂論分爲心理快樂論和倫理快樂論，《學衡》第三十二期《評快樂論上》，主要是對心理快樂論的批評，《學衡》第三十五期《評快樂論下》，則是對倫理快樂論的批評。繆鳳林所說的倫理快樂論包括唯我快樂論和唯人快樂論兩種，繆鳳林分別作了描述和分析。

一、唯我快樂論的觀點及其批評

繆鳳林回顧了中外倫理思想史上的唯我快樂論，介紹了唯我快樂論的基本觀點，並對之展開了批評。

〔註35〕繆鳳林：《評快樂論上》，《學衡》第三十二期，1924 年 8 月。
〔註36〕繆鳳林：《評快樂論上》，《學衡》第三十二期，1924 年 8 月。

1、中外倫理思想史上的唯我快樂論思想。繆鳳林認為，中外倫理思想史上眞正主張唯我快樂論的並不多見，在古希臘、西方近代和中國古代寥寥可數。

繆鳳林指出，從嚴格意義上說，西方主張唯我快樂論的只有古代的沙瑞安匿派〔註37〕與伊壁鳩魯派。沙瑞安匿派爲蘇格拉底學派之一，亞鐵白斯（Aristippus〔註38〕）是其創始人。其學說的要點是認爲道德與福樂同一，所以福樂是人生的目的。人應該追求最大最多的幸福，如果能成功即爲成德。伊壁鳩魯派的主要觀點是以快樂爲至善，痛苦爲大惡。人應該就善而捨惡，求樂而避苦。所謂德行、學問，都是追求快樂的工具。雖然兩派同謂人應求樂避苦，但對樂的理解卻不盡相同。沙瑞安匿派主張暫時、極至快樂，不主平淡永久之快樂。故「人宜樂現在」，「宜於各刹那間追求其大樂，不必思及過去與未來」。而伊壁鳩魯派則認爲擺脫痛苦而得到的安靜的快樂，比滿足各種欲望而獲得積極的快樂高尚。人追求快樂，應該通觀一生，尋求全體最大之快樂。有時爲了獲得未來的大樂，可以捨棄眼下的小樂。沙瑞安匿派認爲體魄之樂比精神之樂更強，痛苦也是這樣。他們所說的快樂，多爲當下的。其極端表現就是肆情於聲色，流連於美厚。而伊壁鳩魯派則認爲肉體的快樂是當下的，而精神的快樂則是長久的，精神之樂優於體魄之樂。歐洲中世紀，在基督教的影響下，很少有人主張唯我快樂論。西方近代倫理學說雖然豐富多彩，但沒有一個是純粹的唯我快樂論者。即便是被認爲是唯我快樂論者的霍布士，雖然主張利己，但仍堅持理性的法則顧慮公眾之善。

在中國古代，與沙瑞安匿派相似的只有魏晉人僞造的《列子·楊朱篇》所記載的楊朱。《列子·楊朱篇》認爲，人生的目的和快樂在於追求美厚聲色，盡一生之觀，窮當年之樂。例如有兄弟二人，公孫朝和公孫穆。「朝好酒，穆好色。朝之室也，聚酒千鍾，積曲成封，望門百步，糟漿之氣，逆於人鼻。方其荒於酒也，不知世道之安危，人理之悔吝，室內之有無，九族之親疏，存亡之哀樂也。雖水火兵刃交於前，弗知也。穆之後庭，比房數十，皆擇稚齒婑媠者以盈之。方其耽於色也，屏親昵，絕交遊，逃於後庭。以晝足夜，三月一出，意猶未惬。鄉有處子之娥姣者，必賄而招之，媒而挑之，弗獲而

〔註37〕沙瑞安匿派：似應爲昔勒尼學派（Cyrenaics）。

〔註38〕Aristippus：亞里斯提卜，古希臘快樂主義倫理學家，昔勒尼學派的開創者。關於他的生卒年月，歷史上無文獻記載。

後已。」（《列子‧楊朱篇》）一個「恣口之飲」，一個「肆情於色」，典型的酒色之徒。

2、對唯我快樂論的追問。針對唯我快樂論的一些觀點，繆鳳林進行了層層追問。

唯我快樂論者認為，行為之所以為善，以其契合順應人生之正鵠（人生的正確目標——筆者注）。人志道依德，必趨向此正鵠。但人為什麼追求此正鵠呢？其最完滿的回答應該是以其能滿足人性中最高的要求。那麼什麼能滿足人性中最高的要求？只有快樂。「是則謂人應求快樂，意正曰人應趨向人生之正鵠。得樂之行即為善行，意正曰契乎正鵠之行乃善行焉耳。」〔註39〕繆鳳林認為唯我快樂論的這種觀點的錯誤是沒有區分開樂事和樂感。滿足人性的要求，固然可以產生樂感，但樂感是以依託於順境，此順境為樂事而非樂感。「如樵者之鵠在得薪，薪得則樂感隨生，而薪非樂。獵者之鵠在得獸，獸得則樂感隨生，而獸非樂。人之行事，應達其正鵠。此鵠或為普度群生，或為盡其天職，比其既達，樂感則生，而鵠亦非樂。……人之正鵠既為樂事而非樂感，則謂人應求達其正鵠，亦曰人應以樂事為懷耳？」〔註40〕比如有人懷抱至高的理想，並立志要實現。但由於逆境的原因，最終可能也未實現。此人追求的是樂事而非樂感，我們應該以他對樂事的追求評價他的行為，而不能因其未能獲得樂感而譴責他。

唯我快樂論者認為，樂為人唯一應欲之物，最大之樂自必為人所最應欲之物，所以說人應該以追求自己最大最多之樂為目標，難道不對嗎？繆鳳林針對「一己最大量之樂者」做了分析，這種樂到底是指什麼樂呢？如果是「體魄俄傾之樂」，過度則會病死苦，所獲之樂，必不敵其隨生之苦也。「古今之民賊，殘天下以逞一人之淫樂者，史不絕書，豈其所為皆有合於道德耶？……凡損人利己者，悉屬非德也耶？」〔註41〕如果是「精神永久之樂」，那一生沉醉痴狂，精神狀態極樂，絲毫不覺其痛苦的人豈不成了世界上最道德之人？如果科學家發明一種藥劑，服下以後就能永遊極樂之幻境，這種生活難道是為最道德的生活嗎？在繆鳳林看來，不論最大的快樂是指肉體的或是精神的，都未必是道德的。

〔註39〕繆鳳林：《評快樂論下》，《學衡》第三十五期，1924 年 11 月。
〔註40〕繆鳳林：《評快樂論下》，《學衡》第三十五期，1924 年 11 月。
〔註41〕繆鳳林：《評快樂論下》，《學衡》第三十五期，1924 年 11 月。

二、倫理快樂論的基本觀點及其批評

　　繆鳳林指出，倫理快樂論的觀點是，人們追求的快樂不是一己之樂，而是「人類全體或一切有情之樂之最大量也。」西方近代持這種觀點的主要有邊沁、穆勒約翰等，繆鳳林對其觀點也分別進行了追問和批評。

　　首先看邊沁的觀點，他認為：「個人之樂，既每依他人之樂而存在。離人之樂，則不能達己之樂焉。個人之苦，既每因他人之苦而招致，非拯人之苦。則不能免己之苦焉。故人因欲求一己之樂，同時宜求人群之樂，吾人道德上之正鵠，即此人群之樂也。」〔註42〕繆鳳林指出，邊沁的觀點一方面認為「人常惟樂是求」，另一方面以「人群之樂為道德之正鵠」，這兩種觀點是矛盾的，邊沁「求其會通而不可得」。邊沁雖然區分了個人快樂和人群快樂，但個人快樂是目的，人群快樂是手段，「其求他人之樂者，不過為求一己之樂之方術」。邊沁的觀點實際還是建立在心理快樂論的基礎之上的，表面上唯人、利他，實際上唯我、利己。

　　其次，來看穆勒約翰的觀點，他認為福樂為善是已定之事實，一人的福樂，對於此人為善，人群全體的福樂，對於人類的總和為善。穆勒的意思是說，「甲之樂於甲為善，乙之樂於乙為善，丙之樂於丙為善，丁之樂於丁為善。斯甲乙丙丁之樂之和對於甲乙丙丁之總和亦必為善。」〔註 43〕繆鳳林指出，穆勒如果真能將人類全體無數心識合而為一，成為積聚之物，他的學說自然顛撲不破。但「無量有情之心識，雖各各交遍法界，而光光相網，各自繫屬，彼此絕對不能攙雜混合。苟言一善，必對某一人而言。人群相加，不成其為個人，因之亦無一可對之稱善耶」。〔註 44〕

　　再次，關於樂的計量問題。繆鳳林指出，心理快樂論和倫理快樂論都涉及到一個量的計算問題，即追求最多最大的快樂。只不過心理快樂論和唯我快樂論追求的是個人的最大快樂，而唯人快樂論追求的是他人或群體最大的快樂。但在繆鳳林看來，快樂是很難計量的。他說：「樂感之隨人欲望之滿足而起也，其勢固不能以計量。……人欲之不同，有如其面。個人前後之欲之變遷，亦如生平經歷之流化。其間品質之殊異，難可窮計。樂為偏行心所，與欲望相應而起。何種欲望達其鵠的，即有何種樂感伴以俱生。欲望之品質

〔註42〕 繆鳳林：《評快樂論下》，《學衡》第三十五期，1924 年 11 月。
〔註43〕 繆鳳林：《評快樂論下》，《學衡》第三十五期，1924 年 11 月。
〔註44〕 繆鳳林：《評快樂論下》，《學衡》第三十五期，1924 年 11 月。

無量，樂感之品質亦隨以無量。……以樂量之大小定行爲之價值，必捍格而難通。」〔註45〕即是說，快樂無法計量，更不能以快樂之大小多少來判定行爲的價值。針對這個觀點，繆鳳林提出了他個人的看法，認爲快樂的價值標準不應該取決於快樂的大小多少，而應該取決於快樂所包含的品質，「則今用以定樂之品質者，其必取諸樂之數量之外。……樂之伴欲望之滿足而生起，其品質一隨欲望之品質。則夫測定樂之品質高下之標準，又必同爲測定行爲價值高下之標準。……於是乎行爲價值之軒輊，〔註46〕不以樂之大小爲標準，而以測定樂之品質者爲標準。快樂亦非人生應欲之物，而以含某種高貴品質之行爲爲惟一應欲之正鵠矣，是則快樂一有性質之不同，快樂論即由是而根本破壞。」〔註47〕認爲人們行爲價值的高低，不以快樂的大小爲標準，而應該以快樂的品質爲標準，如果確立了這個原則，快樂論的觀點就不攻自破了。

本章小結

從景昌極的苦樂論和繆鳳林對快樂論的批評中，我們可以做出如下分析：

第一、正如本章開篇所說，景昌極和繆鳳林雖然都是「學衡派」的代表人物，並且理論根基較深，但在對待西方近代快樂論的態度是不同的。景昌極對西方近代的快樂論情有獨鍾，把苦樂在人類生活中的作用看得很高。而繆鳳林則繼承了「學衡派」對西方近代文化的一貫態度，學習中有反省和批判。但這也並不說景昌極與「學衡派」的基本思想傾向相違，他的苦樂論雖然旨在闡揚樂利，但並不輕視道德、不輕視道義，包含著對中國傳統倫理精神的繼承和發揚。景昌極在《學衡》第三十八期發表《佛法淺釋之一評進化論——生命及道德之眞詮》一文，通過進化論與佛法的比較，展開了對進化論的批評。該文通過對話形式，運用了儒學和佛學思想資源，探討了道德和生命問題，體現出對西方近代倫理思想的反思和批評（詳見第八章《西方道德論》），這與「學衡派」的基本思想傾向又是完全一致的。

第二、儘管景昌極和繆鳳林對西方近代快樂論的態度不盡相同，但他們對唯識學的態度則完全一致，那就是高度讚賞或信服。從景昌極《苦與樂——佛法淺釋之一》一文的題目中就可以看出他是試圖從佛法的角度闡釋苦樂

〔註45〕繆鳳林：《評快樂論下》，《學衡》第三十五期，1924 年 11 月。
〔註46〕軒輊：比喻高低優劣。
〔註47〕繆鳳林：《評快樂論下》，《學衡》第三十五期，1924 年 11 月。

問題，其中運用了不少唯識學的語言和觀點，如認為好以樂為因，惡以苦為因，而種種業果皆源於此，這足以證明苦樂是人生行為的根本原動力，等等。而且，景昌極還發表有《佛法淺釋之一評進化論——生命及道德之真詮》一文，認為生命的真諦不僅進化論，而且儒學都不能給以最終的解決，只有唯識學才能揭示生命的真相。繆鳳林在他的人性論中已經運用唯識家的「種子」說和因緣說解釋人性善惡問題，在評快樂論中，他用唯識學的觀點闡釋自己的主張，認為唯識學在苦樂感之外，增加了一個不苦不樂之感，這可以看出「唯識學之精微」。更進一層，唯識家對苦受、樂受做了深入劃分，「其分析更匪易所思矣」。繆鳳林還用唯識學的「種子」和因緣說，解釋了人們的動作之源。這些都反映出「學衡派」學人不少都具有佛學情懷。

第三、景昌極苦樂論和繆鳳林評快樂論的內容較為豐富。他們探討了苦與樂的界定和類型，苦樂與行為、道德、利害、好惡、願望、習慣等的關係，區分了了樂事、樂感、樂念等概念，闡釋了快樂的多少大小以及品質與行為和道德之間的關係，這對於我們今天理解苦樂的基本內容仍有啟發意義。

第四、他們思想中所涉及到的義利統一論是正確的。義利之辯是中國傳統倫理乃至現代倫理中的重要問題。任何形式的義利對立論都是錯誤的，而義利統一論則是正確的。《荀子・大略》云：「義與利者，人之所兩有也」，義利同是人所共有的，二者之間存在著某種統一性。但義利統一總有個重點或基礎問題，儒家並不否認人欲和個人利益，但他們看重的是義，義則取，不義則不取。他們對不義之財、不義之富、不義之貴表現出了極大的蔑視。同時主張讓利爭義，以義制利，甚至捨生取義。這種以義為重的義利統一論仍然是我們今天生活中所應該堅持的。景昌極雖然以更多的筆墨去談論樂利，但他並不否認義，但總的傾向似以樂利為重，具有功利主義的理論色彩，與儒家以義為重的義利統一論有一定的差別。繆鳳林雖然沒有直接談論義利，但也明顯具有重視快樂的品質、注重道德的傾向。

第五、景昌極把苦樂作為人生行為的根本動力、作為道德產生的根源是錯誤的。苦樂雖然是人們行為的一種動力，但並不是最為根本的動力。因為苦樂是人們的一種感受，感受的背後有產生感受的東西，苦樂的產生應該有著更為深刻的生理基礎和各種條件。而且，人的苦樂並非完全相同，尤其是精神快樂，它與對不同理想的追求密切相關。歷史唯物論認為，道德作為社會意識形態，產生於社會存在，苦樂雖然與道德有關，但並非是道德產生的根源。

第六章　「學衡派」的道德修養論

「學衡派」的文化主張意在發揚傳統文化的精粹，因而也極為重視中國傳統道德中的道德修養論。道德修養論，吳宓稱「實踐道德之法」，繆鳳林稱「盡性方術論」，林損稱「養性」。

第一節　道德修養的重要性

林損在《學衡》發表《養性》、《勸學》等文，強調了道德修養的重要性，認為道德修養的自覺與否，是區別聖賢和小人的分水嶺，在養性與經濟〔註1〕的關係上，經濟以養性為本。

林損說：

> 夫道德之修存乎我，器藝之用懸乎物。存乎我者，終古而不變，
> 不為富貴而淫，貧賤而移，威武而屈，毀譽而動，非聖人不能有也。
> 懸乎物者，因時勢而為推移，以順為正，以歧而亡，以營逐為能，
> 以患得患失為心，非小人不肯為也。〔註2〕

這裡提出了「道德之修」和「器藝之用」兩個命題，認為堅持「道德之修」的人具有不變的特點，即不受外在因素的影響而發生變移或屈服，只有「聖人」才能做到這一點。而「器藝之用」之人則具有變的特點，即順時勢而改變存亡得失，此為小人之所為，君子所不齒也。因此，能否堅持「道德之修」是區別聖人和小人的重要標準。這種思想也正吻合中國傳統倫理中的道德修

〔註1〕林損此處所說的「經濟」和我們今天所講的與政治相對應的「經濟」差別很大，是指「經國而濟民」，簡稱「經濟」，屬於國家治理範圍。

〔註2〕林損：《政理古微五養性》，《學衡》第四十八期，1925年12月。

養學說，認為既然「我非生而知之者」，(《論語‧述而》) 道德修養就顯得必不可少了。

林損在《養性》一文中指出，「善養性者，未有不施之於經濟，經濟誠當務。」〔註3〕也就是說，善於養性的人沒有不表現為經國濟民的，此為「性海中一事也」。林損還進一步指出「未能養性而言經濟者，猶今日適越而昔至，自謂至矣，而其實未嘗就道以行也。於乎，言有根，事有宗，養性其經濟之根耶？」〔註4〕這說明，養性與經濟是密切相關聯的，經濟以養性為本。養性如根，而經濟如「發榮滋長」而生的枝葉，這枝葉僅為道德之多枝中的一枝，「枝葉出乎地而易見，其根入於土而難察。人以其難察也，則以為虛無，為微渺，為不足養。徒枝葉之是修，而不培其根，及其既萎，而終不能悟，以枝葉之修為未善也，而不知失之已遠矣，言經濟者，何以異是？」〔註5〕他指出，養性雖然是經濟之「根」，卻深入於「土」中難以察覺，常常覺得它微渺而不足養，只關注經國濟民而忽略養性，經國濟民很難實現，就好像離開了根，枝葉怎麼可能會茂盛呢？林損的意思是說，政治行為是以修身養性為本的，離開了修身養性，經國濟民不可能實現，強調了修身養性的重要性。

第二節 「存養省察」的道德內修法

繆鳳林在《闡性——從孟荀之唯識》一文中提倡「內省」，認為「捨內省外遂亦無法研究」。認為內省是道德修養不可或缺的主要方法。

他說：

> 反對內省最烈者，莫如行為派。彼等之意，以為內省法不如自然科學中實驗方法之確實，誠非無見。然心理之現象，如受如想，如欲如念，如慚如愧，如貪如瞋，其確然存在，毫無疑義。而此等現象，每不表現於身軀運動之中，即表現也，亦不過部分而已。至此自然科學方法既無所肆其技，捨內省外遂亦無法研究。〔註6〕

文中的「行為派」，當指以胡適為代表的接受了杜威實用主義影響的學者們，他們認為應從實踐出發，學以致用，而言行一致。繆鳳林指出，行為派認為

〔註3〕 林損：《政理古微五養性》，《學衡》第四十八期，1925 年 12 月。
〔註4〕 林損：《政理古微五養性》，《學衡》第四十八期，1925 年 12 月。
〔註5〕 林損：《政理古微五養性》，《學衡》第四十八期，1925 年 12 月。
〔註6〕 繆鳳林：《闡性——從孟荀之唯識》，《學衡》第二十六期，1924 年 2 月。

內省法不如實驗法更確實，雖然有一定道理，但許多的心理現象是毫無疑問確實存在著的，如「受」、「想」、「欲」、「念」、「慚」、「愧」、「貪」、「瞋」等等，是無法通過行為運動來完全表現出來，更不能以實驗方法解決這些問題。所以，內省的獨特作用是無法替代的。

「學衡派」這種認知與儒家所提倡的「學而不思則罔」的修養方法和認識論是一致的。孔子認為，「思」是內省中最重要的一環，可以塑造人性導其為善，是理性的解決心理現象的有效途徑，「君子有九思：視思明，聽思聰，色思溫，貌思恭，言思忠，事思敬，疑思問，忿思難，見得思義」。（《論語·季氏》）對自己的所言、所行、所事、所見等等能夠做自我檢查的「思」就是「內自省」、「內自訟」，能夠自覺擔負起禮義教人的責任，進而達到荀子所謂的「聖人化性而起偽」，（《荀子·性惡》）知禮義，守法度，只能通過「反求諸己」來解決「自然科學方法既無所肆其技」的問題。

第三節 「廣求勝緣」的道德外修法

「學衡派」學人雖然強調自我反省的內修法，但也重視「廣求勝緣」，通過向外的工夫輔助道德修養。

繆鳳林指出，首先，修身之道最重要的是在引生善念，心念所及，念茲亦即在矣，「善增一分，惡減一分。積善既久，惡遂自除。」〔註7〕

繆鳳林總結了中外思想史上種種的道德修養方法，他說：

> 至善存乎盡性。人之欲達斯的也，果有何方術乎哉？古今聖賢之修身有得者，殆人異其說，必先詳究各家之為人論。若瞿曇之漏引無漏，孔子之正心誠意，孟子之寡欲養氣，墨翟之自苦為極，董生之正誼明道，蘇格拉底之求知，柏拉圖之由著至玄，亞里士多德之踐形效實，耶穌之敬天愛人，康德之以理御欲，以及宋明儒者之修養，若張子之變化氣質，伊川之用敬致知，朱子之格物致知，象山之先立乎大，白沙之靜中養出端倪，甘泉之隨處體驗天理，陽明之致良知，蕺山之慎獨等。明其同異得失之所在，然後擷取精英，立中正通達之規條，如上已明。〔註8〕

〔註7〕 繆鳳林：《人道論發凡》，《學衡》第四十六期，1925 年 10 月。
〔註8〕 繆鳳林：《人道論發凡》，《學衡》第四十六期，1925 年 10 月。

在總結了中外思想史上種種的道德修養方法的基礎上，繆鳳林提出了善惡對立觀，「爲人正道，爲善捨惡，當知此善惡異類。善現惡隱，惡來善去，相互消長，不克並處。有如水火，水盛火滅，火烈水乾，莫能兩存。又如明暗，白晝日蝕，天昏地黑，深夜懸燈，光耀明徹。斯之作用，是稱對治。故爲善惟在於去惡。去惡即存乎爲善。」〔註9〕可以看出，繆鳳林認同荀子思想中凡人皆具有惡性的部分，性是自然所賦予的資源，本身並不包含任何人爲的因素，性善的要素是要通過教育之後方能爲善。而惡與善是常相剋相對存在著的，所以人存養善念即是去除惡端。人性的本源傾向雖不是遵循「人道根本之通則」，但如果人具有了強烈的義務感受，「此通則遂伴以義務之觀念。於善也，則曰不可不爲，分所當爲。於惡也，則曰不可或爲，理不應爲。」〔註10〕自覺的爲善去惡，這才是眞正的存養至善。

既然說人道的眞諦是去惡存善，儒家所認同的歷史觀點是，「昔賢戒懼愼獨，正心誠意，主一用敬，克己復禮等說，皆宜時時體驗，處處實踐者也。又善惡之性之表現，雖發乎內因，而其引起也，每受外緣之影響。值善緣，惡性不克自現。遇惡緣，善性亦難自生，中才以下，所繫尤巨。」〔註11〕既然善性是難自生的，怎樣能讓大多數的人眞正的善生惡消，繆鳳林提出了自己的方法，即「存養省察之外，尤宜廣求勝緣。多讀聖書，一也；博聆善言，二也；親近善士，三也；非禮勿視，四也；非禮勿聽，五也。內因外緣，分道漸進，善日長而惡日消。消之至極，至於無惡。長之至極，至於至善。人道正鵠之實現，其在是乎！其在是乎！」〔註12〕也就是說，繆鳳林在重視內修之重要的同時，也強調內因外緣的分道漸進即內外兼修相結合的道德修養法。他所說的多讀聖書，博聆善言，親近善士，非禮勿視，非禮勿聽，實際上是強調道德主體在與優良道德環境的互動中提高道德修養水平。這進一步說明「學衡派」在吸收傳統文化精華的基礎之上，不僅僅是「昌明國粹」，還試圖做到「闡求眞理」，在對傳統思想進行客觀公正評價的同時繼承吸取其精華部分，同時結合實際需要進行合理的有益的補充和創新。當時，「學衡派」正處在與激進派進行激烈的思想辯論時期，這種情況下能夠理性地對其它思

〔註 9〕 繆鳳林：《人道論發凡》，《學衡》第四十六期，1925 年 10 月。
〔註10〕 繆鳳林：《人道論發凡》，《學衡》第四十六期，1925 年 10 月。
〔註11〕 繆鳳林：《人道論發凡》，《學衡》第四十六期，1925 年 10 月。
〔註12〕 繆鳳林：《人道論發凡》，《學衡》第四十六期，1925 年 10 月。

想觀點進行分析思考，是極爲難能可貴的，他們的見解即便是在今天看來，也是合乎邏輯的，是挽救中華民族，真正的希望富國強民的具體體現。

與繆鳳林注重「廣求勝緣」的思想相一致，「學衡派」的一些學人還大力提倡學習。學習是提高自我對事物的認識，到達道德修養至高境界的重要方法。林損認爲，學的作用在於使人在面對誘惑時能夠增加維護道義的堅定性，即他所說的「定力」。如他所說，「定力之存繫乎學」。〔註13〕人們在利害是非面前總要做出自己的抉擇，面對著利的誘惑時，如果沒有足夠定力把持，就會走上歧途，而增強定力的重要方法就是學習。學可以使天下有道，更可以提高人的道德水平。儒家向來有重學、勸學的思想，孔子曰：「古之學者爲己，今之學者爲人」。（《論語・憲問》）認爲古時候的人學習是爲了提高自身的道德修養，現在的人學習是爲了向別人炫耀自己，這是沒有明白學習的真正意義。荀子也說，「君子之學也，以美其身；小人之學也，以爲禽犢」。（《荀子・勸學篇》）認爲君子之學，是用它來完善自己的身心；小人之學，只是把學問當作家禽、小牛之類的禮物去討人好評。林損認同孔子所說的「古之學者」和荀子所說的「君子之學」，並認爲爲學可使修爲達到至高境界，即「言學之義，始乎爲士，終乎爲聖人」，通過學習，使道德修養由士而始，終而達到聖人。既然爲學，應當遵從一定的原則和方法，「其言學之數，始於誦經，終於讀禮。蓋生平所深造自得者」。〔註14〕他認爲學要從經開始而至禮結束，依照這種次序才能循序漸進，「故爲學之道，曰定，曰恒，曰無間。定則不誘於物，恒則不曠於己，無間則不遷於境」。〔註15〕致學之道要有堅強的意志，即不受外物所誘也不因境遇變化而改變，如此將終有所得。

第四節 「篤志強行」的道德實踐論

道德實踐在古代稱作「道德踐履」，即與「知」相對應的「行」。儒家學者有的重知，有的重行，更多的是知行並重。「學衡派」繼承和發揚了中國傳統重行不輕知的思想，提倡在內省基礎上通過篤志強行而達到知行合一的境界。

〔註13〕 林損：《政理古微六勸學》，《學衡》第五十期，1926 年 2 月。
〔註14〕 林損：《政理古微六勸學》，《學衡》第五十期，1926 年 2 月。
〔註15〕 林損：《政理古微六勸學》，《學衡》第五十期，1926 年 2 月。

景昌極在《人生哲學序論》中主張「知行雙修」，「敏慧多聞與篤志強行二者，每不能兩全。佛法所謂有目無足與有足無目皆不能到清涼池者也。求其兩全，斯吾所謂知行雙修。」〔註16〕這也與王陽明的知行關係之義相一致，即「知」、「行」兩者如目與足，相依相輔，若想達到一定的目標，必求其兩全，「篤志強行」。

「學衡派」學人有關道德實踐的思想比較豐富，重點闡釋以下幾點：克己復禮、行忠恕、守中庸。

一、克己復禮

「克己復禮」語出《論語・顏淵》：「克己復禮爲仁。一日克己復禮，天下歸仁焉。」把克己復禮提到仁的高度。「學衡派」學人雖然繼承了這一思想，但也有發展和創新。

吳宓是從人性論的角度來談克己復禮的。「人性二元之說」是白璧德人文主義的理論基礎之一。「學衡派」學人在接受白璧德的理論同時，也接受了他的「人性二元之說」。吳宓即在《我之人生觀》中說：「吾確信人性二元之說」，人性是善惡同俱，理欲並存，「人性二元，亦善亦惡。克己者，所以去人性中本來之惡。而復禮者，所以存人性中本來之善。合而用之，則可使人性止於完善。」〔註17〕人性二元，亦善亦惡同。克己，使人性中惡欲漸去，復禮，使人性中至善本性得以保存，兩者結合即是以理制欲。

爲做到克己復禮，「吾人作事，目的雖正，而方法亦不可有疵瑕」，即用正確的方法修塑人性，因一時之快意輕率的舉事立言，只能招致自我遺恨。處理關係重大影響相對深遠的事情，當更加慎重同，「若此惟克己者能之」。而今世之現狀多存在「重熱心，尚急功。故其中之賢者，尚不免有犯此病」。其解決之法也只能「惟克己者爲能免之」，從中可看出克己更爲深遠的意義在於，「非僅爲對己之私德，而亦對天下國家後世之公德之基礎也……」〔註18〕把克己提到天下國家後世之公德基礎的高度。吳宓還認爲，「克己又爲實踐凡百道德之第一步矣」，〔註19〕也就是他所說的「實踐道德之法」即道德踐履的第一步。

〔註16〕景昌極：《人生哲學序論》，《學衡》，第六十九期，1929 年 5 月。
〔註17〕吳宓：《我之人生觀》，《學衡》第十六期，1923 年 4 月。
〔註18〕吳宓：《我之人生觀》，《學衡》第十六期，1923 年 4 月。
〔註19〕吳宓：《我之人生觀》，《學衡》第十六期，1923 年 4 月。

這裡可以看出吳宓的克己復禮與孔子克己復禮的不同，孔子的克己指克制自己的欲望，吳宓的克己與此略有不同，指去除人性中的惡；孔子的復禮指恢復以周禮爲核心的古代禮儀、禮節，而吳宓的復禮則爲保持或恢復善性，這與孔子的說法相去甚遠。也許正是這種差異，反映了「學衡派」學人的創新之處。

二、行忠恕

忠恕之道是儒家的根本爲人處世之道，亦即儒家根本的人道理念。《論語・里仁》：「子曰：『參乎，吾道一以貫之。』曾子曰：『唯。』子出，門人問曰：『何謂也？』曾子曰：『夫子之道，忠恕而已矣。』」「忠」，盡力爲人謀，中人之心，故爲忠；「恕」，推己及人，如人之心，故爲恕。「盡己之心爲忠，推己及人爲恕。」（朱熹：《四書章句集注・中庸章句》）簡單地說，忠恕之道就是以對待自己的態度對待別人。

吳宓不但認同儒家忠恕觀念，在此基礎上更爲深入。他認爲「忠恕者，寧使天下人負我，不使我負一人之謂也」。〔註20〕世人聖賢奸惡的根本區別就在於此，也就是說，依忠恕之道而行的人，視我之義務甚重而權利甚輕，視他人的義務甚輕而權利甚重。忠以律己，寬以律人，吳宓認爲，這種精神當力學之而遵從之，「由此義以言……則國家未有不富強，而天下未有不平治者也」，國可富強，天下可治。吳宓強調說，在教育層面，西方國家古代的宗教哲學，也是看重忠恕。但在實際生活中，近代的新思潮觀念，「則皆教人輕視義務而重視權利。始也謂已盡義務者必須享相當之權利。」本來從道德而言，付出是不言回報的，但當今社會之風氣，有悖于忠恕之處太多，雖然西風盡至，但少年傲仿歐美時，盡講權利而不講義務，造成了當今社會的政局分崩，民生疾苦，教育實業未收大效，即使是想要學習國外的先進理念，也無法學習其精粹，國人的綜合素質江河日下，「今世尤爲不忠不恕之時」。人們不得不面對的就是，「雖欣慕外人而不能傲之也，吾以爲吾國可憂之事莫甚於此層，故忠恕之一端，既足察人品之高下，亦能定國家之禍福也。」〔註21〕

這裡有兩點值得注意：一是吳宓用西方的權利義務觀念解釋忠恕問題，反映了「學衡派」學人對西方價值理念的關注，吳宓所認同的是重義務輕權

〔註20〕吳宓：《我之人生觀》，《學衡》第十六期，1923年4月。
〔註21〕吳宓：《我之人生觀》，《學衡》第十六期，1923年4月。

利，反對重權利輕義務，前者是行忠恕，後者是反忠恕。二是強調了忠恕的重要性，「既足察人品之高下，亦能定國家之禍福也。」

三、守中庸

「中庸」是中國的傳統美德，《論語·庸也》：「中庸之爲德也，其至矣乎，民鮮久矣！」把中庸看作最高的道德。「中」即恰到好處，無過與不及；「庸」即平常之意。

吳宓在《我之人生觀》中，對中庸也進行了探討。何爲中庸呢？他說「中庸者，中道也，常道也。有節制之謂也，求適當之謂也」。〔註22〕換句話說，中庸即是不趨附於極端，不求務於怪異。過與不及，皆不足爲中庸。中庸之道有著不可替代的作用，因此「故中庸者，實吾人立身行事最簡單、最明顯、最實用、最安穩、最通達周備之規訓也」。〔註23〕

吳宓指出：

> 惡事不必論，爲善而過度，而失中庸，則亦非善矣（如用功過度而因疾廢學，熱心過度而憂憤自殺）。中庸之義，吾國古聖賢多言之，而亞里士多德講論尤詳。……總之，凡道德皆爲絕對的，以質定之（Qualitative）；而中庸則爲比較的，以量定之（Quantitative）。子曰，執中無權，猶執一也，中庸易言而難行。蓋遇事以何者爲適中之標準耶？此未可以一言賅括，亞里士多德之說，可以詳細揣摩，大率所謂中道者，隨人之學識經驗而轉易，故只當隨時竭誠輸智，以求所謂中庸而履行之也。……其間之人文主義。猶篤信中庸之道也。〔註24〕

吳宓認爲，過善不能稱之爲中庸，亦是不善。中庸與道德之不同在於道德是絕對的，以質而定，中庸是比較的，以量而定。中庸不是簡單的不偏不倚，它易言難行，須認眞的審時度勢，以學識爲基礎，以經驗來權衡，竭盡而深思以求中庸。與此相對，宗教派、自然派僅僅是各執一端的說詞，而白璧德的人文主義，守中庸而執中庸之道而行，故最終才能收到良好的效果。吳宓的中庸論在內容上沒有什麼突破，但他把中庸與亞里士多德的倫理思想結合

〔註22〕吳宓：《我之人生觀》，《學衡》第十六期，1923 年 4 月。
〔註23〕吳宓：《我之人生觀》，《學衡》第十六期，1923 年 4 月。
〔註24〕吳宓：《我之人生觀》，《學衡》第十六期，1923 年 4 月。

起來，把對中庸的闡釋與對社會批判結合起來，具有一定的特色。

本章小結

綜上所述，「學衡派」學人的道德修養論的內容還是比較豐富的，探討了道德修養方面的雙重進路，即內修法和外修法，前者注重自我反省，後者強調學習和道德環境的重要，並主張內外兼修。同時，在注重道德認知的同時也重視道德踐履，提出了克己復禮、行忠恕、守中庸的具體方法。從他們對道德修養的論述中，我們也可以看出其中的一些特點：

第一、包含著對西學的回應。比如繆鳳林對胡適所倡導的科學實證方法的關注，既承認科學實證方法的有效性，也揭示了它的局限性，從而確立了內修法的無可替代性。又比如吳宓用權利和義務的概念詮釋忠恕思想，並關注亞里士多德的中庸思想，這表明「學衡派」學人具有一定的西學視野。

第二、對儒家道德修養論的復歸。儘管「學衡派」學人有一定的西學視野，但他們的道德修養論明顯的是對儒家道德修養論的復歸，他們所談到的反省、學習、道德認知、道德實踐、克己復禮、忠恕、中庸等等無不打上了儒家倫理深深的烙印。

第三、「學衡派」所倡導的道德修養論具有現代意義，這也反映出傳統倫理精神中的活元素可以超越歷史時空而存在。從上面所談到的種種修養方法來看，剔除其具體的歷史局限性，有很多方面對我們今天如何做人、如何生活仍然具有啓發意義。

第七章 「學衡派」的中國傳統道德論

在新文化運動猛烈衝擊中國傳統文化的背景下，作爲主流上的文化民族主義學派，「學衡派」人物自然對中國傳統道德格外重視。他們探討了儒家倫理與當下的道德狀況、孔學與當時社會的關係、提升了五倫的理論和實踐價值，得出了與新文化運動代表人物相異甚至相反的結論。

第一節 儒家道德與當下的道德狀況

「學衡派」學人認爲，傳統中國的特色是重德不重法，「歷代之制度，及先哲之議論，又實有與西方根本不同者，即其立法之始，不專重在爭民權，而惟重在淑民德。故於法律之權限，團體之構成，往往不加規定。而其所反覆申明，歷千古如一轍者，惟是勸善懲惡。……不外尚德而不尚法。……吾國治術在尚德。」〔註1〕柳詒徵申明傳統中國「尚德而不尚法」的特點含有批評之意，認爲這樣做的結果是只知以民治民，而不知以民制官，這是由君主國家所造成的。但柳詒徵對以儒家爲核心的中國傳統道德在主流上是肯定的，尤其是在處理國與國之間的關係問題上，體現出一種樂於助人的美德，如他所云：「世界之上，不利人之國家，不奪人之土地，對於異國，殫國力以扶助，並不爲經濟上之侵掠者，獨吾中國耳。吾國有此歷史，吾民即有此美德。」〔註2〕胡先驌雖然指出儒家道德有束縛性的一面，但對培養中國人的人性有著重要意義。他認爲，中國文化很精美。中華民族最偉大的成就，就是

〔註1〕 柳詒徵：《中國鄉治之尚德主義》，《學衡》第十七期，1923 年 5 月。
〔註2〕 柳詒徵：《論大學生之責任》，《學衡》第六期，1922 年 6 月。

能在數千年中創造和保持一種非宗教的以道德為根據的人文主義。中國傳統文化以孔子學說為基礎。孔子之教就是正心、誠意、修身、齊家、治國、平天下，克己復禮，以知、仁、勇三達德，行君臣、父子、夫婦、昆弟、朋友五達道。又崇尚中庸，反對過與不及。這種學說影響深遠，已成為中國的習尚。「白璧德教授以為中國習尚，有高出於歐西之人文主義者，以其全以道德為基礎故，洵知言也。」〔註3〕

雖然中國崇尚以儒家為核心的傳統美德，但當下卻出現了道德墮落的狀況。如胡先驌所說：「今試觀一般之社會，金錢之崇拜，投機事業之發達，拐騙欺詐罪惡之日增，誨淫誨盜之戲劇小說之風行……凡此皆為國民道德墮落之證也。」〔註4〕柳詒徵認為道德墮落的主要表現是「官吏腐敗」，他又稱之為「墨化」。他說：「自滿清以至民國所謂萬惡淵藪者無他，官吏也。凡士農工商循分守職之人所不能為不敢為者，官吏能為之敢為之。……官吏腐敗，而準官吏亦腐敗，凡議會學校局所機關，一染官氣，無不腐敗。」〔註5〕那麼，道德墮落的原因在哪裏呢？

胡先驌明確指出，道德墮落的主要原因是功利主義的流行以及傳統以節制為元素的道德的被摒棄。他說：「吾人今日皆知痛詆政府官僚之腐敗，而鮮察國民道德之墮落，已至何等程度。復不知政府之所以腐敗，國民道德之所以墮落，完全由於崇尚功利主義之故。……鄙棄節制的道德有以釀成之也。」〔註6〕鄙棄節制的道德之運動和功利主義之運動在中國有一個發展的過程：

> 國內外言詩則主龔定庵，言佛教則尚大乘，言理學則尊陽明。放言高論，不一而足，此皆欲脫離昔日節制的道德之動機也。且當時之言新政，亦以輸入物質文明為主旨。彼時之維新教主康南海，日後非著有物質救國論乎？故雖辛亥革命，與夫今日之極端唾棄舊學，崇尚功利主義，為康南海所不及料。然其破棄舊習之新異學說，實其濫觴也。破除舊習，疾視節制，崇尚功利主義之風，自此日甚一日，至有今日廉恥道喪，人欲橫行之現象。苟不及時挽救，則日後科學實業愈發達，功利主義之成效愈昭著，國民道德之墮落亦將

〔註3〕 胡先驌：《說今日教育之危機》，《學衡》第四期，1922 年 4 月。
〔註4〕 胡先驌：《說今日教育之危機》，《學衡》第四期，1922 年 4 月。
〔註5〕 柳詒徵：《正政》，《學衡》第四十四期，1925 年 8 月。
〔註6〕 胡先驌：《說今日教育之危機》，《學衡》第四期，1922 年 4 月。

愈甚。而吾數千年之古國，或將有最後減於西方文化之惡果矣。可
不懼哉？〔註7〕

認爲鄙棄節制的道德之運動和功利主義之運動在中國由來已久，如不加以遏
制，其後果極其嚴重。而新文化運動者，貌似針砭功利主義，實際上是鄙棄
節制的道德之運動，其後果比純粹的功利主義更爲嚴重。

那麼，如何才能補偏救弊，收拾政治腐敗、道德墮落的危局呢？胡先驌
認爲歐美留學生作爲「今日中國社會之領袖」責任重大。「庶於求物質學問之
外，復知求有適當之精神修養。萬不可以程朱爲腐儒，以克己復禮爲迂闊。
一人固可同時爲牛頓、達爾文、瓦特、愛迪生與孔子、孟子也。對社會亦宜
提倡節制的道德，中正的學說。使一般少年，不致爲功利主義、浪漫主義之
奴隸。庶幾物質文明與精神文明，得以同時發達，則新舊文化咸能穩固。社
會之進步，政治之修明，雖目前未能實現，二三十年後，終能成也。」認爲
應該提倡節制的道德，反對功利主義、浪漫主義，把科學和個人修養、物質
文明和精神文明結合起來，這樣既可以解決中國社會的落後問題，也可以解
決當下的道德墮落問題。

第二節 孔學與當時的社會

新文化運動中，激進思潮的代表把當時社會的種種黑暗、腐敗歸罪於以
孔子爲代表的儒學，尤其是儒家以「三綱五常」爲核心的傳統倫理，在梁漱
溟等文化民族主義說「不」之後，以柳詒徵爲代表的「學衡派」更是反戈一
擊，揭露了今人的罪惡讓古人埋單的無能心態，這主要體現在柳詒徵《論中
國近世之病源》一文中，這可以說爲我們理解孔子及其倫理思想提供了另一
個視角。

一、當時流行的觀點

柳詒徵描述道：「今人論中國近世腐敗之病源，多歸咎於孔子。……遂誤
以反對孔子爲革新中國之要圖，一若焚經籍，毀孔廟，則中國即可勃然興起
與列強並驅爭先者。余每見此等議論，輒爲之啞然失笑。非笑其詆毀孔子也。
笑其崇信孔子太過。……今之論者，詆孔子曰盜丘，謂其流毒不減於洪水猛

〔註 7〕 胡先驌：《說今日教育之危機》，《學衡》第四期，1922 年 4 月。

獸。」〔註8〕這裡的「今人」顯然指新文化運動中的激進派人物，這些人把當時社會的一切腐敗黑暗現象都歸罪於孔子，認為只要去除了孔子及其學說，中國就可以繁榮昌盛。在柳詒徵看來，這不是看不起孔子，而是太看得起孔子了。

二、孔子之道對社會影響的非連續性

柳詒徵指出，如果說孔子之道真的是近世腐敗之病源，必須有一個前提，即「中國人實行孔子所言之道理，數千年未之或替」，並且「完全實行於中國國家社會之中」。可事實並非如此，就當下社會而言，「實行孔子所言之道理者，寥寥可數。而充滿於社會國家之人物，所作所為，無往而非大悖於孔教者，」「從前尚有人執孔子之語為護符，近則並此虛偽之言論而亦無之。」就歷史而言，孔子之道的影響也非連續的，「自漢以降，號為尊孔。而黃老法家，實為治具。盜賊無賴擁有大權後，摭拾孔教儀文，為之裝飾門面。」可見，孔子之道對中國社會的影響是非連續的，因此不是中國近世腐敗之病源。

三、孔子學說不是專制產生的原因

當時有一種流行的觀點，認為「孔子尊君，演成獨夫專制之弊也」。柳詒徵認為這種觀點是不能成立的。如果說孔子學說是專制產生的原因，那孔子學說應該產生於專制之前，可在柳詒徵看來，在孔子學說產生以前，就有「桀紂幽厲」之專制，難道這也是孔子學說造成的嗎？由此看來，認為孔子學說是專制產生原因的觀點是不能成立的，這種觀點「實發生於單簡之腦筋，未嘗就一事之前後四方，比較推勘而輕下孟浪之語」。而且「孔子不獨尊君，且不主張專制」。結論是：「孔教非君主專制之主因」。

四、中國近世的腐敗根源恰恰是不奉行孔子之教

柳詒徵首先指出，孔子與近世變遷無關，「壬寅之釁，起於鴉片烟。諸君試思，孔子曾教人吸鴉片烟乎？當未戰之前，官民以吸烟為樂境，商兵以運烟為利藪，已歷有年。及林則徐實行禁烟，而穆彰阿琦善等齮齕之。所任者

〔註8〕柳詒徵：《論中國近世之病源》，《學衡》第三期，1922 年 3 月。（本題引該文不復注）

弈經奕山耆英伊里布等,以成江寧和局。而開租界,弛烟禁,禍中國數十年,至今未艾。彼彰穆阿琦善耆英等,孰奉行孔子之教者。咸同以來,烟毒遍天下,家家有燈,市市有館,衰吾種族,隳吾志氣,是誰爲之乎?清季迄今,號爲禁烟,而軍官長吏富人貧子,冒禁吸食者自若,倚勢運售者自若。而孔子無與也。甲午之戰,國勢以頹,然其時軍界中無實行孔教者也。」用歷史的事實證明孔子與鴉片烟無關。柳詒徵得出的結論是:

> 中國近世之病根,在滿清之旗人,在鴉片之病夫,在污穢之官吏,在無賴之軍人,在託名革命之盜賊,在附會民治之名流政客,以迄地痞流氓。而此諸人固皆不奉孔子之教。吾因此知論者所持以爲最近結果之總因者,乃正得其反面。蓋中國最大之病根,非奉行孔子之教,實在不行孔子之教。孔子教人以仁,而今中國大多數之人皆不仁。……孔子教人以義,而今中國大多數之人惟知有利。……孔子之教尚誠,而今中國大多數之人皆務詐僞。……孔子之教尚恕,而今中國大多數之人,皆務責人而不克己。……孔子之教尚學,而今中國大多數之人皆不說學。……總之,孔子之教,教人爲人者也。今人不知所以爲人,但知謀利。故無所謂孔子教徒,縱有亦不過最少數之書呆子。於過去及現在國家社會之腐敗,絕無關係。……今日社會國家重要問題,不在信孔子不信孔子,而在成人不成人。凡彼敗壞社會國家者,皆不成人者之所爲也,苟欲一反其所爲。而建設新社會新國家焉,則必須先使人人知所以爲人。而講明爲人之道,莫孔子之教若矣。

這裡的觀點非常鮮明,非但認爲孔子及其倫理(仁、義、誠、恕、學)不是中國近世腐敗之病源,恰恰相反,不遵循孔子之道的滿清之旗人,鴉片之病夫,污穢之官吏,無賴之軍人,託名革命之盜賊,附會民治之名流政客,地痞流氓等才是中國近世腐敗眞正的病源。因爲這些人不遵從孔子之教,不知何以爲人。「而建設新社會新國家焉,則必須先使人人知所以爲人。而講明爲人之道,莫孔子之教若矣」,充分肯定了孔子之教的現實意義。

第三節　五倫的價值

在「學衡派」學人看來,儒家倫理有很多具有現實意義的元素。如繆鳳

林所說：「儒家之於命，僅知其當然，且信其當然，而莫識其所以然也。然彼既知有命，故雖處境迍邅，栖栖遑遑，而胸中浩然，常有坦坦蕩蕩之樂，毫無怨天尤人之念，其牖民覺世之心，亦不以是稍易其初衷，且益努力於人格之修養。所謂『發憤忘食。不知老之將至』，所謂『我善養吾浩然之氣』。此則儒家知命安命立命之真精神。」〔註9〕認為儒家的命運說雖然「莫識其所以然」，但「知其當然，且信其當然」，所以有浩然坦蕩之心，在內聖外王方面無怨無悔。柳詒徵則對五倫的價值進行了闡釋。他說：「人倫有五，亦曰達道。中庸曰：天下之達道五，君臣也，父子也，夫婦也，昆弟也，朋友也，謂之達道，即通衢大道之誼。猶之古之驛路……今之鐵道。」〔註10〕五倫何以為天下之達道呢？柳詒徵結合西學做了自己的論證。他說：

> 十九世紀以來，歐洲學說，以達爾文進化論為中心，謂物類必競爭而後生存，人類亦必以競爭為生存之本。歐戰之禍，即基於此，伏尸百萬，流血千里。明哲之士，方始覺悟，知達爾文之說未足為人生之定義。而物類之生存，實基於互助之德，故今日最新之學說，莫過於人類之互助。吾聞，啞然失笑。謂今日歐人發明之新理，各國聖哲早在數千年前知之。所謂五倫，所為達道，孰非提倡人之互助，促進人之互助，維持人之互助者。為人君，止於仁；為人臣，止於敬，非互助乎？為人父，止於慈；為人子，止於孝，非互助乎？知互助之為名言，即知人倫之為達道，無所謂新舊，亦無所謂中西。

〔註11〕

認為西方經過大戰後的反省所得出的互助結論早在中國五倫中以體現出來。柳詒徵還具體展開了中國的「互助之義」。認為中國人「以為婦之助夫，天職也；夫之助婦，亦天職也；父母之助子女，更天職也。天職所在，不顧一身，雖苦不恤，雖勞不怨。於是此等仁厚之精神，充滿於社會，流傳至數千年。而國家亦日益擴大而悠久，此皆古昔聖哲立教垂訓所賜。非歐美所可及也。」

〔註12〕

〔註 9〕 繆鳳林：《闡性——從孟荀之唯識》，《學衡》第二十六期，1924 年 2 月。
〔註 10〕 柳詒徵：《明倫》《學衡》第二十六期，1924 年 2 月。
〔註 11〕 柳詒徵：《明倫》《學衡》第二十六期，1924 年 2 月。
〔註 12〕 柳詒徵：《明倫》《學衡》第二十六期，1924 年 2 月。

第四節 傳統禮樂論

景昌極在《學衡》第三十一期發表《消遣問題〈禮樂教育之眞諦〉》一文，談到了儒家傳統禮樂問題，其主流是弘揚儒家傳統禮樂的精髓。

一、傳統禮樂的界定及關係

景昌極首先探討了傳統禮樂的產生、內涵及其關係，爲他進一步的分析論證奠定基礎。

景昌極引用太史公的話說：「夫神農以前，吾不知己。至若《詩》、《書》所述，虞夏以來，耳目欲極聲色之好，口欲窮芻豢之味，身安逸樂，而心誇矜勢能之榮，使俗之漸民久矣。雖戶說以眇論，終不能化。」〔註13〕意思是說，虞夏以來，人們沉醉於感官享樂，靠眇論即空言很難轉變。在這種情況下應該怎麼辦呢？只有「爲之節文以求其當，爲之分界以免其爭而已」，於是產生了禮樂。認爲禮樂產生於「節文以求其當」，「分界以免其爭」，通過一定的規範節制人們的過分行爲，以消除爭奪而達到和諧。

那麼什麼是禮呢？景昌極引用古文說：「禮者履也」，履就是行；「禮者理也」，理就是制度儀文。一句話，人所履行的制度儀文，都可稱之爲禮。禮是人區別於動物的特徵之一，它的特徵體現在兩個方面：一是節制各人之情慾以求其當，二是分別眾人之倫次界限以免其爭。

那麼，什麼是樂呢？「樂」者樂也（前「樂」字爲禮「樂」之樂，後樂字爲快樂之樂——原注）。通常人們以聲色美厚爲可樂，似皆可名之曰「樂」。但在儒家看來：「俗之所以爲可樂者，不必眞可樂，故不必爲『樂』。必合於禮之樂，然後謂之『樂』。故《樂記》曰：「樂者樂也，君子樂得其道，小人樂得其欲。以道制欲，則樂而不亂。以欲忘道，則惑而不樂。」〔註14〕以道制欲之樂，就是合於禮之樂。

禮樂關係是怎樣的呢？景昌極指出，禮的作用是節制和分別，「凡節制得當且可使人和諧免爭之樂，皆『樂』也。而節制得當且可使人和諧免爭之樂，感人最深者莫過於音樂。」〔註15〕因此，儒家所說的「樂」與世俗所謂悅耳之音是不同的。一切合於道德的，都屬於樂的範圍。「由禮而生之樂，即謂之

〔註13〕景昌極：《消遣問題〈禮樂教育之眞諦〉》，《學衡》第三十一期，1924 年 7 月。
〔註14〕景昌極：《消遣問題〈禮樂教育之眞諦〉》，《學衡》第三十一期，1924 年 7 月。
〔註15〕景昌極：《消遣問題〈禮樂教育之眞諦〉》，《學衡》第三十一期，1924 年 7 月。

『樂』，節制快樂之理，即謂之禮。故言禮可以概『樂』。……單言禮則樂在其中，單言樂則禮在其中。雙言禮樂，則禮主消極，樂主積極；禮主理智，樂主情感；禮主秩序，樂主和諧。」〔註 16〕在景昌極看來，一方面，禮和樂是有差別的，禮偏於消極、理智、秩序；樂偏於積極、情感、和諧。另一方面，禮和樂又是緊密聯繫的，二者都兼含對方的因素，同時，禮還可以包含樂。

景昌極接著展開論述了禮樂的內容和作用，他說：

曰莊，曰敬，曰中正，曰無邪，曰撙節，曰儉，曰宜，曰稱，皆前所謂節制得當之德也。何以曰莊敬。曰，莊者容貌整齊之謂，敬者精神收斂之謂。……何以曰中正無邪，曰人為情慾之所驅使，則其動靜云為每趨極端，放佚過當，無以合乎中道。極端所謂邪也。無邪，斯中道矣。……斯則中也，當也，稱也，宜也，撙節也，儉也，同實而異名者也。曰別，曰異，曰序，曰論倫無患，〔註 17〕曰辭讓，曰恭順，曰親，曰同，曰欣喜歡愛，皆前所謂和諧免爭之德也。蓋人各有情，人各有欲，相惡相爭則兩損，相愛相助則兩益。別異所以使人免爭也，和同所以使人相愛也。人類社會之得以維繫於不亂。賴有此耳。〔註 18〕

景昌極在這裡闡釋了兩方面的道德，一方面是「節制得當之德」，包括莊、敬、中正、無邪、撙節、儉、宜、稱；另一方面是「和諧免爭之德」，包括別、異、序、論倫無患、辭讓、恭順、親、同、欣喜歡愛。贊成儒家「禮主異」，「樂主同」的觀點，認為別異與和同的結合，有助於維繫社會的穩定。

那麼，禮樂和道德是什麼關係呢？景昌極說：「夫節制得當，私德也；和諧免爭，公德也。斯禮樂之本，本於道德。然則禮樂與道德何以別乎？曰：禮樂雖本於道德，仍必假物而行。……有禮樂而無道德，則失其大本。……然若惟講道德而棄禮樂，則其道德必難成就。即勉有成，亦必不能普及社會。……今西洋教育學者，稱改造個人，必從環境著手，然後事半而功倍。不然，則雖日聒以道德仁義之說，終不得而化，此之謂也。」〔註 19〕認為禮

〔註 16〕景昌極：《消遣問題〈禮樂教育之真諦〉》，《學衡》第三十一期，1924 年 7 月。
〔註 17〕論倫無患：此為景昌極原文，頗為難解。
〔註 18〕景昌極：《消遣問題〈禮樂教育之真諦〉》，《學衡》第三十一期，1924 年 7 月。
〔註 19〕景昌極：《消遣問題〈禮樂教育之真諦〉》，《學衡》第三十一期，1924 年 7 月。

樂雖本於道德，但道德也離不開禮樂，離開禮樂這些操作層面的東西，道德理想難以實現。「古之儒者惟深有見於此，故其持己化人，莫不以禮樂」，肯定了禮樂的重要作用。

二、傳統禮樂的演變

在景昌極看來，禮樂經過了一個發展演化的過程，但這個過程不是直線式的上昇，而是後退或曲折的。

景昌極描述說：「吾國唐虞三代之世，禮樂最盛。……春秋以還，雖漸凌夷，人猶知禮樂之要。……至孔子時，禮崩樂壞，孔子出而訂之。以無政權，不能推行，遂益大闡其奧義。弟子傳述不絕，荀子尤長於禮。今所傳《禮記》，蓋兼有古禮之遺文，與儒家闡明禮樂之說，並《儀禮》、《周官》，世稱『三禮』，而古樂則亡矣。」〔註20〕孔子之前的老子，荀子之前的莊子，都是非毀禮樂的。他們「不知天下無有利無弊之法。人爲雖有弊，較之純任自然者尚勝一籌。荀子謂爲蔽於天而不知人，可謂一語破的」。〔註21〕對老莊以自然否定人爲，棄絕禮樂的思想表示不滿。墨子則不然，他雖然非樂但不非禮。魏晉之間的名士們非禮而不非樂，「其非禮者，非若老莊之惡其虛僞而非之也，特以其拘束情慾而非之耳。其不非樂者，則正以其縱情恣欲之是求，與老莊之以少知寡欲相倡者悖繆甚矣。其說之荒唐，無當於正理。」〔註22〕而《列子·楊朱篇》就出現於此時，成爲他們恣情縱慾的生動寫照和理論旗幟，景昌極對《列子·楊朱篇》多有否定。這之後，「儒家之勢力終未完全失墜，故吾國至今稱禮教之邦……而於儒家禮樂之精義，則未能有所發揮，亦鮮有致意於重訂禮樂以求化民成俗者。」〔註23〕宋代以後的儒者大都尊孟抑荀，偏重於道德，而不知以禮樂相輔。

從景昌極的描述當中，我們可以看出，他認爲傳統禮樂經歷了一個由盛至衰的過程，他站在維護傳統禮樂的角度對老莊、魏晉名士以及後儒提出了批評。

〔註20〕 景昌極：《消遣問題〈禮樂教育之眞諦〉》，《學衡》第三十一期，1924 年 7 月。
〔註21〕 景昌極：《消遣問題〈禮樂教育之眞諦〉》，《學衡》第三十一期，1924 年 7 月。
〔註22〕 景昌極：《消遣問題〈禮樂教育之眞諦〉》，《學衡》第三十一期，1924 年 7 月。
〔註23〕 景昌極：《消遣問題〈禮樂教育之眞諦〉》，《學衡》第三十一期，1924 年 7 月。

三、傳統禮樂與現代生活

在景昌極看來，傳統禮樂在現代遭遇到了窘境，其自身雖確實存在著一些問題，但並不是說就完全過時了。現代生活中一些負面的東西，還眞的需要傳統禮樂的救贖。

景昌極指出，當時人們對待禮教有種種不同的態度，「維新者以推翻禮教相呼，守舊者以維持禮教自命」，〔註24〕但他們都沒搞清楚禮教究竟爲何物？儒家所稱述的古禮，大抵集成於周代，距今近三千年，時移世易，過時的東西當然不少，「然其良法美意，足爲今日之參稽者，亦頗不鮮。……其變者自變，不變者自不變耳。」〔註25〕這是對待古代禮教的一種辯證態度，對那些過時的東西（變者）應該拋異，對那些具有永恒價值的東西（不變者）即「良法美意」應該繼承，這也是我們今天應該堅持的對待傳統的基本態度，即「去其糟粕，取其精華」。

景昌極以婚戀觀和男女交往爲例，爲某些古禮進行了辯護。他說：

> 今人於男女喜言愛，古禮則兼言敬。……蓋愛者人之情，而敬者禮之節。苟惟言愛，則夫婦之愛，與狗馬玩好之愛，相去幾何？今之男女，結婚易，離婚亦易，蓋緣其相合也惟基於愛，初無「敬愼重正」之念。其相視爲逞欲之具，與狗馬玩好無異。人之於狗馬玩好，莫不惡舊而喜新。則男女之苟合而苟離，固無足怪。嗚呼！所謂「婚姻之禮廢，則夫婦之道苦，而淫辟之罪多」者非歟？〔註26〕

這段話讓人想起了孔子的一段話，《論語‧爲政》：「子游問孝。子曰：『今之爲孝者，是謂能養。至於犬馬，皆能有養。不敬，何以別乎？』」孔子這裡區別了「犬馬養」和「人養」，離開敬的養無法把「人養」和「犬馬養」區別開來，人和動物都能贍養父母，但人有敬愛之心、敬愛之情，動物則沒有。景昌極認爲，愛離開敬、情離開節就無法把男女之愛和「狗馬玩好之愛」區別開來，也就是說，人和動物都有愛情，但人的愛與敬和節制之禮密切相關，動物則沒有。所以，古禮所倡導的男女之愛兼言敬還是必要的。景昌極還引用《詩經》之言試圖爲「父母之命、媒妁之言」的古禮正名。他說：「古禮之爲今人所惡聞者，曰『父母之命、媒妁之言』，以其剝奪個人之自由也。然稽

〔註24〕景昌極：《消遣問題〈禮樂教育之眞諦〉》，《學衡》第三十一期，1924 年 7 月。
〔註25〕景昌極：《消遣問題〈禮樂教育之眞諦〉》，《學衡》第三十一期，1924 年 7 月。
〔註26〕景昌極：《消遣問題〈禮樂教育之眞諦〉》，《學衡》第三十一期，1924 年 7 月。

其本意，實大不然。……《坊記》引《詩經》之言曰:『伐柯如之何，匪斧不克。娶妻如之何，匪媒不得。藝麻如之何，橫縱其畝。娶妻如之何，必告父母。』……然所謂必告父母者，亦曰，當個人自由擇定後，仍當商得父母同意而已。斯父母惟處於監督顧問地位，而主動者仍爲個人。」〔註27〕認爲《詩經》原話的本意是當個人選定妻子後，應徵求父母的意見，這沒有壓制個人自由的意思。「蓋少年男女之相結，率多本一時衝動，選擇未必當，愛情未必長，有如小兒之貪食而致病，或反不如父母之代爲謀也。至於媒妁之言，則雖今日亦未能免。不過易其名曰證婚人或介紹人而已。如是，則國家宜規定婚姻之有效，必兼備二條件:一曰個人意願，二曰父母之命、媒妁之言。乃爲不失古意。」〔註28〕認爲少年男女的自由選擇多出自衝動，應該讓父母爲之謀，介紹人現在依然存在，所以尊重個人意願是重要的，但父母之命、媒妁之言也是必要的。這實際上是傳統禮樂的本意。景昌極總結說，「夫利亦人之所好也，而禮爲之節焉」;「夫名亦人之所好也，而禮爲之節焉」;「然人之情，不惟喜愛欲樂，悲哀憂戚亦所不免，而禮則兼爲之節焉」;「蓋人有感情過於薄弱者，亦有感情過於豐富者，而禮則爲之立中制節焉。」〔註29〕禮能夠保證人們正當地追求名利，並使情感平和持中，這不論在古代還是現代都是需要的。

景昌極還談到了樂，認爲「樂以德性爲本，而其重要之文有三:一曰音樂、二曰文學、三曰體育」。〔註30〕樂以道德爲本，具體形式有音樂、文學、體育，這就相當於今人所說的人文教育。聲音之道，「由人心生」，故「其感人深」。「欲人民之不淫亂，亦必先正其聲音。」景昌極聲言自己是音樂的外行，但對不同的音樂也有不同的感覺，他說:

> 余愧不知音，然耳之所感，略可得言。嘗聞小學校中唱歌之聲，而天機躍然，和樂且耽。嘗聞軍樂而奮然興起，思置身疆場，而急國家之難。嘗聞耶教禮拜堂祈禱歌，而肅雍怵惕。嘗聞佛寺梵音，而悠然有出世之想。嘗深夜聞洞簫，而萬緣俱寂。嘗聞京劇之一二種，而有悲壯蒼涼之概。意者，此其中皆有所可取者乎?又嘗聞小調而心流

〔註27〕 景昌極:《消遣問題〈禮樂教育之眞諦〉》，《學衡》第三十一期，1924 年 7 月。
〔註28〕 景昌極:《消遣問題〈禮樂教育之眞諦〉》，《學衡》第三十一期，1924 年 7 月。
〔註29〕 景昌極:《消遣問題〈禮樂教育之眞諦〉》，《學衡》第三十一期，1924 年 7 月。
〔註30〕 景昌極:《消遣問題〈禮樂教育之眞諦〉》，《學衡》第三十一期，1924 年 7 月。

蕩，聞絲絃而心煩燥。意者，此其中必有所可去者乎。〔註31〕
認為音樂可以陶冶人們的情感精神，好的音樂有所可取，壞的音樂有所可去。
戲劇、散文、小說之類，其要在言志，也足以觀國政而移風俗。亦與音樂同。
景昌極對現代文藝進行了批評，認為今世盛行的白話詩，寫實派戲劇和小說，
白話詩之音樂，不外「接吻、抱腰、發狂、極樂、魂飛、魄動」之事，「能不
淫乎」？更多作品是言哀的，不外「血泪、世界罪惡、人生苦惱、情天恨海、
心弦振動、死神降臨」等，「能不傷乎」？這些都背離了溫柔敦厚之意。文學
之要在言志，體育之要在強身。此外還有圖畫雕刻等一切美術，「人之深有得
於美術者。則可以樂之終身。敝屣一切。」〔註32〕但所有藝術都應該做到雅
俗共賞者，這是傳統禮樂教育的真諦所在。

本章小結

「學衡派」學人對民族文化虛無主義和儒家倫理的反思揭示了一些至今
仍值得人們思考的問題，其合理性和局限性同時存在。

一、對新文化運動中激進思潮的批評包含合理因素

新文化運動是中國啟蒙思想史上的重要階段，它以民主與科學為旗幟，
較深入地批判了傳統文化的缺失，並實現了文字改革，推進了文學革命，為
馬克思主義在中國的傳播奠定了基礎。由於儒家倫理是與農業文明和專制統
治相適應的一種倫理類型，對於中國走向現代化產生過阻礙和束縛作用，受
到清算和清理應在情理之中，這也是整體性反傳統能夠得到許多人支持的原
因所在。

然而，新文化運動中的激進思潮也存在著它的歷史局限和種種失誤：第
一，新文化運動中激進思潮的領軍人物們的思維方式是二元對立的，認為科
學民主與孔學像水火冰炭一樣不能相容，他們由「片面的深刻」導致了「深
刻的片面」。第二，新文化運動中激進思潮的整體性反傳統用文化發展的點截
性否定了其連續性，陷入了民族文化虛無主義的泥潭。第三，新文化運動中
激進思潮所反映出的是一種無能的心態，即把現代社會的落後歸罪於古人，

〔註31〕景昌極：《消遣問題〈禮樂教育之真諦〉》，《學衡》第三十一期，1924 年 7 月。
〔註32〕景昌極：《消遣問題〈禮樂教育之真諦〉》，《學衡》第三十一期，1924 年 7 月。

讓古人爲今人埋單。柳詒徵的《論中國近世之病源》雖然包含有爲孔子和儒家倫理開脫的傾向，但是激進思潮總拿古人當自己無能的擋箭牌也是錯誤的。第四，新文化運動中激進思潮對中國傳統文化的批判，從方法論根源上講是所謂的「弱人政策」，即以己之短比人之長，比較的結果自然會走上整體性反傳統的道路。第五，新文化運動中激進思潮的整體性西化面臨著種種疑難，他們對於全盤西化的論證很難令人信服。〔註33〕從這樣一個角度來看，「學衡派」學人與「東方文化派」和早期「現代新儒家」一樣，都是敏銳地捕捉到了新文化運動中激進思潮的偏頗，對我們今天重新反思新文化運動中的激進思潮仍然具有重要的啓發意義。

二、挖掘了儒家倫理的普適性價值

普適價值是一種事實存在，它是與人的具體價值相對應的類價值，它所展示的是文化中的世界性因素。那麼，儒家倫理中是否也包含有一些普適價值呢？回答是肯定的，因爲儒家倫理是活著的文化生命，它包含有重要的「活元素」，對於今天甚至未來都具有重要意義。第一是天人論，主張維護生態平衡，在林木的生長期，「斧斤不入山林，不夭其生，不絕其長」；在魚鱉的繁殖期，「罔罟毒藥不入澤，不夭其生，不絕其長」（《荀子·王制》）。表達了一種原始的生態倫理觀念，對於我們今天重新認識人與自然的關係具有重要的啓發意義。第二是德本論，用道德去規定人的本體論結構，從「人禽之辯」的角度揭示了人與動物相互區別一個重要方面，構成了當代哲學人類學的重要元素。第三是德治論，用道德作爲治國的主要手段或途徑，這啓示我們在建立和健全法制的同時，仍然需要提倡道德建設，從而不斷促進國人文明素質的提高。第四是德育論，重視教化在道德建設中的作用，主張通過教育來提高人們的道德水平，這種觀點顯然與我們提倡精神文明建設，加強道德教育的主張是吻合的。第五是群己論，在指處理群體與個體之間的關係上以群體利益爲重，這與我們今天所倡導的集體主義精神有相通之處。第六是義利論，指正確處理道德與物質利益、公利與私利的關係，主張先義後利、捨生取義等，這對於我們今天正確地處理義利關係依然是適用的。第七是節欲論，即以道德理性節制感性欲望，這在道德存在的任何時代都是必要的。第八是

〔註33〕 參見柴文華：《五四時期的激進思潮及其反思》，《求是學刊》，2009 年第 3 期。

品德論，指對以道德規範爲核心的一系列品德節操的闡揚，如仁愛、忠恕、誠信等等，這些品德仍是我們今天做人和做事所不可缺少的。第九是修養論，即按照道德理念規範自己的言行，通過功夫修煉達到道德上的高境界，這對於我們今天的人格塑造仍具有重要的啓發意義。〔註 34〕「學衡派」學人看到了中國傳統文化的精美之處，看到了儒家以五倫爲重要內容的價值理念的合理價值，看到了傳統禮樂對現代生活的意義，這在我們今天看來依然是重要的。

三、迴避了儒家倫理的負面效應

「學衡派」學人與其它文化民族主義或文化保守主義者一樣，對儒家倫理的推崇和提倡包含有一些情緒化和片面化的偏向，主要是迴避了儒家倫理的內在缺失和負面效應。儒家倫理雖然包含有一些普世價值，但作爲主要是與小農經濟相適應的倫理文化，其中的內在缺失和負面效應也是事實，主要表現爲不平等、虛僞性、人倫異化、奴性人格等。它與現代性所包含的平等、自由、自主等倫理精神處在對峙之中，這是我們不能迴避的一個問題。當然，並不是所有「學衡派」學人都迴避了儒家倫理的內在缺失和負面效應，有的學者也能正視這一問題，如劉伯明認爲，在專制體制之下，

> 生息於斯制之下者，乏直接參與政事之機會。即有此機會者，亦限於極少數之人，若輩又抱兼善天下之籠統思想。而彼最大多數，則不與焉。此最大多數，其中不乏聰明智慧之士。既不能於社會方面發展其才，則退而暗修，而主觀之道德，緣之以起。曰正心誠意，曰懲忿窒欲，皆此主觀之道德也。雖此外尚有治國平天下、推己及人之語，然治國平天下既嫌空泛，而推己及人，又往往限於五倫之間。……夫正心誠意之事，誠吾國人生哲學之特色。其價值無論社會進至若何程度，必不因之稍減。今人之虞詐無誠，譎而不正，大可以此藥之。惟余謂正心誠意，必有所附麗，非可憑虛爲之。而從事社會事業，正即正心誠意實施之法，此古代精神有待於近今思想之彌補者也。〔註 35〕

〔註 34〕 柴文華：《論儒家倫理中的「活元素」》，《河南師範大學學報》，2009 年第 1 期。

〔註 35〕 劉伯明：《共和國民之精神》，《學衡》第十期，2002 年 10 月。

這實際是對儒家傳統道德的批評，認為儒家提出的「正心誠意」等道德是「主觀道德」，雖有重要價值，但不可「憑虛為之」，「此古代精神有待於近今思想之彌補者也」，認為儒家道德也應該與時俱進，具有深度的現實關懷。這應當說是對儒家倫理的一種冷靜的態度。

第八章 「學衡派」的西方道德論

　　「學衡派」學人不贊同盲目學習西方，反對把中國變成西方文化垃圾的傾倒場。也有人堅持西方物質文明高於中國、中國道德文明高於西方的觀點，如柳詒徵就認為：「實則西人對於物質文明，誠有高過吾國者。至其於為人之道，尚多存禽獸及野蠻人之餘習，未可目為文明。」〔註1〕但「學衡派」學人多數都有西學背景，他們雖然極力維護中國傳統道德，但對於西方的倫理思想也非常重視。他們的不少倫理思想都與對西方傳統的倫理思想的認知和對西方近現代倫理思想的反思有關。

　　需要說明的是，體現「學衡派」西方道德觀的還有繆鳳林在《學衡》第三十二期和第三十五期上發表的《評快樂論》，這篇長文介紹和分析了西方近代倫理學史上的「心理快樂論」和「倫理快樂論」兩大派別的主要觀點，但重點是通過介紹和批判來闡釋自己的快樂論，故已在第五章《苦樂論》中詳細闡釋，此章重點介紹和分析繆鳳林《希臘之精神》和景昌極《佛法淺釋之一評進化論──生命及道德之真詮》中的西方道德觀，一個側重於闡釋希臘精神，一個側重於批判進化論。

第一節　對希臘精神的闡釋

　　繆鳳林在《學衡》第八期上發表《希臘之精神》一文，表達了他對希臘哲學、倫理、文藝等精神的綜合理解，對於我們把握希臘倫理精神具有重要的啟示意義。按照繆鳳林的說法，他最注意的是希臘的精神文化，這些「為

<hr>

〔註 1〕 柳詒徵：《明倫》，《學衡》第二十六期，1924 年 2 月。

人類最可寶貴之成就」，而他的論述也「多以精神文化爲佐證」。〔註2〕繆鳳林把希臘精神概括爲四個方面：入世、諧合、中節、理智，並比較分析了西方近代文化精神對希臘精神的繼承和背離。

一、入世

漢語中的入世有不同的說法，但通常是指投身於社會。入世是儒學的主張和特徵之一，修齊治平、內聖外王是其集中的表現。那麼，繆鳳林爲什麼把入世看作希臘精神，他所理解的入世是什麼意思呢？

在繆鳳林看來，希臘入世精神有種種表現，也有重大影響。

（一）希臘入世精神的表現

繆鳳林指出，希臘入世精神有以下幾層主要表現：

第一層就是「覺自然之可愛」，指人對自然的熱愛和欣賞。如他所說：「希臘山清水秀，風光明媚。……蓋希臘人以自然爲本眞，而人爲自然之一部。人之要，在享受自然，欣賞自然。不以自然害人，而以自然福人。」〔註3〕希臘人也有人定勝天的思想，「然大多數希臘人之思想，實止於享受自然，欣賞自然」，在哲學家中，也很少有人提倡「宰制自然以爲人用者」。〔註4〕

第二層就是「感有生之足樂」，指人對自己生命和生活的享受，「每當宴祭，常佐以歌舞」。但這並不是說希臘人不承認死後的世界，只不過不太重視而已。如繆鳳林所說：「死後存在，雖爲希臘人所信。然本質既萎，止存幻影，精銷力亡，無復生理，常生無限之恐怖」，借荷馬史詩中的話說，「與其死爲鬼王也，無寧生爲貧子之奴」，這句話「最足代表希臘人心理」。〔註5〕這讓人想起了《論語・先進》中的一段話：「季路問事鬼神。子曰：『未能事人，焉能事鬼？』『敢問死。』曰：『未知生，焉知死？』」共同表達了重視現世的思想傾向。在希臘哲學中，也有重視神秘世界的，但「此不過希臘入世精神之例外，而非其主體。」柏拉圖、亞里士多德的學說雖然主張「哲人之解脫」，但他們的著作所言者「多爲人道而非神道。」

第三層是「惟人爲大」，這是就人在宇宙中的地位而言的。而在人之中，

〔註2〕 繆鳳林：《希臘之精神》，《學衡》第八期，1922年8月。
〔註3〕 繆鳳林：《希臘之精神》，《學衡》第八期，1922年8月。
〔註4〕 繆鳳林：《希臘之精神》，《學衡》第八期，1922年8月。
〔註5〕 繆鳳林：《希臘之精神》，《學衡》第八期，1922年8月。

「希臘人又爲天之驕子，此世現象，會當由希臘人安排，責無旁貸」。〔註 6〕
這顯然是由人是宇宙的中心推出希臘人是宇宙中心（所有人）的中心，體現
的是一種「我族中心主義」的傾向。殷海光在《中國文化的展望》中引用維
斯特馬克（Edward Wester marck）的話說：「正像文明人一樣，野蠻人把一切
美德都歸於他們自己。……中國人一出生便被灌輸一種觀念，說他們比其它
民族都優秀。……照日本人的觀念來看，日本是上天創造的第一個國邦，並
且是世界的中心。古代埃及人自認爲一特別的民族，特別爲上帝所寵愛。……
照希伯來人看來，他們自己的土地是『一個特別美好的地方』……至於古代
波斯，……波斯君主的稱號爲『宇宙的中心』……」，〔註 7〕揭示了我族中心
主義在古代世界的普遍存在，希臘人也不例外。這種思想傾向也體現出人的
自信和勇敢的道德精神，如繆鳳林借雅典政治領袖貝里克里（Pericles）的話
說：「吾人履險如夷，處之泰然，此種勇敢乃由習慣養成，非出法律強迫也。……
無論何地，無論何海，吾人皆可闢一途以爲用武之地。」〔註 8〕繆鳳林稱其爲
「前不見古人，後不見來者」的英雄氣概。

（二）希臘入世精神的影響

在繆鳳林看來，入世精神使希臘人形成了兩種態度：一是客觀，一是批
評。研究者所說的希臘人之客觀性（Objectivity of Greek mind）是指「希人入
世，而以客觀爲標的。此就哲學方面考之，至爲顯要」，很多哲學家以宇宙爲
研究對象，於森羅萬象之中求其共相，而以單元或多元解釋宇宙的本質和起
源。包括柏拉圖、亞里士多德在內的哲學家所談到的概念知識、形上觀念，「皆
有客觀之存在，而爲入世知識行爲之準則也。」至於批評，在希臘哲學、藝
術中均表現突出，「凡往昔之習慣宗教法律道德視爲固然，習爲固常者，莫不
萌生疑念，重新估定其價值」。亞里士多德有「吾愛吾師，吾尤愛眞理」的說
法，「此言足以窺矣」。在文藝領域，史詩、諷喻詩、悲劇包括喜劇等，都表
現出一種批判精神，「痛責英雄之背德」，「深慨正義之難覓」，這都是「以批
評爲職志。」〔註 9〕這些都表明，希臘人因爲入世而以人爲主，「凡人皆可自
運其天君，以辨析事理，批評之所由著也。」

〔註 6〕 繆鳳林：《希臘之精神》，《學衡》第八期，1922 年 8 月。

〔註 7〕 殷海光：《中國文化的展望》，上海三聯書店，2002 年 12 月版，第 113、115
頁。

〔註 8〕 繆鳳林：《希臘之精神》，《學衡》第八期，1922 年 8 月。

〔註 9〕 繆鳳林：《希臘之精神》，《學衡》第八期，1922 年 8 月。

希臘入世精神影響的最集中表現是希臘燦爛文化的生成。繆鳳林說：

> 然此入世精神關係之尤大者，即希臘燦爛之文化。……希臘以
> 巴爾幹半島一隅地，產生空前特異之文明。於科學哲學，則有蘇格
> 拉底、Democritus、〔註10〕柏拉圖、亞里士多德輩；於文學，則史
> 詩有荷馬，諷喻詩有希霄德，悲劇有安斯克蘭 Aeschylus、蘇封克里、
> 尤立比底，喜劇有亞里斯多芬尼，演說有 Demosthenes；〔註11〕於
> 美術，雕刻則有 Phidias、〔註12〕Praxiteles〔註13〕輩；於建築，則有
> Parthenon〔註14〕等之奇工；於政治，則有梭倫、Cleisthenes〔註15〕、
> 貝里克里諸賢；於歷史，則有 Herodotus、〔註16〕Thucydides、〔註
> 17〕Xenophon 輩。初讀史者每難明其所以，實則希臘人惟以其入世
> 故，感此世之可貴，覺希望之無窮，斯努力於各種學術之攻研，斯
> 孜孜於制度文物之更張……而亦希臘人入世精神之最可讚美者也。
> 〔註18〕

繆鳳林在這裡極度讚美了希臘文化的輝煌燦爛，而這一切的原因就在於希臘
的入世精神，即「感此世之可貴，覺希望之無窮，」，這種入世精神即對現實
世界的樂觀主義和對美好理想的追求。

二、諧合

繆鳳林所謂諧合即是和諧，指不同事物之間相輔相成、互助合作、互利
互惠、共同發展的關係。作為希臘精神之一，繆鳳林所說的諧合主要包含四
個方面，即神與人諧合、個人與國家諧合、身與心諧合、美術與道德諧合。

（一）神與人諧合

在繆鳳林看來，希臘人以自然為本真，所以神是自然的一部分。其它初

〔註10〕Democritus：德謨克利特（約前460～前370年或前356），古希臘哲學家。
〔註11〕Demosthenes：德摩斯梯尼（前384～前322年），古希臘演說家、政治家。
〔註12〕Phidias：菲迪亞斯（約前490～前430年），古希臘雕刻家。
〔註13〕Praxiteles：普拉克西特利斯（前4世紀），古希臘雕刻家。
〔註14〕Parthenon：帕臺農神殿，被稱作希臘古典藝術的最高典範。
〔註15〕Cleisthenes：克里斯提尼（前6世紀），古希臘政治家。
〔註16〕Herodotus：希羅多德（約前484～約前430或前420年），古希臘歷史學家。
〔註17〕Thucydides：修昔底德（約前460～前400或前396年），古希臘歷史學家。
〔註18〕繆鳳林：《希臘之精神》，《學衡》第八期，1922年8月。

民的宗教，僅限於解釋自然，而希臘之神，除解釋自然之外，兼有人性，與人諧合。

> 試觀荷馬史詩中之諸神，其用心類人，其思想類人，其言語類人，其行事類人，其目的類人，其生活類人。諸凡人性中所有者，神幾全有之。故人有愛憎，神亦有之；人有喜怒，神亦有之；甚至人有戰爭嫉妒，而神亦皆有之。神之所以異於人者，僅其智慧能力大於人耳。易言之，神人之別，在量不在質也。……諸神之所啓示，猶是人性中所有物。神於人無歧視，人於神非超絕。蓋神猶同類於人也。自耶教入歐，其教義以神爲惟一之眞宰，與人隔絕而爲二，神遂高出於人。異乎希臘人之諧合矣。〔註19〕

繆鳳林在這裡揭示了希臘文化中神與人的關係，指出希臘之神除了解釋自然外，最大的特點就是有人性，神性與人性是統一的，相類的，神與人沒有本質區別。而神與人之間無隔閡、歧視等，而是諧合相處。這一特徵與後來隔絕神人的基督教是大不相同的。

（二）個人與國家諧合

古希臘實行的是 City-states（城邦）〔註20〕制度，繆鳳林翻譯爲邑國制。邑國之間，各自爲政。「而其人民之於本邑，則多諧合而爲一。」原因在於：一是希臘人自命爲神之子孫，同神之族，相依爲命；第二，各邑國皆有其特殊之精神，其邑民皆欲維持而擴充；第三，政治家、思想家皆以愛邑國垂訓。「希人之意，最善之個人，即屬最良之公民。個人之目的與國家之目的同也。亞里士多德有言：『國家者、相同之人求達其所能達之最善生活之結合也。』此語之意。不僅國家爲個人達其理想之工具，公共生活之自體即屬理想。易言之，國家之自體，即個人之目的而已。個人歟，國家歟，一而二，二而一者也。」〔註21〕揭示了個人生活、個人利益與城邦生活、城邦利益之間的緊密聯繫，強調了民衆與城邦之間的協調。

（三）身與心諧合

身即肉體，心指精神，身心諧合指肉體與精神的和諧。繆鳳林指出，希

〔註19〕 繆鳳林：《希臘之精神》，《學衡》第八期，1922 年 8 月。
〔註20〕 城邦制：以一個城市爲中心的獨立主權國家制度，其特點之一是「小國寡民」。
〔註21〕 繆鳳林：《希臘之精神》，《學衡》第八期，1922 年 8 月。

臘雕刻有一條原理，即 A beautiful soul housed in a beautiful body（美之靈寓於美之體）。而希臘之理想公民即屬此等人。所以，古希臘學術與體育並重：「學術之發達，所以養心。體育之注重，所以修身。每當大會，運動必為要目之一。多數青年，於和風暖日之下，赤身競技，示人肉體本眞之美，無有絲毫缺憾。……至其內心之鍛鍊，則各種學術之磅礴，……已可見一斑矣。……故並極重視，有諧合為一之觀也。……杜威有言，『希臘教育之所以有絕大成就者，其最大之原因，即在永不爲心身份離之謬誤思想引入歧途。』……是則身心之諧合，實希臘教育最大之成就，亦希臘眞精神之所在。」〔註22〕也就是說，注重精神與肉體或者靈與肉、心與身的和諧是希臘精神的又一重要表現。

（四）美術與道德的諧合

繆鳳林指出，希臘人認爲美術是人性的展示，與道德觀念聯繫密切，「美善二者因諧合而爲一。最佳之美術，除美之原素外，別求其能訴諸德性。學人評論美術之優劣，亦即視其倫理之屬性而定。……柏氏理想國中述蘇氏之言，謂『詩人之著作，惟求其描寫善德，不能稍涉穢褻，非是則屛諸國外。繪畫雕刻建築等，祇許其啓示善德，不能稍露淫蕩，非是則禁止其業。』」〔註23〕繆鳳林還舉了音樂、戲劇等方面的例子，說明希臘藝術與道德的緊密結合。

三、中節

與諧合相關，繆鳳林指出中節是希臘人生活的基礎，所謂中節就是指在處世接物中，「守中而不趨極，有節而不過度。」〔註24〕

繆鳳林列舉了希臘詩歌、戲劇、雕刻等藝術形式，說明其間體現出的希臘的中節精神。如云：荷馬史詩之情節頗繁，「其道德之觀念則簡而一，即中節之教是也。謂人不可驕傲，否則必遭天譴。……諷諭詩……皆發明中節之義諦。自五世紀以降，悲劇繁興，蘇封克里爲最完美無瑕疵。而其精神，要仍可以中節概之。……文學如是，雕刻亦然。」〔註25〕

繆鳳林重點從哲學角度介紹了希臘哲學家對中節的重視。按照他的說法：

〔註22〕 繆鳳林：《希臘之精神》，《學衡》第八期，1922 年 8 月。
〔註23〕 繆鳳林：《希臘之精神》，《學衡》第八期，1922 年 8 月。
〔註24〕 繆鳳林：《希臘之精神》，《學衡》第八期，1922 年 8 月。
〔註25〕 繆鳳林：《希臘之精神》，《學衡》第八期，1922 年 8 月。

　　諸大哲人，亦無不以中節垂訓。如闢薩果拉派 Pythagorean
School〔註26〕謂「使財毋過奢，亦毋過吝，凡事守中則最善。」「毋
忽此身之康健，飲食運動，皆求有節。」Democritus 謂「人之求恬
靜也，當由適中之快樂，與均衡之生涯。過與不及皆足覆人，而使
人心不寧者也。」「捨中節而趨浮誇，則爲樂適以召苦。」皆世人所
稱爲金言者，雖亦教人求快樂，亦教人求貨財，然其快樂與貨財，
必求享之有度。出之中節，此則希臘哲學之精神。而希臘民族，一
面主物質之享受，一面又不流於縱情恣欲，亦以此也。……柏拉圖
分道德爲四，中節爲其一。理想國中詳言極端之害，而惟中則吉。
如曰：「過度之快樂，其有害於身心，實與苦痛無異。」……凡有娛
樂，皆能中節，而其爲樂亦無量，此則人生正當之態度。……道德
亦然。富者坐擁多財，猶病不足，貪得無厭，則飽食思淫，耽於逸
樂。欲爲善得乎？貧者家徒四壁，室如懸罄，欲圖自存，必陷非義，
尚何榮辱之足云乎？……亞里士多德之倫理學 Ethics，……其道德
之界說，惟曰中節。其言曰：「道德者，中節之心境，而即以中節爲
目的者也。」Virtue is a mean state as aiming at the mean……全書所
言，大都發明此中義蘊。如謂「人之於快樂，當守節制」，……此即
論人當有節制，不可荒淫無度，而亦不宜冥頑不靈。……政治學，
亦多言中節之利，而過與不及之爲害。〔註27〕

總之，繆鳳林從文學、雕刻、哲學幾個方面立論，證明中節乃希臘重要精神。
通過引用畢達哥拉斯學派、德謨克利特、柏拉圖、亞里士多德等哲學學派和
哲學家的論述，揭示了中節在道德中的地位，爲我們認識希臘道德精神提供
了重要啓示。

四、理智

　　繆鳳林指出，希臘人愛美 love of beauty、愛理 love of reason、愛智 love of
wisdom。愛美之意，已在身心諧合部分涉及到，這裡重點談愛理和愛智。繆
鳳林通過對古希臘哲學家有關理性和智慧學說的介紹，展示了希臘重視理智
的精神。

〔註26〕闢薩果拉派 Pythagorean School：即畢達哥拉斯學派。
〔註27〕繆鳳林：《希臘之精神》，《學衡》第八期，1922 年 8 月。

　　繆鳳林指出，希臘哲學家最初重視理性的是 Heraclitus〔註28〕赫拉克利特是主變的哲學家，但在無窮無盡的變化間也有「基理」。這個「基理」就是理性（logos）。赫拉克利特說：「理性，永存者也，然人鮮知之。……智慧惟存此理性。吾人之要，即在知此理性。此理性即物物者也。」繆鳳林解釋說：「此所言理性，猶為形而上學之名詞，殆與老子之道無殊。」〔註29〕Anaxagoras〔註30〕亦重理性，他認為理性為思想之原質。蘇格拉底以求概念之知識為職志，認為概念之知識即合理之知識，概念之根本在理性，合理才合概念。蘇格拉底認為應該在社會中養成崇尚德義之風，此所謂有德行之社會，亦即合理之社會。蓋德行與理性相因，惟其背理，始屬不德也。繆鳳林指出，柏拉圖、亞里士多德繼承並光大了蘇格拉底的思想，崇尚理性尤為顯著。柏拉圖說：Let us follow the Reason wherever It leads（吾人應隨理性之所之）繆鳳林解釋說：「此語之意，即謂理性無往不善。吾人誠欲守善，一切行事，悉當以理性為依歸耳。」〔註31〕柏拉圖在探討人性時把人性分為「合理的性質」和「非理性的性質」，「合理的性質」指理性；「非理性的性質」指意志情慾。而「非理性的性質」又分為「高尚的意志」和「卑下的情慾」。其中「合理的性質」為人之根本和人性的最高部分，它能控御意志與情慾，使人的行為步入正軌。亞里士多德把機體之「靈」（soul）分為三類：第一類是植物的植物之靈，具有消化生殖能力。第二類是百獸的感官之靈，具有肉欲活動能力。第三類就是人類的理性之靈。人之所以為人，即以有此理性之靈。亞里士多德指出，對於人來說，身為儲能（Potentiality），理性乃其效實（Actuality），「人生之究竟，在由儲能發展而至效實，即由此身以詣理性，理性固身之內在本質也。」〔註32〕前面談到過，亞里士多德以中節之心境為道德，這是僅就實踐道德而言，實踐道德之外還有理性道德，而理性道德是「人生無上之終極」。亞里士多德認為人是理性動物，理性是人之效實。理性道德，即倫理生活之由儲能以至效實的步驟，而使人有理性活動。實踐道德固然以中節為本，但中節與否的標準定於理性。可以說，古希臘哲學家中重視理性者以亞里士多德為最。

　　重視智慧在古希臘哲學家中也是始於赫拉克利特。他說：「愛智慧者，能

〔註28〕Heraclitus：赫拉克利特（約前 530 年～前 470 年），古希臘哲學家。
〔註29〕繆鳳林：《希臘之精神》，《學衡》第八期，1922 年 8 月。
〔註30〕Anaxagoras：阿那克薩戈拉（約前 500～前 428），古希臘哲學家。
〔註31〕繆鳳林：《希臘之精神》，《學衡》第八期，1922 年 8 月。
〔註32〕繆鳳林：《希臘之精神》，《學衡》第八期，1922 年 8 月。

真知灼見世界之事物」,「智慧能知思想。思想者,萬事之所經而導引萬事者也」,「德行首智慧,其要在於言真。」〔註 33〕赫拉克利特把智慧作為洞悉世界本源之資,是人生最寶貴的東西。蘇格拉底把智慧看作人終身行事的標準,最經典的表述就是智慧即德行(Wisdom is virtue),智慧即真知灼見,「為世界無上之品」。蘇格拉底追求智慧的方法主要是談論,通過談論求得智慧。蘇格拉底指出:

> 凡人生一切行為,皆以智慧為標準而判定之。如善惡之分,即在智慧之有無。人誰願為惡捨善。為惡捨善者,皆以不知善惡之真,皆以無智慧故。反之,則有智慧者,即知即行,固已日趨於善矣。苦樂之分,亦全在智慧。為善最樂,而為善由於智慧,智慧多即善多,善多即樂多。故最智之人,即最善之人,亦即最樂之人也。反之,則無智即無善,無善即無樂矣。心境自由與否,亦全在智慧。蓋有智慧者,中心坦蕩。不怨天,不尤人,與外緣之何若,一無關係。……反之則蔽於一曲,莫能自拔。……餘如人格之高卑等,亦皆如是。〔註 34〕

蘇格拉底把人生善惡之分、苦樂之分、心境自由不自由之分的標準歸結為智慧,表明他對智慧的高度重視,按照繆鳳林的理解,蘇格拉底有一個一以貫之的道,這就是智慧。柏拉圖早年的思想與他的老師蘇格拉底一樣,認為智慧即德行,而此德行為世界無上之品。中年以後思想有所發展,提出了四德的說法,一是智慧;二是勇敢;三是節制;四是正義。智慧乃是四德之首。在柏拉圖看來,智慧屬於理性,為哲士之道德。亞里士多德繼承柏拉圖的思路,以智慧為至高無上的境界,哲人雖追求的是獲得此智慧而已。

五、西方近代文化對希臘精神的背離

綜上所述,繆鳳林所闡釋的希臘精神即入世、諧合、中節、理智。通常學界認為,中世紀神學是對希臘精神的否定,而西方近代文化則是對希臘文化的復歸,即所謂的「文藝復興」,但繆鳳林卻認為,西方近代背離希臘精神的地方更多。

西方近代只有一點是與希臘精神相同的,這就是入世,而其它方面則背

〔註 33〕 繆鳳林:《希臘之精神》,《學衡》第八期,1922 年 8 月。
〔註 34〕 繆鳳林:《希臘之精神》,《學衡》第八期,1922 年 8 月。

離了希臘精神。「希臘人崇理智，而近人則多以獸概人，如哲學上之唯物論，如心理學上之行為派，皆視人性中無理智之存在；希臘人守中節，而近人則趨多極端，如經濟上資本勞動之爭，美術上自然唯美之說，毫無中節遺義；希臘人尚諧合，而近人則多喜爭攘，以言神與人，則有奴事神與廢神之事，神人遂不得諧合。以言國與民，則有國家主義與個人主義之爭，國民遂不得諧合。以言身與心，則多戕心以益身，身心遂不得諧合。以言美與善，則多尚美而忽善，美善遂亦不可諧合。」〔註35〕即就入世精神而言，西方近代和古希臘也還是有所區別的，因為希臘人的入世是以欣賞自然、享受自然為主的，而西方近代自培根開始，就大力提倡征服自然。其結果是：「近代之西洋文明，物質上雖有重大之成就，要不敵其精神上之損失。而其隨此文明所生之罪惡，更非筆墨所能罄。卒之，西方文明破產之聲浪，日盛一日。此則西人不善繼承希臘文明之過也。」〔註36〕繆鳳林還列舉了白璧德、穆爾等人的觀點，認為他們大都以希臘精神文化為真正的西洋文明，而西方文化要想不回到野蠻時代，必須發揚希臘精神。

第二節　對進化論的批評

景昌極在《學衡》第三十八期發表《佛法淺釋之一評進化論——生命及道德之真詮》一文，通過進化論與佛法的比較，展開了對進化論的批評。該文通過對話形式，運用了儒學和佛學思想資源，探討了道德和生命問題，體現出對西方近代倫理思想的反思和批評。

一、進化論的傳播和危害

在景昌極看來，進化論有一個演化過程，對中國產生了重大影響。就其核心理念而言，進化論的負面作用大於正面作用。

景昌極指出，達爾文是進化論的集大成者，他「感於弱肉強食之征，創為優勝劣敗之說，以競爭為生存之要圖，死亡為進步之代價。」〔註37〕而斯賓塞（Spencer）赫胥黎（Huxley）等人發展了達爾文的進化論學說，並把它

〔註35〕繆鳳林：《希臘之精神》，《學衡》第八期，1922 年 8 月。
〔註36〕繆鳳林：《希臘之精神》，《學衡》第八期，1922 年 8 月。
〔註37〕景昌極：《佛法淺釋之一評進化論——生命及道德之真詮》，《學衡》第三十八期，1925 年 2 月。

運用於對社會現象的闡釋中。中國人知道進化論源於嚴復，自《天演論》問世後，報章雜誌競相援引，就連小孩子都知道生存競爭之義，影響甚大。

景昌極不否認進化論的合理性，認爲其持之有故，言之成理。但進化論的負面影響更大。他說：

> 惟其所見既偏，立論斯激。舊日之迷信雖去，新來之成見又生。生命之眞相未明，道德之尊嚴掃地。遺害人心、深滋危懼。充達爾文之說，世界一戰場耳。智之所貴，存我爲貴，力之所尚，勝人是尚。所謂道德，所謂協助皆不過生存競爭中互相利用之假面具。苟可以利吾國，雖舉他國之人類，而殺盡滅絕，不爲悖德。苟可以利吾身，雖舉天下之生物而殺盡滅絕，不爲逆理。近代個人主義、超人主義、侵略主義、強權即公理、戰爭造文明諸說，由是而日張。重以科學發達，工業進步。殺人之具既精，貧富之差日遠。怨毒潛滋、有觸即發。機勢既順，奔壑朝東。邪思而橫議，橫議而狂行。其勢必至破壞家庭、破壞國家、破壞人類、破壞世界。父子無親、兄弟相賊。夫婦則獸合而禽離，朋友則利交而貨賣。獸欲橫流，天性盡絕。人間地獄，天地鐵圍。嗚呼！此眞近世歐洲思想之特色，可爲疾痛隱憂者非歟？〔註38〕

這段議論顯然包含情緒化的東西，對進化論的負面效應進行了誇大性的闡釋。認爲進化論是對道德和協作價值的否定，直接導致了個人主義、侵略主義等的盛行。甚至「破壞家庭、破壞國家、破壞人類、破壞世界」，危害十分巨大。

在這樣一種語境中，景昌極試圖依據「佛法唯識之理」（「所謂佛法，特作者推衍佛家之意而成。其中論證，十九皆未經前人道及，固不敢謂眞能代表佛法也」〔註39〕），與進化論進行對話。

二、事實不等於正確

景昌極不否認進化論所揭示的弱肉強食、優勝劣汰是事實，但事實不等

〔註38〕 景昌極：《佛法淺釋之一評進化論——生命及道德之眞詮》，《學衡》第三十八期，1925 年 2 月。

〔註39〕 景昌極：《佛法淺釋之一評進化論——生命及道德之眞詮》，《學衡》第三十八期，1925 年 2 月。

於正確,在「佛法」﹝註40﹞看來,弱肉強食、優勝劣汰雖然是事實,但卻是「不當」的。

景昌極指出,進化論的倡導者宣稱自己的理論依據的是生物學上的事實,是以科學知識為基礎的,證據確鑿。在他們看來,莽莽宇宙是一個大戰場,弱肉強食,優勝劣汰。這是勢之必至,理所當然。因此才有文化的發展,社會的進步。競爭是為了爭生存,協助是為了協助競爭。生命永遠是目的,道德只是手段。生存競爭方面的事實可以說隨處可見,「彼昆蟲禽獸之互相搏噬者無論矣,即在植物,且莫不然。……更以人論,其服牛役馬,烹豕炮羊之事無論矣。即人與人之間,其能免於爭者幾何?自有史至今,數年必有一小戰,數十年必有一大戰。試取古今史冊,而去其爭奪相殺之事,其所餘者幾何?且即假令肉搏之爭可以暫免,而經濟權利地位名譽之爭,仍無時或息。工戰商戰,其異於兵戰者幾何?貧賤凍餓疫癘罪犯之致人於死,其異於爪牙槍炮者又幾何?曠觀古今,種與種爭,國與國爭,黨與黨爭,人與人爭,競爭非事實乎?」﹝註41﹞揭示了生存競爭在各領域的普遍存在。

如何看待進化論的這些觀點呢?景昌極打著佛法的旗號進行了回答和分析。他指出,從方法論上講,佛法不反對事實和科學知識。進化論所講的是非必至之勢,非當然之理。生存競爭所產生的文化、進步與佛法講的文化、進步不是一回事。進化論所講的事實的確是事實,但「有沒有」是一個問題,「當不當」則是另一個問題,也就是說,事實描述不等於價值判斷,事實不等於正確。世間有不少的事實「不當於理」。比如過去的專制政府,曾經是普遍的事實存在,但現在很多學者並沒有因為它是普遍的事實存在而說它正確。競爭也是事實,但未必就正確。

由上看來,佛法和進化論,雖然事實不異,但態度不同。佛法承認這些事實是要否定它,並試圖尋求解決和挽救的辦法,而進化論認為這些事實是正確的,並給與大力宣揚。

三、競爭與道德

景昌極針對進化論的道德觀進行了層層詰難。

﹝註40﹞ 這裡所謂「佛法」指景昌極所闡釋的觀點。

﹝註41﹞ 景昌極:《佛法淺釋之一評進化論——生命及道德之真詮》,《學衡》第三十八期,1925 年 2 月。

　　進化論的道德觀非常鮮明：「適於生存之謂道德。道德所以爲生存，生存非所以爲道德。競爭而適於生存，競爭即道德也」，〔註42〕把適合不適合生存看作道德與否的臨界點。

　　景昌極指出，假如眞像進化論者所說的那樣適合生存就是道德的話，那麼有些事情很難說的清楚。比如有父母兄弟四人，不幸的是食物僅能養活三人，必死其一而後可，於是爲了生存，其弟乃謀殺其兄，其兄亦謀殺其弟；或不幸食物可以養活二人，必死其二而後可，於是爲了生存，其中二人乃互相團結而謀殺其它二人；或不幸食物僅能養活一人，必死其三而後可，於是爲了生存，可能謀殺其父母。難道說，這也是道德的嗎？

　　進化論者也承認，謀殺父母兄弟爲不道德，但這不足以瓦解生存競爭的學說。比如用藥殺死人身上的病菌，清除荊棘蚊蟲，這種殺生是正當。「君（佛法——引者注）以謀殺父母兄弟之不當，推知謀殺微生物之不當，人亦曷嘗不可以謀殺微生物之當，推知謀殺父母兄弟之亦當。當與不當，固未可以一概論也。」〔註43〕而景昌極認爲，當與不當是界限分明的，也是對立的，就像冰炭絕不相容。進化論者既認爲生存競爭是正當的，又說爲生存競爭而謀殺父母兄弟是不當的，這是自相矛盾。

　　進化論者指出，我們所說的生存競爭，並不僅是爭一己之存在，而是爭種類之存在。爭一己之存在，產生的是私德。爭種類之存在，產生的是公德。「犧牲自己，協助同類，所以履公德而存種類也。父母兄弟於我類也，微生物於我非類也。類與非類，烏可以一概論〔註44〕。」景昌極指出，種類之分是相對的，以此家與彼家對，這是家類；以此國與彼國對，這是國類；以人類與其它生物對，這是人類。以生物與無生物對，是生物類。更爲重要的問題是，「知愛小類爲合於道德，而不知愛更大之類爲更合於道德，愛最大之類爲最合於道德，此之謂不知類。是故充道德之極，則異類皆同類也。充不道德之極，則同類皆異類也。」〔註45〕景昌極的結論是，殺人有罪，殺微生物亦有罪。

〔註42〕景昌極：《佛法淺釋之一評進化論——生命及道德之眞詮》，《學衡》第三十八期，1925 年 2 月。

〔註43〕景昌極：《佛法淺釋之一評進化論——生命及道德之眞詮》，《學衡》第三十八期，1925 年 2 月。

〔註44〕景昌極：《佛法淺釋之一評進化論——生命及道德之眞詮》，《學衡》第三十八期，1925 年 2 月。

〔註45〕景昌極：《佛法淺釋之一評進化論——生命及道德之眞詮》，《學衡》第三十八期，1925 年 2 月。

四、優勝劣汰與文化進步

景昌極針對進化論弱肉強食和文化進步的關係問題提出了自己的一些看法。

進化論者認爲，我們所謂生存競爭不是爲了一切皆存，而是優勝劣汰，從而使優者益優，強者日強，這樣世界才能日益進步。反之，優劣俱存，則世界很難進步。仁慈是弱者的護身符，是世界進步的阻礙力量。人類文化直接或間接由戰爭造就，戰爭是無可厚非的。

在佛法看來，以世界進步爲藉口淘汰弱者，這是錯誤的。進化論者所謂進步，是由於淘汰弱者獲得的，但受淘汰的弱者也這麼認爲嗎？景昌極以佛法的名義談了優勝劣汰於文化進步的關係，展示了佛法對文化的理解和推崇。

首先，佛法認爲，文化的目的是「利樂眾生」。如果文化愈發展，而眾生越痛苦，或者被淘汰，此種文化絕不可取。「今使世間之文化發達至極，圖書如雲，機械如櫛，美術滿街衢，危樓插霄漢。而世間人類，坐是覆沒，了無孑遺，如是則謂之進步否乎？又使有一人一族於此，擅奇技淫巧，深謀遠慮，盡取天下良懦願直之人之族而屠之，惟餘一人一族爲天下雄，如是則謂之進步否乎？」〔註46〕

其次，文化的進步並不像進化論者所說的那樣依靠戰爭。當然，歷代戰爭並非沒有可以促進文化溝通的作用，但相對於它對文化的破壞作用而言可謂是小巫見大巫。

再次，文化和武力有種種區別：（1）眞恃協助而進步者曰文化，眞恃競爭而進步者曰武力。（2）旨在利人，謂之文化；旨在害人，謂之武力。（3）倡文化者雖亦講競爭，而其競爭之目的，則爲協助；倡武力者雖亦講協助，而其協助之目的則爲競爭。〔註47〕正因爲文化與武力之間存在種種差別和對立，所以，「若以競爭爲是歟，則應異文化而言武力，舉凡專事學問技藝美術道德之士，皆當退就劣敗之列。惟孔武有力之兵士，陰謀百出之政客，得爲生物學上優勝分子。若以協助爲是歟，則應異武力而言文化，舉凡生物間互相賊害之事，皆在所擯斥。」〔註48〕

〔註46〕景昌極：《佛法淺釋之一評進化論——生命及道德之眞詮》，《學衡》第三十八期，1925 年 2 月。

〔註47〕景昌極：《佛法淺釋之一評進化論——生命及道德之眞詮》，《學衡》第三十八期，1925 年 2 月。

〔註48〕景昌極：《佛法淺釋之一評進化論——生命及道德之眞詮》，《學衡》第三十八期，1925 年 2 月。

其結論是：武力的進步並不是眞進步，原因在於它對於少數強者來講是所謂的進步，而對多數弱者來講是退步。文化的進步才是眞進步，原因在於它對於一切強者弱者而言，都是有利而無害。

五、競爭與協作

已如上述，進化論者並不反對協作，但協作僅僅是手段，競爭才是目的。而佛法則強調競爭的負面作用，認為協作是目的，而競爭僅僅是手段。

進化論者反對不公平競爭，如「自身本非優勝而徒以地位機遇之佳巋然而獨存者」〔註49〕即屬於此類。那麼如何才能克服這種狀況？進化論者指出，必須使每個人都知道競爭的方法，並為競爭創造平等機會。為此，應該普及教育，推廣平民政治，廢除財產承襲制等。進化論者認為。生存競爭不僅僅是個體間，更重要的是群與群之間。既然如此，群體間內部團結，相愛相助就非常重要。只要能內部團結，相愛相助，就能永遠優勝。而那些內部渙散，相賊相害者，就會經常失敗。因此，內部團結，相愛相助也是生存競爭所必需。進化論者宣稱，他們是倡導競爭與協作相互結合的，「蓋生物之協助，以競爭故，無協助則競爭之道無大進步，固矣。然若無競爭，則協助之道亦無大進步。……群與群間，偏重競爭，一群之內，偏重協助。並行而不悖，相反而相成，其競爭與協助之謂乎。」〔註50〕

佛法則認為：

第一，競爭沒有什麼公平可言，二者相互對立。不僅以地位機遇取勝者是不公平的，以腕力與智力勝人者也是不公平的。「使貧者與富者爭，賤者與貴者爭，進化論者或覺其不平。然使幼童與壯士爭，使鄉愚與市儈爭，使生而殘疾者與生而魁梧者爭，使一人與嘯聚千百之盜賊爭，寧非不平之尤甚者？且惟其不平，故有勝負可言。」〔註51〕其結論是：「果公平，則無有競爭；果競爭，則無有公平。」〔註52〕認為競爭與公平勢如水火，不能並立。

〔註49〕景昌極：《佛法淺釋之一評進化論——生命及道德之眞詮》，《學衡》第三十八期，1925 年 2 月。

〔註50〕覺得此種觀點不是達爾文等所有，倒像克魯泡特金的學說。

〔註51〕景昌極：《佛法淺釋之一評進化論——生命及道德之眞詮》，《學衡》第三十八期，1925 年 2 月。

〔註52〕景昌極：《佛法淺釋之一評進化論——生命及道德之眞詮》，《學衡》第三十八期，1925 年 2 月。

第二，如果認爲生存競爭是正確的，就不能責怪那些害群之人，因爲他們也是爲了生存競爭而害群的。比如兩軍對壘，敵兵強大，降敵則生，力戰則死，在這種情況下，爲保性命而降敵，這在進化論的邏輯中應該是無可厚非的。如果擴展這種學說，那麼，爲群而獻身的人豈不都成了傻瓜，「則古今來爲兒孫作馬牛之父母，爲斯民喪生命之聖賢，一切殺身成、仁捨生取義之豪英，其愚乃誠不可及矣。」〔註53〕因此，進化論者所倡導的愛群、愛國、愛種族之說，非欺人即自欺。

第三，生存競爭並不能涵蓋生物界的所有現象，生物界除了生存競爭之外，也的確存在著相愛相助之事，即相互間的協作。

第四，競爭與協作的關係大體有四個層面：「（一）有爲競爭而競爭者，如虎豹之爭食是；（二）有爲協助而競爭者，如執干戈以衛祖國是；（三）有爲競爭而協助者，如商人之組織公司以謀壟斷專利是；（四）有爲協助而協助者，如父母之愛子，聖人之愛民是。」這其中，「爲競爭而競爭，純乎性之惡者也；爲協助而協助，純乎性之善者也；其或爲協助而競爭，或爲競爭而協助，則善惡相雜。……要之，倫理學上之善惡二元，固確乎不拔之說也。」〔註54〕以「性三品」的視域把競爭與和諧的類型或關係分爲純粹競爭、純粹協作和兼有競爭與協作。

第五，再次對進化論思想的危害進行了抨擊。「古先聖賢，專務擴充人之善性，以掩其惡性。雖其取徑立名，不能無異，究其所歸，莫非一致。今之人則反其道而行，專務擴充人之惡性，以掩其善性。昔者親親而仁民，仁民而愛物。今則殄物而毒民，毒民而害親，而又佐以科學之淫威，飾爲進化之謬論，多方以圓其說，詭辯以利其私。長此以往，世界乃眞不可問矣。」〔註55〕這是以古今對比的方式，展現了古人對善的追求，批評了今人在科學、進化論的指引下對惡性的擴展。

〔註53〕景昌極：《佛法淺釋之一評進化論——生命及道德之眞詮》，《學衡》第三十八期，1925年2月。

〔註54〕景昌極：《佛法淺釋之一評進化論——生命及道德之眞詮》，《學衡》第三十八期，1925年2月。

〔註55〕景昌極：《佛法淺釋之一評進化論——生命及道德之眞詮》，《學衡》第三十八期，1925年2月。

六、道德與「兩利」、「兩害」

景昌極進化論者和佛法的相互辯難中探討了道德與「兩利」「兩害」的關係問題。

進化論者指出，你們（指佛法）所說的道德，是以「利他」爲本的。我們所說的道德，是以「自利」爲本的。以自利之餘利他，以害他之餘自害，這是「物之大情也，事之常規也」。言切實而易行。而「以利他之餘之（疑爲『自』字之誤）利」，以自害之餘害他，這是「物之變態也，事之特例也」，言高遠而難通。這裡概括出進化論者和佛法對道德的不同理解，一個重「自利」，一個重「利他」。並提出了「兩利」（利他、自利）「兩害」（害他、自害）的問題。

佛法針鋒相對地指出，如果以自利爲本，則無所謂道德。「如虎豹麋鹿之處山林，因利乘便，相賊相食，則道德末由發生是也。」〔註 56〕道德並非悖人情而唱高調，正是天理人情之至，「有不得不然者耳」。就「兩利」「兩害」而言，趨「兩利」而去「兩害」，「乃吾所謂道德之目的，此則『人情』之至也。」從歷史的事實來看，以「利他」爲本其結果往往是「兩利」，以「害他」爲本其結果往往是「兩害」，這就像「火之必燥，水之必濕，二加二之必等於四」一樣「實然」，也是「天理」之至也。〔註 57〕

進化論者詰難說，對於人情莫不欲「兩利」而惡「兩害」，這是可以承認的，但「利他」則「兩利」，「害他」則「兩害」的觀點是很難成立的。「如虎豹之食麋鹿，虎豹則利矣，麋鹿則害矣；戰士之殉國家，戰士則害矣，國家則利矣。此利則彼害，此害則彼利，利害不並立」。〔註 58〕針對佛法「利他」則「兩利」，「害他」則「兩害」的觀點進行了詰難，認爲「利害不並立」。進化論者進一步指出，你們所講的「天理」實際就是今天所講的自然律。自然律不可以人爲，如凡火必燥，凡水必濕，凡二加二必等於四等，都是不可以人爲，不可以改變的。而道德律不是這樣，它是人爲的。「如君（佛法——引者注）以殺人爲惡，而野蠻民族中有以殺人爲善，貫頭顱爲項圈以炫耀於人

〔註 56〕景昌極：《佛法淺釋之一評進化論——生命及道德之眞詮》，《學衡》第三十八期，1925 年 2 月。

〔註 57〕景昌極：《佛法淺釋之一評進化論——生命及道德之眞詮》，《學衡》第三十八期，1925 年 2 月。

〔註 58〕景昌極：《佛法淺釋之一評進化論——生命及道德之眞詮》，《學衡》第三十八期，1925 年 2 月。

者。農業社會以忠貞服從爲道德，工商社會中則以自由獨立爲道德。諸民族中有行一夫多妻制者，有行一妻多夫制者，有行一夫一妻制者，皆各以其所行之制爲道德。因時異宜，因地異勢，朝更夕變，此是彼非，烏得與火燥水濕等自然律相提而並論？」〔註 59〕這裡通過自然律與道德律的比較，得出自然律是客觀的，道德律是主觀的結論，還揭示了道德因時因地而不同的道德相對性。

那麼，佛法對這個問題是怎樣看的呢？佛法承認道德的相對性，認爲「世間各民族各個人對於道德之見解各異，是誠事實也」。但是，這「不害道德律之爲自然律也。」明確地把道德律規定爲自然律，「斯道德律者，亦自然律之一種耳。」〔註 60〕實際上，不同的民族、不同的個人，他們對於自然界的看法也是不一樣的，也就是說，人們的自然觀也具有相對性，「或謂風雨有神，或謂物由帝造，或謂有仙人可以入火而不燥，入水而不濕。……然而人不因此而謂自然無定律者何也？以眞者自眞，僞者自僞，眞說雖一，不能禁僞說之多；僞說雖多，亦不能害眞說之一也。」〔註 61〕道德律也是這樣。這裡的意思是說，自然律也好，道德律也罷，關鍵在這個「律」字上，這個「律」就是指「定律」，「定於一而不變」，這個「定律」不是人爲所可以改變的。我們所說的天理，「即此兩利兩害之自然律是已」。針對進化論者所提出的道德相對性問題，佛法的回應是，「論某一時某一地之某一事之當於道德律與否，則或當或不當，不能並立，果其不當則不以人之謂當而遂謂當。前云某野蠻民族之殺人，可斷言其不當，不以野蠻民族之謂當而遂謂當，亦猶野蠻民族信風雨有神，可斷言其非，不以野蠻民族之謂是而遂謂是也。」〔註 62〕主張運用道德律判斷現象、行爲的正確與否。「前云忠貞服從與自由獨立蓋各有所當，婚姻制則獨以一夫一妻制爲當。」〔註 63〕

〔註 59〕景昌極：《佛法淺釋之一評進化論——生命及道德之眞詮》，《學衡》第三十八期，1925 年 2 月。

〔註 60〕景昌極：《佛法淺釋之一評進化論——生命及道德之眞詮》，《學衡》第三十八期，1925 年 2 月。

〔註 61〕景昌極：《佛法淺釋之一評進化論——生命及道德之眞詮》，《學衡》第三十八期，1925 年 2 月。

〔註 62〕景昌極：《佛法淺釋之一評進化論——生命及道德之眞詮》，《學衡》第三十八期，1925 年 2 月。

〔註 63〕景昌極：《佛法淺釋之一評進化論——生命及道德之眞詮》，《學衡》第三十八期，1925 年 2 月。

　　進化論者指出，道德律之為自然律，為天理，不隨人欲以變更，這個觀點我們認可，但不承認「凡兩利者當為」，「凡兩害者不當為」的觀點，也不同意「凡利他者必歸於兩利」，「凡害他者必歸於兩害」的觀點。

　　佛法引用了一些儒家學說進一步解釋了這個問題，認為一世之中，有直接的報應，如「愛人者人恆愛之」，「殺人之父者，人亦殺其父，雖曰殺人，其與自殺奚異？友朋遠來，握手言歡，友朋固利矣，我亦未嘗不利也。得天下英才而教育之，受教者固利矣，我亦未嘗不利也。類此之例、觸處皆是。」〔註 64〕這就是「利他則兩利、害他則兩害。」除此之外，一世之中還有間接報應、「足夫己無待於外之報應」等，都足以證明「利他則兩利、害他則兩害。」〔註 65〕

　　進化論者並不贊同儒學的觀點，認為「事則有然者矣，然而亦有不盡然者。吾愛人矣，而人未必能愛我；我害人矣，而人未必能害我；吾愛禽獸害禽獸矣，而禽獸未必知愛我害我；此人趨利矣，世人或反以為榮；彼人行義而忘利矣，世人或反以為辱；君子常樂矣，然而有時似不勝其憂；小人常憂矣，然而有時似不勝其樂；孔顏之樂至矣，然而得之者殆不可多見。得失有時而反，報應有時而乖。彼殺身成仁捨生取義之豪英，亦若得其害而未得其利然者。雖曰，彼非計較利害而出此，然主道德者則以此勸人，則又何說？前此所云虎豹之食麇鹿，戰士之殉國家，的（疑為已——引者注）然一利而一害者、則又何解？」〔註 66〕

　　佛法承認「誠有若是者」，「求兩利兩害之理於一世間直接報應之中，此盡人所可知所可信者也。於此求之而有所不得，愚者已疑之矣。智者則知進而求之於一世間接報應之中，於此求之而有所不得，則雖智者亦疑之矣。使其人嘗身寢饋於道德，而有所自得，則前所謂足乎己無待於外之報應者。猶足使之樂守而不疲，宋明儒者之類是已。」〔註 67〕但儒家的這些學說受到了挑戰，被別的學說所替代，結果是「天理沒而人欲彰，道德之說，乃幾乎息

〔註 64〕景昌極：《佛法淺釋之一評進化論——生命及道德之真詮》，《學衡》第三十八期，1925 年 2 月。

〔註 65〕景昌極：《佛法淺釋之一評進化論——生命及道德之真詮》，《學衡》第三十八期，1925 年 2 月。

〔註 66〕景昌極：《佛法淺釋之一評進化論——生命及道德之真詮》，《學衡》第三十八期，1925 年 2 月。

〔註 67〕景昌極：《佛法淺釋之一評進化論——生命及道德之真詮》，《學衡》第三十八期，1925 年 2 月。

矣！」〔註68〕而可以化臭腐爲神奇，折偏頗於中庸者，不假迷信而使天理復彰者，只有佛法。

本章小結

綜觀繆鳳林和景昌極的西方道德觀，我們可以做出如下分析：

一、對繆鳳林希臘精神的分析

繆鳳林對希臘精神的闡釋有合理的成分，也有值得進一步商榷或思考的地方。

第一、繆鳳林對希臘文化懷有深厚的感情，其間充滿了溢美之詞，這反映出學界的一種共同心態，即對作爲西方文化母體的希臘文化的認同，雅斯貝爾斯曾把希臘文化作爲人類「文化軸心時代」的標誌性文化之一典型地表明了這一點。無論歷史行進到哪個階段，希臘文化的輝煌都是不可埋沒的。

第二、透過繆鳳林對希臘精神的闡釋，我們可以看到其中的一些希臘倫理精神。其一是自信和勇敢，此種勇敢由習慣養成，非出於法律強迫；其二是批評精神，它所蘊涵的是一種個性自主意識和懷疑精神，通過自己的大腦思考，不人云亦云，「凡往昔之習慣宗教法律道德視爲固然，習爲固常者，莫不萌生疑念，重新估定其價值」；其三，揭示了個體與群體、身與心等關係以及和諧問題，這些都是倫理學所關心和試圖解決的問題；其四，肯定了中節的價值，反對走極端和放縱慾望，與中國傳統的「中庸」之德和「節欲」說相近。其五，認爲理性即道德、智慧即道德的觀點，表達出一種眞與善、理性與道德相互統一的思想。柏拉圖的四德之首即智慧，與《中庸》把「智」作爲「三達德」之首思路近似。

第三、繆鳳林對希臘入世精神的揭示包含有我們可以認可的元素。入世是相對於出世的一個概念。入世和出世是佛學常用的概念，指對塵世的不同態度。入世是大乘佛學的主張，主要指通過入世修行普渡眾生；出世主要是小乘佛學的主張，主要指通過靜修獲得個人的解脫。但通常意義上的入世主要指積極參與社會，建功立業，修身、齊家、治國、平天下；而通常意義上

〔註68〕景昌極：《佛法淺釋之一評進化論──生命及道德之眞詮》，《學衡》第三十八期，1925 年 2 月。

的出世主要指脫離社會，一方面是世俗之人的「窮則獨善其身」，仕途失意後自己遠離政治圈，這層意義上的出世稱為「避世」、「逃世」更為妥當，特別是中國古代特有的「隱士文化」具有這種特徵。在歷朝歷代的隱士中，雖然有的依隱射利，假痴釣名，但多數自恃清高，不屑世故。雖然有的「藏身江海」，有的「山栖木食」，有的「高枕柴門」，但都有一些共同的思想傾向，即不慕財利、淡漠仕途、潔身自養。〔註69〕另一方面是宗教信徒對來世的追求。在中國，不論是道教徒、還是佛教徒對「此岸世界」多持否定態度，主張通過艱苦的修行進入「彼岸世界」。從上面對出世入世的粗淺理解來看，繆鳳林通過對希臘精神所作的闡釋也透露了他對入世的理解，即與「死後世界」、「神秘世界」相對應，也就是說對「死後世界」、「神秘世界」的追求是與入世精神相違背的，而對現世和現實世界的追求才是入世的。這種理解與我們今天的理解是一致的。

第四、繆鳳林所揭示的藝術與道德或美善一體的希臘精神實際上更是中國古代思想的重要特徵。孔子的「無邪」、「興觀群怨」、「文質彬彬」、「盡善盡美」都是對《詩經》的美學鎔鑄，主張文藝應當以「述志為本」、「文質相稱」，高度重視作品的倫理價值，形成了儒家倫理文藝的美學模式。這種理論的優點在於教導文藝注目現實，步入世俗，崇尚典雅，直接影響了一大批文藝美學思想家，如陸機、劉勰、顏延之等，並構成古文運動、新樂府運動的重要理論支柱，對中國古代文藝、美學的發展起到了推進作用。但這種理論也有過分強調文藝內容，忽視文藝形式的缺點。文藝與政治、文藝與倫理、文藝與哲學的合理關係應該像水中鹽，蜜中花，「無痕有味」。需要指出的是，古希臘藝術雖然重視美善一體，但他們的美建立在科學的基礎之上，從不忽視形式，所以，古希臘藝術稱為歐洲文藝復興時期藝術的重要基礎。

第五、作為希臘精神的中節是中國傳統文化所大力提倡的，接近於中國古代的「中庸」之德和「節欲」說。誠如繆鳳林所說：「吾國立國東亞，夙尚中節。堯舜禹湯，以是垂訓，而國號曰中。……國名如此，國性更由斯表現，此則吾國與希臘精神最相同之一點。陸子靜所謂東海有聖人，此心同此理同也；西海有聖人，此心同此理同也者非耶？」〔註70〕《論語·雍也》：「中庸

〔註69〕柴文華：《中國異端倫理文化》，哈爾濱工程大學出版社 2007 年第 2 版，第 27～28 頁。

〔註70〕繆鳳林：《希臘之精神》，《學衡》第八期，1922 年 8 月。

之爲德，其至矣乎！」《河南程氏遺書》卷七：「中者，天下之正道；庸者，天下之定理。」「中庸」的本質是把不偏不倚、無過無不及、適度而不走極端作爲日常生活所常行的道德準則，這對於指導我們今天的言行操作依然具有重要的參考價值。繆鳳林把這一點作爲希臘和中國傳統道德的共同點，也是富有啓發意義的，值得我們進一步思索。

第六，繆鳳林所揭示的希臘智慧即道德的觀點與中國眞善一體、理性與道德合一的傳統思想特色相近。中國眞善一體、理性與道德合一的傳統思想特色體現在如下命題和觀念中：其一是「仁智統一」。這種思想有兩層含義，一是合情（仁），二是合理（知）。因此，「仁知統一」就是合情與合理的統一，它意味著人道原則與理性原則的統一，倫理學與認識論的統一。其二是以理爲仁。這裡的「理」指理性，「仁」代表道德，以理爲仁指理性的道德化和道德的理性化，理即是仁，仁即是理，理仁渾然一體。它從更直接的角度展示出中國傳統思想文化中眞善一體的特色。這種思想在先秦和宋明時代表現的較爲突出。其三是知的雙重含義。知在西方哲學中主要是認識論問題，而中國思想文化中的知則具有認識論和倫理學雙重意義，它所反映的也是眞與善的結合、理與德的滲透、認識論與倫理學的統一。〔註71〕

第七、繆鳳林把欣賞自然、享受自然作爲入世精神的內容是不恰當地，容易模糊入世精神的界限。欣賞自然、享受自然是人類共有的一種生活態度，不僅入世者是這樣，出世者也是這樣。中國古代的隱士離自然最近，與自然最親，因爲自然不僅是他們的審美對象，也是他們的生命依託，如上面提到的「山栖木食」，「藏身江海」，等等。中國道教的道觀、佛教的寺廟也大都建築在風光無限的名山之中，如武當山、青城山、普陀山、天台山、九華山，等等。道教的修行也講究吸食日月之精華，集聚天地之靈氣。這說明欣賞自然、享受自然不能作爲入世精神的特質。

第八、用入世概括希臘精神有待商榷。毫無疑問，希臘精神中有入世因素，但不是最重要的。如果我們把希臘哲學和先秦哲學做一下比較就會發現，古希臘哲人更熱衷於探索自然的奧秘，他們以縝密的邏輯追蹤著日、月、星辰、雷電等自然現象的成因、結構、關係等等，所以其宇宙論、知識論相對發達，這也就是繆鳳林提到的「希臘人之客觀性」，而先秦哲人關注更多的是

〔註71〕柴文華：《眞善美的哲學尋蹤》，黑龍江人民出版社 2003 年版，《自序》第 1
～2 頁。

「人道」，而不是「天道」。梁漱溟認爲，希臘文化走的是文化上的「第一路向」，因此，科學、民主比較發達，征服自然成就斐然，奠定了西方近代文化發展的基本方向。所以對自然現象的探究，科學的發達是希臘文化中更爲突出的特徵。

第九、繆鳳林所理解的西方近代文化與希臘精神之間的關係值得進一步思考。繆鳳林認爲希臘入世精神表現爲欣賞自然、享受自然，西方近代文化的入世精神則表現爲征服自然，所以西方近代文化是對希臘精神的背離。這種觀點值得商榷，也有論者認爲，人定勝天也是古希臘精神的一種，古希臘神話中的伊阿送盜取金羊毛，七雄攻打忒拜，特洛伊戰爭，赫拉克勒斯扼死銅蹄鐵骨的猛獅，殺死九首水蛇，活捉山中大野豬，清除奧吉亞斯牛圈。這些英雄傳說比起神話傳說，更鮮明地表現出古希臘人人定勝天的願望。〔註72〕因此，可以說科學、民主、自由、征服自然應該是希臘精神的主流，它奠定了西方近代文化發展的基本方向，而「天人合一」則是中國傳統思想的特色。如果這樣的話，西方近代文化在主流上是對希臘文化精神的復歸，而不是背離。

二、對景昌極評進化論的分析

透過景昌極《佛法淺釋之一評進化論——生命及道德之眞詮》一文，我們可以清晰地感覺到「學衡派」學人對西方近代文化的反省態度和對中國傳統文化特別是儒學和唯識學理論的自信，也可以看到他們自己對一些倫理道德一般問題的探究以及對中國傳統倫理精神的讚賞。

第一，對進化論的批評與「學衡派」反省西方文化弊端的主流傾向相一致。這種批評有中肯的地方，也有情緒化的一面。景昌極的批評有合理的一面，因爲進化論確實有忽視互助協調作用的傾向，尤其是社會達爾文主義否定了人的平等性，成爲欺壓弱勢群體、種族歧視以及法西斯主義的理論工具。但景昌極的批評也有明顯的情緒化色彩，已如上面所提到的，認爲進化論是對道德和協作價值的否定，直接導致了個人主義、侵略主義等的盛行。甚至「破壞家庭、破壞國家、破壞人類、破壞世界」，危害十分巨大，還把進化論說成是佐以科學淫威的一種謬論。事實上，進化論包含有科學成分，揭示了

〔註72〕 周正：《人定勝天的古希臘精神》，《阿壩師範高等專科學院學報》2006年第6
　　　　期。

生物進化的一般規律。它的產生標誌著物種不變論、真理不變論等僵化理論的破產，推進了科學、哲學的發展，而且在社會領域也產生過激勵作用。對中國近百餘年來社會發展產生重大影響的外來思潮最重要的就是馬克思主義和進化論，但進化論在中國被中國化了，它不再是強勢民族欺壓弱勢民族的工具，而成爲弱勢民族追趕強勢民族的驅動力量。景昌極以及「學衡派」學人雖不完全否認進化論的正面作用，但更多關注的是它的負面作用，包含有誇大的成分，這也是出自於他們自覺的文化立場。

第二、景昌極雖打著佛法的旗號，探討了一些一般的倫理道德問題，但其間包含著對儒家倫理精神的弘揚，這與「學衡派」學人基本的文化立場是吻合的。一般的倫理道德問題主要是競爭與和諧的關係問題、利他與利己的關係問題、道德律的主觀性和客觀性問題，等等。對儒家倫理精神的弘揚，主要包括孝悌仁愛精神、團結協作精神、利他主義精神（愛國主義、捨生取義），等等。這與前面所提到的所有「學衡派」學人的自覺的民族文化立場是完全一致的。

第三、景昌極認爲進化論者提出了一些儒學所難以圓滿回答的問題，這有待於佛理的闡揚。景昌極《佛法淺釋之一評進化論——生命及道德之眞詮》一文，道德的部分實際是儒學和進化論的對話，但也認爲儒學無法圓滿解決進化論所提出的所有問題，特別是善有惡報、惡有善報的問題，即「利他」未必「兩利」，「害他」未必「兩害」的問題，這有待用佛家的靈魂不滅說和輪迴說來解決，反映出景昌極對佛學理論的自信和濃郁的宗教情懷。

三、「學衡派」西方道德觀的基本思想傾向

從對繆鳳林希臘精神和景昌極評進化論的分析中，我們可以清晰地感覺到「學衡派」西方倫理觀的兩個維度的基本思想傾向。

第一、對西方近代倫理精神的批評。反省西方近代文化的弊端是中國整個近現代文化民族主義或文化保守主義思潮的共同性特徵，「學衡派」學人也不例外。由於「學衡派」和幾乎同時或稍早的「東方文化派」〔註73〕一樣，都是作爲五四新文化運動的反對派而出現的，對自由主義西化派激烈反傳統

〔註73〕「東方文化派」：是指五四前後以《東方雜誌》爲平臺，以弘揚東方文化精神
　　　　爲軸心的一個知識分子群體，主要代表人物有杜亞泉、錢智修、陳嘉異、梁
　　　　啓超、梁漱溟、張君勱、章士釗等人。

和盲目學習西方的文化態度表示不滿，所以他們更多關注到了自由主義西化派所弘揚的西方近代文化精神包括倫理精神的負面效應，不僅梅光迪、吳宓、胡先驌、柳詒徵等如此，他們的學生繆鳳林、景昌極等也是如此。繆鳳林是從西方近代背離希臘精神的角度批判了西方近代文化的負面效應，景昌極則是站在儒學特別是佛法的立場上批評了進化論在理論上的錯誤以及在歷史上的危害。繆鳳林認為西方近代倫理精神是對希臘精神的背離，希臘精神文化是真正的西洋文明，而西方文化要想不回到野蠻時代，必須發揚希臘入世、諧合、中節、理智的道德精神。這是從西方文化內部對西方近代倫理精神的批評。景昌極以儒學和佛法為參照，對西方近代的進化論進行了批評，認為進化論雖然有其道理，但卻產生了重大的負面效應，它反對協作精神，導致了個人主義等價值理念的盛行以及在這種倫理精神主導下的其它社會弊端的產生，在理論上不及儒學和佛法的理念正確，這是從西方文化外部對西方近代倫理精神的批評。

　　第二、對中國傳統倫理精神的弘揚。繆鳳林雖然談的是希臘精神，但更像是在談中國傳統倫理精神，入世、諧合、中節、理智每一條都與中國傳統倫理息息相關。這一方面說明了希臘倫理思想與中國傳統倫理思想的共同性或相似性，另一方面說明作者本人深厚的本土文化素養。更重要的是，「學衡派」學人引入的希臘精神是一種精心篩選的結果，即根據他們的文化立場，擇取了希臘與他們所要闡發的中國傳統倫理相似的內容。這種選擇性可能是那個時代的知識精英們共同的特徵，激進者說西方有而中國無者，保守者則說中國有而西方亦有者，可謂各得一偏。希臘精神和中國傳統資源的相關性，為「學衡派」學人弘揚中國傳統倫理精神的精粹提供了「它山之石」，也為「學衡派」學人批判西方近現代文化的弊端提供了「攻子之盾」的「子之矛」，成為「學衡派」倫理思想的重要資源和內容。景昌極雖打著佛法的旗號，但包含著對儒家倫理精神的弘揚，如孝悌仁愛精神、團結協作精神、利他主義精神等等。這與「學衡派」學人的文化立場是合拍的。另外，景昌極還運用佛理展開了對進化論的進一步批評，也展示了他對中國傳統佛教倫理精神的首肯。

第九章 「學衡派」的學術道德論

五四新文化運動時期，各種學術思潮彼此交鋒，自由爭鳴，波濤奔涌之時，難免泥沙俱下，梅光迪曾尖銳地指出：「故語彼等以學問之標準與良知，猶語商賈以道德，娼妓以貞操也。夫以功利名譽之熏心，乃不惜犧牲學問如此，非變相之科舉夢而何？」〔註1〕因此，學術道德或學術人格問題引起了人們的關注和思考。「學衡派」學人有著較豐富的學術道德論，構成他們倫理思想中的重要部分。

第一節　職業與志業之辨

學術道德應屬於職業道德，吳宓在《我之人生觀》中，展開了職業與志業之辨。

在吳宓看來，人生所做的事情，可以分爲職業與志業兩種。所謂職業，是在社會中爲他人或機關做事，以此來解決生存問題。職業不一定是自己所願意從事的，也未必能發揮出自己的專長，可能與境遇和機會有關。所謂志業是在閒暇從容之時自己爲自己做事，毫無報酬，這種事情一定是自己非常感興趣而又非常願意去做的，而且能盡自己所長。那麼，自己爲什麼會非常有興趣而甘願去做呢？原因就在於「一己堅決之志願，百折不撓之熱誠毅力，縱犧牲極巨，阻難至多，仍必爲之無懈」。〔註2〕從上面來看，職業和志業差別很大。展開來講，職業比較普通，志業很特別。社會中幾乎人人都有職業，

〔註1〕梅光迪：《評提倡新文化者》，《學衡》第一期，1922 年 1 月。
〔註2〕吳宓：《我之人生觀》，《學衡》第十六期，1923 年 4 月。

而僅少數「異俗奇特之人」才有志業。有職業者不必有志業,但有志業者不能沒有職業。職業的功效是有限的,而且僅見於當;志業的功效是無限的,可彰顯於後世。職業很平淡但有物質報酬,志業很艱苦但常有精神之樂趣。

職業與志業合一,是人生最幸運的事情,但多數情況下二者是分離的。

> 昔孔子嘗爲委吏矣,曰:會計當而已矣。嘗爲乘田矣,曰:牛羊茁壯長而已矣,此孔子之職業也。而刪詩書、定禮樂、作春秋、設教於洙泗,德及於千古,則孔子之志業也。杜工部曾爲左拾遺、爲華州府椽、爲嚴武幕賓,此杜工部之職業。而語不驚人死不休,作成詩集一部,則杜工部之志業也。英國小説家李查生與斐爾丁,以印刷及檢察官警廳長爲職業,而以著作小説爲志業。安諾德以視學爲職業,而以文學批評爲志業。〔註3〕

吳宓的結論是,職業與志業經常處於分離狀態。對於自己的職業,應當充分盡職不辜負所得報酬;除此之外,應當把自己的主要精力放到志業上,並使其成功。吳宓把這種處理職業與志業的態度稱作「中道」、「正道」,對於完全荒廢職業和完全荒廢志業的偏向,吳宓明確表示反對。

第二節　學術道德論

學術對一部分人來說可能是職業,對另一部分人來說可能是志業,但對一些人來說也可能是職業與志業的合一。因此,學術道德可以看作職業道德,也可以看作一般的道德,因爲二者本來就具有內在的關聯。「學衡派」學人對學術道德的意義和主要內容做了有益的探討。

繆鳳林在《文德篇》中指出,學術道德具有重要意義,「文德之不修,人格之何有。際此文學界黑暗重重,每況愈下,推原其故,要皆文德之墮落有以致之,而其影響所及,且將舉人格而斫喪之。」〔註4〕認爲文德決定一個人的人格,當時文學界的黑暗都是文德墮落引起的。因此,「學衡派」學人大力提倡文德,提倡學術道德,從而構建健康的學術人格。

關於學術道德的具體內容,劉伯明在《學者之精神》中提出五種精神,

〔註3〕吳宓:《我之人生觀》,《學衡》第十六期,1923 年 4 月。
〔註4〕繆鳳林:《文德篇》,《學衡》第三期,1922 年 3 月。

即自信之精神、注重自得、知識的貞操、求眞之精神、審慎之態度。〔註5〕繆鳳林在《文德篇》中提出學者的文德五方面：一不志乎利，二不趨時勢，三不尙術，四不濫著述，五不輕許可。〔註6〕綜合「學衡派」學人的觀點，其學術道德的主要內容可以概括爲如下幾個方面：

1、求眞之精神。如梅光迪在《評今人提倡學術之方法》中指出，學術的目的在於探求眞理，所以學者應該努力闡發眞理而貢獻於社會，而不是追求虛名。〔註7〕

2、獨立之人格。追求眞理必須有獨立的人格，而獨立的人格應該不被利益和時勢所左右，「不志乎利」，「不趨時勢」。繆鳳林引英國評論家安諾德（Matthew Arnold）著《文學評論在今日之功用》（The Function of Criticism at the Present Time）的觀點論文德，其核心命題是「不志乎利」（Disinterestedness），「超然於實利之外，不獲世之滋垢，以不偏不頗之心，惟眞理之求。」〔註8〕繆鳳林反對無行文人「役於金錢」的行爲，指出：「世之衰也，金錢萬能，無行文人遂以文章爲逐利之資，或爲碑傳以歌頌功德，利其潤筆；或趨奉編者主筆，仰望取與；甚或兼營政客，供黨魁之驅使。結果所至，凡有述作，一以實利爲南針。利之所在，雖顚倒黑白，亦所不惜。」〔註9〕學者和文學家應該「專心致志以爲文，毫無利祿之念存乎其中。」〔註10〕學術和文學的眞正價值遠超於物質經濟之上。學者、文人堅持眞理，還應該「不趨時勢」，不媚俗，舉世混濁我獨淸，眾人皆醉我獨醒。能轉移風氣，而不爲世所污。而這些不趨時勢者，即是末世橫流的中流砥柱，或許能挽狂瀾於既倒。

3、嚴密之訓練。梅光迪指出，除特殊天才外，眞正的學者必須有「嚴密之訓練，高潔之精神，而後能名副其實」。而「訓練之道多端，而其要者有二：曰有師承，曰有專長。至其精神方面，亦有二者最足以概之：曰嚴格標準，曰惟眞是求」。〔註11〕

4、審慎之態度。梅光迪指出，審慎之態度主要表現爲「不輕出學問以問

〔註5〕　劉伯明：《學者之精神》，《學衡》第一期，1922年1月。
〔註6〕　繆鳳林：《文德篇》，《學衡》第三期，1922年3月。
〔註7〕　梅光迪：《評今人提倡學術之方法》，《學衡》第二期，1922年2月。
〔註8〕　繆鳳林：《文德篇》，《學衡》第三期，1922年3月。
〔註9〕　繆鳳林：《文德篇》，《學衡》第三期，1922年3月。
〔註10〕　繆鳳林：《文德篇》，《學衡》第三期，1922年3月。
〔註11〕　梅光迪：《論今日吾國學術界之需要》，《學衡》第四期，1922年4月。

世」和「不駁雜膚放」。他認為，學問家是為真理而求真理，重在自信，而不在世俗之知；重在自得，而不在生前之報酬。所以應當畢生辛勤，不輕出所學以問世。「必番廬至當，而後發一言；必研索至精，而後成一書。」他舉例說，我國的學術大師，經常以毋輕著述勸誡學者。牛津大學的學者，以早有著述為恥辱。只有這樣，學問之尊嚴，學問家之人格才可體現出來。有一些學者讚賞「廣博無涯」，一人即兼涉哲理、文學、政治、經濟等。梅光迪舉例說：「美國有某學者，曾著書數百種，凡哲理算術文學科學及孔佛之教，無所不包，論者以無學問良知訾之，不許以學者之名。此在美國，有甚高之學術標準，故某學者貽譏當世，不能行其博雜膚放之學。」〔註12〕學者應多竭數年或數十年之力而成一書，故為不刊之作，傳之久遠，而不能於一年內成中國學術史五、六種或包辦俄羅斯、猶太、波蘭等國之文學。

5、現實之關懷。無論從事什麼專業的學者，他首先是生活在人群裏、社會中，他所從事的學問與社會息息相關。即使是哲學家，他也不可能自囿於「純粹思辨」的王國裏，或多或少都有自己的現實關切。這也應該是學術良心的重要內容。劉伯明說：「故吾以為真正學者，一面潛心渺慮，致力於專門之研究。而一面又宜瞭解其所研究之社會的意義。其心不囿於一曲，而能感覺人生之價值及意義，或具有社會之精神及意義。如是而後始為真正之學者也。」〔註13〕認為真正的學者在專業研究的同時應該具有社會精神。胡先驌從文學批評家之責任的角度論述學術道德，認為批評家的責任在於指導社會，所以對於各種藝術產品、人生環境、社會政治歷史事迹，都應該給與正確的判斷，以期臻於至善至美之域。〔註14〕這既是社會責任心，也是學術良心。

6、人情之講求。劉伯明在《再論學者之精神》中舉了一個例子，他說：「某甲與某乙夙同學於某校。在校時，交甚摯。某乙卒業後，即赴英留學，肄習法律。學成返國，在滬當律師，所入甚豐。某甲一日因事赴滬，憶及某乙，乃往訪之，寒暄未畢，某乙即出時計視之。謂其友曰：『吾之時間甚貴重，每小時值洋五圓。君有事，請速言之，勿作無謂之周旋也。』」〔註15〕劉伯明

〔註12〕梅光迪：《評提倡新文化者》，《學衡》第一期，1922年1月。
〔註13〕劉伯明：《再論學者之精神》，《學衡》第二期，1922年2月。
〔註14〕胡先驌：《論批評家之責任》，《學衡》第三期，1922年3月。
〔註15〕劉伯明：《再論學者之精神》，《學衡》第二期，1922年2月。

評論道，就其職業而言，某乙的確稱職，但是其毫無人性人情，不能稱之爲人。也即是說，作爲一個學者，無論從事什麼職業，都應該講求基本的人性人情。

第三節　教育者與道德

學者和教育者雖不等同，但很多教育者本身就是學者，所以學術道德與教育密切相關。「學衡派」學人在談論教育問題時，十分重視教育者的道德。

劉伯明說：「夫學校既爲研究學術，培養人格之所。一切權威，應基於學問道德。事功雖爲人格之表現，然亦應辨其動機之是否高潔，以定其價值之高下。若通俗所重之名利尊榮，則應擯之學者思想之外。」〔註16〕認爲學校是培養人格的場所，因此應該重視學問道德。

胡先驌以西方教育立論，認爲教育不僅應該包括治事治學，而且也應該包括修身。他說：

> 在歐美各邦，基督教義，已成社會全體之習尚，其認道德與基督教義，幾爲一物，亦猶吾國之認道德與孔子教義幾爲一物也。歐美諸邦，信基督教者，十居其九。彼孩提之童，自喃喃學語以來，父母即朝暮教之禱祝。至束髮受書，聖經乃與一切學問，同時並授。其社會上歷史上之模範人物，莫非基督教義最高尚之表現。其文學之作品，莫不包涵基督教與希臘哲學之精神。至學校之教育，除物質科學外，人文學問亦極重視。故其教育所陶冶之人才，除有治事治學之能力外，修身之志趣習慣，亦已養成之。此種修身之教育，吾國舊學固已備具，苟國人誠知保其所長而補其所短，寧非幸事！
> 〔註17〕

但現在的一些人，誤以爲治事治學是教育的惟一目的，鄙視正心修身之學，這是錯誤的。

柳詒徵主要從批判教育弊端入手，反證教育和教育者人格、道義等的重要性。他首先揭露了「教育家溺以生活之說」的弊端。指出：

> 求出洋而歸，以學位謀生也，此貴族富家之子所挾最大之希

〔註16〕劉伯明：《論學風》，《學衡》第十六期，1923 年 4 月。
〔註17〕胡先驌：《說今日教育之危機》，《學衡》第四期，1922 年 4 月。

望也。其中家寒士之子弟，入師範、習實業者，則：吾無以爲生，習此以爲生也。自上及下，同一目的。故人格也，道義也，學術也，理想也，苟無關於吾之生活，舉不足重，獨重畢業。以畢業而後生活可圖也，教者翹此以爲招，學者準此以爲範，學風愈敝而民德遂亦愈衰。……所稍可希冀者，惟望未來之青年，可以負起衰拯敝之責。然以教育家溺以生活之說，促其眼光，束其心量，左其行徑，乃致痿者益痿，盲者益盲焉。此非青年之罪，實教育者之罪也。〔註18〕

認爲教育家以生活爲核心，對輕視人格、道義、學術、理想的教育起到了推波助瀾的作用。其次，柳詒徵還批判了辦學堂不講人格的弊端，指出現在「辦學堂者，以舞弊賺錢爲通例，舉世莫之非。而號稱教育家者，亦未嘗議及杜其弊而懲其惡之法也。」〔註19〕從正面講，「辦學堂非講人格不可者也，人格與賺錢不容並立。」〔註20〕柳詒徵的結論是：「凡百學堂，校址不宏，可拓；校舍不廣，可建；設備不完，可增；規則不善，可改；推之科學不進步，可學；訓練不合法，可商；獨至辦學堂者無人格，則此一學堂必不可救藥。」〔註21〕強調了教育者人格的重要性。

本章小結

綜上所述，「學衡派」學人強調了學術道德的重要性，探討了學術道德的具體內容，並對教育者與道德的關係以及相關問題進行了闡釋。這些觀點有針對五四新文化運動的一面，同時也有過分強調道德而忽視物質或經濟環境重要性的偏向。但作爲對學術道德一般問題的理論探討，其中的合理元素不言自明，他們所闡揚的求眞之精神、獨立之人格、嚴密之訓練、審愼之態度、現實之關懷、人情之講求等對於我們今天學術人格的建構仍具有重要的啓發價值。尤其是獨立人格的建構對於一個眞正的學者而言格外值得珍視。

知識分子擺脫依附性，走向獨立化，這是 21 世紀中國文化發展的內在趨勢。中國傳統的知識分子處於一種「前生存狀態」，其知性活動是政治活動的

〔註18〕柳詒徵：《罪言》，《學衡》第四十期，1925 年 4 月。
〔註19〕柳詒徵：《論今之辦學者》，《學衡》第九期，1922 年 9 月。
〔註20〕柳詒徵：《論今之辦學者》，《學衡》第九期，1922 年 9 月。
〔註21〕柳詒徵：《論今之辦學者》，《學衡》第九期，1922 年 9 月。

工具，形成了較強的依附性。近現代中國，知識分子的依附性有所削弱，但並未消除，甚至延續到當代。大陸自改革開放、建立社會主義市場經濟體制以來，逐步清除了文化專制主義的影響，並加快了社會法制化的步伐，個人的自由得到了越來越多的尊重，加上 21 世紀中國哲學多元發展的趨勢，這就為知識分子的獨立化提供了寬鬆的大環境。另外，中國的大多數知識分子清楚地認識到了傳統知識分子身上的缺陷以及由此產生的危害，擺脫依附、走向獨立已經成為他們不可逆轉的心理導向。更為重要的是，不少知識分子通過多種途徑參與到了經濟領域，21 世紀的中國社會必能繼續造就更多的經濟獨立的知識分子，而處於「後生存狀態」的知識分子也必將在創造中國燦爛文化的過程中創造出一個獨立化的自我。知識分子獨立化的內容主要有包括三個方面：一是經濟的獨立化。這是知識分子走向獨立的最堅固的基石。這種經濟上的獨立已經開始，並且隨著中國社會的發展，必將取得更大的成就。二是學術的獨立化。一方面努力促成學術自由的法規化，通過法律途徑確認學術獨立的正當性，使「百花齊放」、「百家爭鳴」真正落到實處，另一方面要正確處理學術與政治的關係：學術應當參與政治，成為政治的一種制衡力量，但不能依附於、屈從於政治；政治應當指導學術，但不能干預甚至玩弄學術。三是人格的獨立化。這是知識分子獨立化的內在依據和動力。要堅決反對急功近利的搖擺性學術人格，培養威武不屈的自主性學術人格。〔註22〕

　　從學術史上的事實來看，的確存在著兩種截然相反的學術人格。第一是「顛狂柳絮隨風舞，輕薄桃花逐水流」（杜甫），這是一種急功近利的搖擺性學術人格。具有這種學術人格的學者往往把學術作為工具去撬開仕宦的大門，作為橋梁平步榮華富貴的青雲。這裡有主動的搖擺者，玩學術於政治之股掌，翻手為雲，覆手為雨，唯一的價值尺度是個人利益的得失。主要的參照系統是權勢者的臉色陰晴。他們最擅長的本領是見風使舵，寧彎不折，良心、人格、親情、友情等等都可以隨意地出賣；所言未必所行，所行未必所言，人前是堂堂的君子，人後是卑鄙的小人。顯然，這種主動的搖擺人格是沒有真心的假人人格，沒有骨氣的奴性人格，其所學所問實難令人稱道。另外還有被動的搖擺者，為了維護自己基本的生活權力，他們以世人皆醉難獨醒為心理支柱，出於權宜考慮，違心地背叛自己的學術信仰，甚至來一個令

〔註22〕柴文華：《論 21 世紀中國哲學的狀態》，《商丘師範學院學報》，2001 年第 5
　　　　期。

人費解的一百八十度的學術大轉彎，如果知人論世，的確很值得同情，但決不值得讚賞。第二是「咬定青山不放鬆」，「任爾東南西北風」（鄭板橋），這是一種威武不屈的自主性學術人格。具有這種學術人格的學者忠實於自己的學術信仰，即使在種種淫威之下也從不低下倔強的頭，甚至不惜用鮮血和生命來維護自己寶貴的人格。這種學術人格雖然古已有之，如范縝的決不賣論取官、嵇康的慨然就義、李贄的死而不悔，等等，很值得稱道，但要付出比常人多得多的代價。一個沒有大無畏精神的學者很難做到這一點。也正因為不容易，才彌足珍貴，誠如易卜生在《人民公敵》中借斯鐸曼醫生的口所說：「世界上最強有力的人是那個最孤獨的人。」當然，還有兩個小問題需要說明。第一，反對急功近利的搖擺性學術人格並不是主張學術可以脫離實際。事實上，我們的許多學術本來就是直接參與現實的，實用理性的流行應該說是中華民族理論思維的優良傳統之一。哲學儘管有它神秘性和抽象性，但其本身已經蘊涵了描述和規範現實的功能，有著提高人們精神境界的「無用之大用」（馮友蘭）。哲學與現實的聯繫是內在的，但也不能把自己湮滅在現實之中而成為一種注釋或歌功頌德的工具，哲學在任何時代都不應該失去它的獨立性和自為性。第二，提倡威武不屈的自主性學術人格並不是提倡保守過時的錯誤的東西。任何人的學術思想都處在一種永恆的動態之中，一個人一生的學術思想的屢屢變遷是非常正常的事情，但問題的關鍵在於，學術思想的變動要變得合情合理，變得讓人能夠理解，變得更趨近於真善美，如果為了狹隘的功利目的而變來變去，就難免流於卑鄙，成為學術人格上的小人。〔註23〕總之，我們應該認真汲取「學衡派」學人的學術道德論，建構一種以獨立人格為基礎的求真的、健康的、積極的學術人格，為當代中國學術的發展做出自己的貢獻。

〔註23〕柴文華：《論學術人格》，《長江日報》1997 年 10 月 26 日。

結　語

　　正像在文中多次提到的那樣,「學衡派」倫理思想涵蓋了人性論、人生論、苦樂論、道德修養論、儒家道德論、西方道德論、學術道德論諸多方面,體現出作爲一個學派的自身特徵,一是有重要的西學背景,二是有濃郁的批判意識,三是對中國傳統倫理精神的回歸。如果我們把「學衡派」倫理思想與同時代的其它倫理思潮作一比較,就會使這些特徵更加鮮明。立足今天的視域,我們應給與「學衡派」倫理思想以盡量公正的評價。

一、「學衡派」倫理思想與早期現代新儒家倫理思想

　　「早期現代新儒家」指第一代現代新儒家,即在中國 20 世紀「五‧四」時期至中華人民共和國建國前 30 年間產生和發展起來的,通過弘揚中國傳統文化特別是儒學精粹,融合西方近代文化精神,以創建中國新文化爲目標的一個學術群落,其代表人物主要有梁漱溟、張君勱、馬一浮、熊十力、馮友蘭、賀麟、錢穆,等。〔註1〕

　　「學衡派」與早期現代新儒家同屬於文化民族主義或文化保守主義陣營,他們的文化立場是一致的,即站在文化的民族性一邊,結合西學,大力弘揚中國傳統文化的精粹,所以,他們的倫理思想共同性多於差別性。

（一）共同維護和闡揚中國傳統倫理精粹

　　「學衡派」和早期現代新儒家倫理思想的最突出的共同點就是維護和闡揚中國傳統倫理精粹。

〔註 1〕 柴文華:《現代新儒家文化觀研究》,三聯書店 2004 年版,《導論》第 1 頁。

　　「學衡派」的理論宗旨之一就是要弘揚中國傳統倫理精神，維護中華民族的文化身份和精神家園，所以在他們的倫理思想中處處能夠感受到對中國傳統道德精粹的深厚感情，無論是人性論、人生論、苦樂論、道德修養論、學術道德論、儒家道德論，還是他們的西方道德論，都能找到中國傳統倫理精神的要素。首先是弘揚儒家倫理精神。吳宓是用理欲之辨來談人性的，他的以理制欲論與儒家的以理節欲說一致。繆鳳林在提倡「存養省察」的同時，也主張多讀聖書、博聆善言、親近善士、非禮勿視、非禮勿聽等，明顯地具有儒家倫理的痕跡。「學衡派」道德修養論所提到的反省、學習、道德認知、道德實踐、克己復禮、忠恕、中庸等等無不深深地打上了儒家倫理的烙印。繆鳳林所說的作為希臘精神的中節中國古代的「中庸」之德和「節欲」說，他所揭示的希臘智慧與儒家的「仁智統一」、「以理為仁」等相吻合。景昌極雖然打著佛法的旗號批判進化論，但其間包含著對儒家倫理精神的弘揚，主要包括孝悌仁愛精神、團結協作精神、利他主義精神（愛國主義、捨生取義），等等。繆鳳林雖然談的是希臘精神，但更像是在談儒家倫理精神，入世、諧合、中節、理智每一條都與儒家倫理密切相關。這一方面說明了希臘倫理思想與儒家倫理思想的共同性或相似性，另一方面說明作者本人深厚的本土文化素養。其次是推崇唯識家的倫理精神。在「學衡派」的代表人物中，湯用彤是佛學專家，而繆鳳林和景昌極對唯識學也極為推崇。繆鳳林在他的人性論中運用唯識家的「種子」說和因緣說解釋人性善惡問題以及人們的動作之源。在評快樂論中，他認為唯識學增加了一個不苦不樂之感，這可以看出「唯識學之精微」。而唯識家對苦受、樂受做了深入劃分，「其分析更匪易所思矣」。景昌極發表過《苦與樂——佛法淺釋之一》、《佛法淺釋之一評進化論——生命及道德之真詮》等文，試圖從佛法的角度闡釋苦樂問題和生命的真相。這些都反映出他們的佛學情懷。

　　早期現代新儒家的學者也是大力弘揚中國傳統道德精神，包括儒學的、佛學的等，這集中體現在他們的中國傳統道德觀中。所謂中國傳統道德觀指對中國傳統道德的總體看法。作為早期現代新儒家的學者無一例外地都為中國傳統道德進行了程度不同的辯護，在與西方精神和現代場景的參照中提升著中國傳統道德的價值。梁漱溟從西方文化和道德精神轉型入手，提出了中西價值理念相互結合的觀點，充分肯定了孔孟「仁學」和「良知」說的價值。在現代新儒家的學者當中，馬一浮對國學極為推崇，提出了以「六藝」為核

心的學術觀，在現代場景下重新闡釋了儒家的人禽之辨、仁論、孝悌論、君子小人論以及道德修養方法等，但也有自己的一些體會，如對敬肆之辨的論述在傳統儒學中並不多見。尤其是他對道德修養過程中理性精神的提倡，淡化了內心體驗與心性合一的神迷色彩，爲人們指明了一條道德修養的現實道路。熊十力的中國傳統道德觀主要體現在他的「即習成性」說中。所謂「即習成性」，就是通過習艱苦的修煉來成就、恢復人的本性，其道德學理念主要是儒家的，與孟子、朱熹等大儒的思路十分切近。馮友蘭的哲學觀念、方法雖然深深打上了西方近代文化的烙印，但在價值理念方面許多依然是傳統的。他把注重道德規定爲中國哲學的特徵之一，用基本道德的永恒性爲中國傳統道德精神辯護，並在其人生境界說當中伸張了其價值。馮友蘭的人生境界說是對儒家以義制利等傳統倫理價值觀念的復歸或提升，他的道德境界說以人的社會性爲基礎，關注社會利益的重要性，強調了儒家「殺身成仁」、「捨生取義」的大丈夫氣節，弘揚了盡倫盡職的道德理性和利他主義精神。賀麟的中國傳統道德觀的特點是力圖從哲學的高度，分析中國傳統道德的本質，挖掘其精華。賀麟主張對五倫推陳出新，還對程頤「餓死事小，失節事大」的道德格言提出了自己的看法，認爲其包含著一條放之四海而皆準的倫理原則，即人應當保持自己的節操。錢穆對中國傳統文化十分熱愛，主張用「同情和敬意」對待中國歷史文化。在他看來，中國傳統文化有著旺盛的生命力，其根基在於它以人道主義爲核心的價值理念。錢穆還對貫通在儒家、佛家等思想體系中的價值理念進行了解讀，他從動態的角度，對原始儒學和新儒學的價值觀念進行了描述和分析，並對許多非儒學派的價值觀念尤其是佛教的價值觀進行了分析，認爲佛學的現實化本質是與中國本土文化尤其是儒家倫理文化的結合，它構成了佛學中國化的內在依據。

（二）借鑒和反省西方倫理精神

「學衡派」和早期現代新儒家的另一個共同點就是對西方倫理精神的借鑒和反思。

首先是借鑒。事實上，中國 20 世紀初的自由主義來源於美國的實用主義，激進主義來源於馬克思，而保守主義也不完全是自本自根的，它也與西方文化有著相當的關聯，白璧德「人文主義」對「學衡派」學人及對其倫理思想的影響是一種事實存在，主要體現在現代性批判和向東方人文主義的回歸上。吳宓用權利和義務的概念詮釋忠恕思想，並關注亞里士多德的中庸思想，

這表明「學衡派」學人的西學視野。繆鳳林的人性論有著較深厚的西學功底，他在談人性爲善爲惡原因、善惡標準、道德修養論等觀點時，涉及到古今中外許多思想家及其流派，如伊壁鳩魯、蘇格拉底、柏拉圖、亞里士多德、耶穌、邊沁、穆勒、康德，等等，反映出他對西方倫理精神的引進、吸收、借鑒。繆鳳林還闡釋了希臘倫理精神，如自信和勇敢、個性自主意識、和諧、中節、理性即道德等。「學衡派」學人對西方的科學、民主並不反對。尤其可貴的是，他們肯定了科學實證與人文領域的相互關聯。景昌極就把科學實證與人生哲學結合起來，反對張君勱等玄學派的分離科學和人生觀的偏向。景昌極還吸收了西方近代的快樂論的觀點，高度重視苦樂在人類生活中的作用。早期現代新儒家的「現代」特性主要體現在他們對西學自動自覺的學習和借鑒上，他們都是程度不同的中西文化融合論者，都能以一種相對客觀和平和的心態對待西方的價值觀念，這與「學衡派」學人融會新知的理念是一致的。梁漱溟對西方的科學、政治、倫理價值觀念多有肯定。張君勱曾長期生活在西方社會，對西方價值觀念有著自己的理解，他在自己的論著中，不但分析了西方文化的總體特徵，還從政治、倫理、人格、學術、藝術等多層面深入探討了西方文化的重要成就。在對西方價值觀念的看法上，馬一浮經歷了一個動態的轉化過程。年輕時代曾對西方文化有過肯定，認爲西方的國家、社會是能創造美和快樂，並能享受美和快樂的國家、社會。在道德文明方面，馬一浮也提到了西方文化的一些合理之處。在早期現代新儒家中，馮友蘭是一個對西方的價值觀念瞭解較多，體悟較深，運用較熟的學者，提出了一些獨特的看法，他認爲中西文化的差別實際上是古今的差別，所以中國要想擺脫被人欺負的歷史和現實，必須要現代化。賀麟對西方的價值觀念持一種開放的心態，提倡在學習西方文化基礎上的「化西」，以此推進儒家思想的新開展。

其次是反省和批判。反省和批評西方近代文化包括倫理精神的弊端是「學衡派」學人的共同性特徵，他們更多關注到了西方近代文化精神包括倫理精神的負面效應，不僅梅光迪、吳宓、胡先驌、柳詒徵等如此，他們的學生繆鳳林、景昌極等也是如此。吳宓作爲批判對象的人性一元論主要以西方思想家的思想爲範本的。繆鳳林認爲西方近代倫理精神是對希臘精神的背離，西方文化要想不回到野蠻時代，必須發揚希臘入世、諧合、中節、理智的道德精神。繆鳳林既承認科學實證方法的有效性，也揭示了它的局限性，從而確

立了道德內修法的無可替代性。景昌極以儒學和佛法為參照，認為進化論雖
然有其道理，但卻產生了重大的負面效應，它反對協作精神，導致了個人主
義等價值理念的盛行以及在這種倫理精神主導下的其它社會弊端的產生。早
期現代新儒家的學者雖然主張學習西方，但與「學衡派」學人一樣，他們對
西方近代文化包括倫理精神也有反省和批判。關於梁漱溟對西方近代文明的
批判已在第一章提及，此不贅述。馬一浮回歸國學之後，對西方文化以貶斥
為主，對西方社會和政治學說以及哲學思想展開了多方面的批判。馮友蘭雖
然提倡現代化和民主政治，但並不是認為西方文化的一切都好，並反對崇洋
媚外的殖民地人心理。

（三）理論創建方面的差異

　　總的來講，「學衡派」學人中以文藝批評家、歷史學家偏多，所以在倫理
思想方面的建樹相對偏少、偏淺；而早期現代新儒家學者當中，有一些當時
傑出的哲學家，所以他們在倫理思想的建樹方面相對較多、較深。

　　在人性論方面，「學衡派」所主張的是人性善惡論，這種人性論在中國傳
統思想中早就存在，王充《論衡・本性》篇：「周人世碩，以為人性有善有惡，
舉人之善性養而致之則善長，惡性養而致之則惡長。如此則性各有陰陽善惡，
在所養焉。」《孟子・告子上》：「告子曰：『性無善無不善也。』或曰：『性可
以為善，可以為不善』，是故文武興，則民好善；幽厲興，則民好暴。或曰：
『有性善，有性不善』。」「學衡派」所主張的是人性善惡論與世碩的「人性
有善有惡」和告子的「有性善有性不善」提法相近，只是增加了西學的元素
和唯識家的觀點。而早期現代新儒家的不少代表人物則跳出了用善惡解釋人
性的框架，提出了一種以道德、理性、創造等界定人的本質的哲學人學學說。
梁漱溟在他 20 世紀二、三十年代的《東西文化及其哲學》、《朝話》中，就提
出了一種哲學人學思想，這種哲學人學思想用創造、理智和道德去規定人的
本質。熊十力也探討了「性」問題，即人之為人的依據問題，並把「性」規
定為無漏純善，直接繼承和發揮了儒家道德人類學的思想。馬一浮認為仁與
不仁是凡聖之辨、義利之辨、夷夏之辨、治亂之辨、王霸之辨的分水嶺，也
是人禽之辨的分途。馮友蘭所持的是理性人類學的觀點，他把理性區分為道
德的理性和理智的理性，認為人是理性的動物，人有道德理性，才有道德活
動；人有理智理性，才有理智活動。早期現代新儒家的道德人類學思想與當
時的時代精神、西方文化精神、認識論、邏輯學等發生了直接的聯繫，體現

出了現代化的特徵，它不再是純粹的道德人類學思想，而是與創造、知識理性等緊密的聯繫了起來，體現出相當的理論深度。

在人生哲學方面，「學衡派」的代表人物景昌極提出了較爲系統的學說，有一定的理論深度，但他更多的是依據儒學唯識學，特別是唯識學進行闡釋的。而早期現代新儒家的代表人物馮友蘭則運用邏輯分析方法建構了他的人生境界說，雖然在體系框架上不及景昌極周全，但在理論的深度和時代感上超出了景昌極的人生哲學。

在道德的產生問題上，「學衡派」的代表人物景昌極認爲道德、善惡、義利等產生於苦樂，而繆鳳林認爲道德、善惡產生於快樂的品質。早期現代新儒家的學者則提出了不同的觀點，但主流是精神決定論。在解釋包括道德在內的文化動因問題時，梁漱溟不贊成自然環境決定論，也不贊成唯物史觀經濟和生產力決定文化發展的觀點。他認爲文化的眞正動因是意欲。張君勱的道德或文化本體論是精神本體論。他贊成唯心主義的學說，認爲人類歷史上的國家、制度、政治、法律、宗敎、學術，等等，都是產生於人類精神與思想。「假如人類無精神、無思想，同木石一般，從何而有各個人肯犧牲一生以從事於學術？從何而有損己利人之道德？從何而有以愛爲出發點之宗敎家？」〔註2〕馬一浮持心一元論的觀點，認爲此「心」是當然之則，「心統性情」。熊十力認爲人的善性是與生俱來的，並由此系統闡釋了「新性善論」的思想。賀麟提出了一種道德決定論，認爲經濟和道德的關係不是經濟決定道德，而是道德決定經濟。馮友蘭認爲中國文化的基礎是家庭制，其倫理道德與家庭制密切相關。「所有一切人與人底關係，都須套在家庭關係中。在舊日所謂五倫中，君臣、父子、夫婦、兄弟、朋友，關於家底倫已占其三。其餘二倫，雖不是關於家者，而其內容亦以關於家底倫類推之。」〔註3〕喜歡從經濟層面著手分析道德問題，與歷史唯物論的思路有切近之處。在包括道德在內的文化發生論上，錢穆是一個地理環境決定論者，他認爲中國因其環境關係，所產生的是農耕文化，而農耕文化所產生的是「天人相應」、「物我一體」、「順」、「和」、「安分」、「守己」等觀念，表現出「和平的」文化特徵和道德精神。

〔註2〕 張君勱：《我從社會科學跳到哲學之經過》，《再生》，第3卷第8期，1935年10月。

〔註3〕 馮友蘭：《貞元六書》，華東師範大學出版社1996年版，第258頁。

此外，馮友蘭從變與不變的角度對中國傳統道德的闡釋，賀麟從哲學高度對中國傳統道德的提煉等都具有濃郁的理論色彩。

二、「學衡派」的倫理思想與中國現代西化派的倫理思想

中國現代西化派（以下簡稱西化派）的倫理思潮主要表現在五四新文化運動和 20 世紀 30 年代前後的中西文化討論中，主要代表人物有胡適、吳稚輝、陳序經等人。其中陳序經是典型的全盤西化論的代表，而胡適、吳稚輝則被陳序經稱作根本的西化派或近於全盤西化論的代表，但他們都具有全盤西化派的一般特徵，即整體性反傳統和整體性西方化。

「學衡派」和西化派處在相互對立的兩個陣營，一個是文化民族主義或文化保守主義陣營，一個是文化自由主義陣營，類似於兩軍對壘的雙方。所以，他們的倫理思想差別性大於共同性。最大的差別表現在對待中國傳統道德的態度和中國當代道德的建構上。

（一）對待中國傳統道德的態度不同

「學衡派」學人積極維護中國傳統道德，而西化派則對中國傳統道德進行了激烈的批判。

「學衡派」堅決反對民族文化虛無主義，批評當時一些人利用青年人喜新厭舊的心理，「對於老輩舊籍，妄加抨擊」，甚至對中華民族五千年的文化和傳統美德，「莫不推翻之」。孔子的學說，是全世界已往文化中最精粹的部分之一。「今不聞有批評柏拉圖、亞里士多德、釋迦牟尼、耶穌基督之言，而對於孔子乃詆之不遺餘力。」〔註4〕認為以錢玄同、胡適等為代表的民族文化虛無主義對社會和青年人危害很大。「學衡派」積極維護中國傳統道德的精華，闡發中國傳統道德中具有永恒價值的東西，對中國傳統道德應對現實的能力充滿自信。他們探討了儒家倫理與當下的道德狀況、孔學與當時社會的關係、提升了五倫的理論和實踐價值，得出了與新文化運動代表人物相異甚至相反的結論。柳詒徵指出，孔子學說不是專制產生的原因，也不是中國近世腐敗之病源。中國近世腐敗的真正根源在於不遵循孔子之道的滿清之旗人，鴉片之病夫，污穢之官吏，無賴之軍人，託名革命之盜賊，附會民治之名流政客，地痞流氓等，這些人不遵從孔子之教，不知何以為人。繆鳳林認

〔註 4〕 胡先驌：《論批評家之責任》，《學衡》第三期，1922 年 3 月。

爲儒家有浩然坦蕩之心，在內聖外王方面無怨無悔。柳詒徵對五倫的價值進行了闡釋，認爲西方經過大戰後的反省所得出的互助結論早在中國五倫中就體現出來了。景昌極闡釋了儒家傳統禮樂問題，其主流是弘揚儒家傳統禮樂的精髓。在景昌極看來，傳統禮樂在現代遭遇到了窘境，其自身確實存在著一些問題，但並不是說就完全過時了。現代生活中一些負面的東西，還眞的需要傳統禮樂的救贖。

對中國傳統習俗、文化以及道德價值理念的批判是激進西化派學說當中重要的理論支撐。胡適認爲，中國傳統文化是知足的文化，造就了愚昧懶惰的民族，使我們今天「百事不如人」。吳稚輝認爲中國的國民素質低下，所以道德水平自然也低下。陳序經極言中國樣樣不如人，又大大不如人，比胡適的「中國百事不如人」有過之而無不及，大體有食不如人、衣不如人、居不如人、玩不如人、文體不如人、行不如人、軍政不如人、法律不如人、道德不如人、哲學不如人、文學不如人、科學不如人、教育不如人等，其重要原因就是中國傳統文化的束縛。陳序經對中國傳統文化包括倫理道德觀念進行了系統而激烈的批判。中國的傳統道德可以說是吃人的道德、野蠻的道德、虛僞的道德。

（二）對待個人主義的態度不同

「學衡派」學人反對個人主義，西化派則倡導個人主義。

「學衡派」學人普遍不贊同個人主義。景昌極把西方近代的個人主義與超人主義、侵略主義、強權即公理、戰爭造文明等學說聯繫起來，表示堅決反對。他指出，如果以自利爲本，則無所謂道德。從歷史的事實來看，以「利他」爲本其結果往往是「兩利」，以「害他」爲本其結果往往是「兩害」。繆鳳林也認爲西方近代的個人主義危害甚大，是西方近代文化危機產生的原因之一。胡先驌指出，當時中國道德墮落的主要原因是功利主義的流行以及傳統以節制爲元素的道德的被摒棄。他認爲鄙棄節制的道德運動和功利主義運動在中國由來已久，如不加以遏制，其後果極其嚴重。

西化派則大力宣傳個人主義。胡適在分析道德問題的基礎上，提出了「健全的個人主義」學說，並探討了興趣與責任的關係等等。他認爲社會與個人處在衝突之中，社會具有強大的同化力，與社會相對抗的「獨醒」的個體雖然是正確的，但在活著的時候往往受到衝擊。在「世人皆醉」的情況下，胡適倡導反抗社會，實現自我。胡適「健全的個人主義」的內容，一是「救出

自己」，多救出一個人便是多備下一個再造新社會的分子。二是「把自己鑄造成器」，認爲救出自己的唯一法子便是把你自己這塊材料鑄造成器。因爲社會是由無數個體組成的，人人都把自己鑄造成器，社會自然成器。陳序經是西方個人主義理念的崇奉、提倡者，他勾畫了西方個人主義的發展歷程，把個人主義規定爲西方近代文化的主力。陳序經指出，個人主義在西方近代不僅僅是一種具有普遍意義的思潮，而且構成西方近代文化發展的主要動因。因爲只有解放個人，才能使每個個體盡量去發揮他們的才能，這是文化創造和發展的重要條件。提倡個人主義，在消極方面可以打破傳統思想，在積極方面可以促進文化的進步。西方近代文化之所以能發展得這麼快，主要是由於個性的發展和個人主義的提倡。〔註5〕

（三）對待西方近代文化和倫理精神的態度不同

「學衡派」學人強調的是對西方近代文化和倫理精神的反省，西化派強調的是對西方近代文化和倫理精神的學習。

「學衡派」更多關注到了西方近代文化精神包括倫理精神的負面效應，不僅梅光迪、吳宓、胡先驌、柳詒徵等如此，他們的學生繆鳳林、景昌極等也是如此。繆鳳林認爲，西方近代文明雖然在物質上取得重大成就，但精神上的損失更大。「而其隨此文明所生之罪惡，更非筆墨所能罄。卒之，西方文明破產之聲浪，日盛一日。」〔註6〕景昌極不否認進化論的合理性，認爲其持之有故，言之成理。但進化論的負面影響更大。認爲進化論是對道德和協作價值的否定，直接導致了個人主義、侵略主義等的盛行。甚至「破壞家庭、破壞國家、破壞人類、破壞世界」。而西化派則極力宣揚西方近代文化和倫理精神。胡適認爲，建立在不知足的價值理念之上的西方近代文明接近於十全十美。「物質上的不知足產生了今日鋼鐵世界，機械世界，電力世界。理智上的不知足產生了今日的科學世界。社會政治制度上的不知足產生了今日的民權世界，自由政體，男女平權的社會，勞工神聖的喊聲，社會主義的運動。神聖的不知足是一切革新一切進化的動力」①。胡適對西方世界非常崇拜，認爲美國是不會有社會革命的，因爲美國天天在社會革命之中，美國的勞工代表站在大庭廣眾之中頌揚他的時代爲人類有史以來最好的時代。在陳序經

〔註5〕　參見柴文華等：《中國現代道德倫理研究》，社科文獻出版社 2011 年版，第 101 頁。

〔註6〕　繆鳳林：《希臘之精神》，《學衡》第八期，1922 年 8 月。

生活的時代，西方近代文明的弊端和負面效應已經受到了深入的批判，但他卻極力爲其辯護，以伸張西方文明的優越性。他揭露了一些人既想享受科技文明又畏懼科技文明的矛盾心理，認爲這些人是「愚人」、「惰人」，主張要一心一意、心甘情願地學習西方，促進中國儘早全盤西化。

三、「學衡派」倫理思想的現代審視

辯證法有的原理可能值得推敲，但它兩點論的評價視角無可挑剔，因爲好中有壞，壞中有好往往是事實。正如再美的女人總有她的醜陋之處，再醜的女人總有她的美麗之處。作爲一種思想、理論、學說既不可能是絕對眞理，也不可能是絕對謬誤，它本身包含正反兩方面的因素。立足當代視域品評「學衡派」的倫理思想，我們既可以發現它的合理因素，也可以看到它的缺失。

（一）對新文化運動激進思潮的批評具有雙重性

「學衡派」是作爲五四新文化運動的反對派而出現的，他們對西方近代文化和倫理精神的態度有合理性的一面，也有情緒化的一面。

正像以前提到的，新文化運動是中國啓蒙思想史上的重要階段，它以民主與科學爲旗幟，較深入地批判了傳統文化的缺失，並實現了文字改革，推進了文學革命，爲馬克思主義在中國的傳播奠定了基礎，有著不可磨滅的功績。然而，新文化運動中激進思潮也存在著它的歷史局限和種種失誤，尤其他們的民族文化虛無主義和全盤西化的偏向是錯誤的。「學衡派」、「東方文化派」和「早期現代新儒家」一樣，都是敏銳地捕捉到了新文化運動中激進思潮的偏頗，對我們今天重新反思新文化運動中的激進思潮仍然具有重要的啓發意義。

但是，「學衡派」對五四新文化運動的態度、對西方近代文化和倫理精神的態度也有情緒化的一面。比如，繆鳳林所理解的西方近代文化與希臘精神之間的關係值得進一步思考。繆鳳林認爲西方近代文化是對古希臘精神的叛離，這是不准確的。應該說，科學、民主、自由、征服自然是希臘精神的主流，它奠定了西方近代文化發展的基本方向。如果這樣的話，西方近代文化在主流上是對希臘文化精神的復歸，而不是背離。景昌極對進化論的批評也有明顯的情緒化色彩，他認爲進化論是對道德和協作價值的否定，直接導致了個人主義、侵略主義等的盛行。甚至「破壞家庭、破壞國家、破壞人類、

破壞世界」，危害十分巨大，還把進化論說成是佐以科學淫威的一種謬論，這應該是出自於他們自覺的文化立場。

（二）對儒家道德的弘揚具有雙重性

「學衡派」學人的倫理思想雖然具有一些獨創性，但總體上是對儒家倫理的復歸。這種復歸既看到了中國傳統倫理中的「活元素」，也迴避了中國傳統倫理的負面因素。

正如上文中所提到的，儒家倫理中包含有一些超越歷史時空的恒常價值，如天人論、德本論、德治論、德育論、群己論、義利論、品德論、修養論等等，對於我們今天的道德建設仍具有重要的啓發意義。「學衡派」學人看到了中國傳統文化的精美之處，看到了儒家以五倫爲重要內容的價值理念的合理價值，看到了傳統禮樂對現代生活的意義，這在我們今天看來依然是重要的。

然而，「學衡派」學人與其它文化民族主義或文化保守主義者一樣，對儒家倫理的推崇和提倡包含有一些情緒化和片面化的偏向，主要是迴避了儒家倫理的內在缺失和負面效應，主要是不平等、虛僞性、人倫異化、奴性人格等，它與現代性所包含的平等、自由、自主等倫理精神處在對峙之中，這是我們不能迴避的一個問題。

（三）借鑒意義和理論局限

「學衡派」倫理思想留給我們的現代啓示和借鑒意義是多方面的。

在人生論中，吳宓揭示了人生觀與時代背景的關係問題，認爲在社會安定的時代中，會產生一元化的人生觀；在社會動亂的時代中，會產生多樣化的人生觀。這種對人生觀和時代背景關係的揭示對我們依然有啓發意義。要瞭解具體的人生觀的生成，必須做到「知人論世」。「學衡派」學人還關注到人生觀與科學的關係問題，景昌極就把科學實證與人生哲學結合起來，反對張君勱等玄學派的分離科學和人生觀的偏向，這對於我們今天正確理解科學與哲學、科學與人生觀的關係仍有借鑒意義。景昌極還談到人生哲學與道德哲學的關係問題。認爲人生哲學包含道德哲學，道德哲學是人生哲學中最重要的部分。這種理解應該是符合邏輯的，人生離不開道德，人生哲學應該包含道德哲學；人生不能歸結爲道德，人生哲學除道德哲學外，還應該包括更爲豐富的內容，所以，道德哲學僅僅是人生哲學的一部分。在苦樂論方面，

景昌極和繆鳳林探討了苦與樂的界定和類型，苦樂與行為、苦樂與道德、苦樂與利害、苦樂與好惡、苦樂與願望、苦樂與習慣等的關係，區分了樂事、樂感、樂念等概念，闡釋了快樂的多少大小以及品質與行為和道德之間的關係，這對於我們今天理解苦樂的基本內容仍有啟發意義。「學衡派」倫理思想所涉及到的義利統一論是正確的。因為任何形式的義利對立論都是錯誤的，而以義為重的義利統一論仍然是我們今天生活中所應該堅持的。「學衡派」所倡導的道德修養論具有現代意義，這也反映出傳統倫理精神中的活元素可以超越歷史時空而存在。他們談到了道德修養方面的雙重進路，即注重自我反省的內修法和強調學習和道德環境重要的外修法，在注重道德認知的同時也重視道德踐履，提出了克己復禮、行忠恕、守中庸的具體方法。他們的道德修養論有很多方面對我們今天如何做人、如何生活仍然具有啟發意義。「學衡派」學人還關注到了學術道德的問題，探討了學術道德的具體內容，其中的合理元素不言自明，他們所闡揚的求真之精神、獨立之人格、嚴密之訓練、審慎之態度、現實之關懷、人情之講求等對於我們今天學術人格的建構仍具有重要的啟發價值。尤其是獨立人格的建構對於一個真正的學者而言格外值得珍視。

但「學衡派」的倫理思想也有他們自身的局限，這在對新文化運動激進思潮的批評具有雙重性、對儒家道德的弘揚具有雙重性兩個問題上已有涉及，除此之外，「學衡派」學人以善惡談人性，固然有可取之處，但其視域、論域有待拓寬。景昌極把人生哲學等同於價值哲學，這是值得商榷的。人生價值是價值哲學研究的主要內容之一，但價值哲學研究的內容又不僅僅限於人生價值，價值哲學不能等同於人生哲學，二者應該是交叉的關係。景昌極把苦樂作為人生行為的根本動力、作為道德產生的根源是錯誤的。歷史唯物論認為，道德作為社會意識形態產生於社會存在，苦樂雖然與道德有關，但並非是道德產生的根源。繆鳳林把欣賞自然、享受自然作為入世精神的內容是不恰當地，容易模糊入世精神的界限，用入世概括希臘精神也有待商榷。景昌極用佛家的靈魂不滅說和輪迴說來解決善有惡報、惡有善報問題，這在理論上也是可以進一步思考的問題。

總之，「學衡派」的倫理思想是中國 20 世紀上半葉中國文化民族主義或文化保守主義倫理思潮的重要部分，無論其是非功過如何，中國倫理思想史的研究都不應該輕視它的存在。

參考文獻

一、「學衡派」原著類

1. 《學衡》，江蘇古籍出版社（刊物）1922 年 1 月～1933 年 7 月。

2. 《大公報·文學副刊》，（天津：影印本）（刊物）1928 年 1 月～1934 年 1 月。

3. 吳宓：《吳宓詩集》，中華書局，1935 年。

4. 吳宓：《文學與人生》，清華大學出版社，1993 年。

5. 吳宓：《吳宓日記》（共十卷），生活·讀書·新知三聯書店，1998～1999 年。

6. 吳宓：《吳宓自編年譜》，生活·讀書·新知三聯書店，1995 年。

7. 柳詒徵：《中國文化史》（上、下），上海古籍出版社，2001 年。

8. 柳詒徵：《國史要義》，華東師範大學出版社，2000 年。

9. 胡先驌：《胡先驌文存》（上卷），江西高校出版社，1995 年。

10. 胡先驌：《胡先驌詩集》，（臺北）國立中正大學校友會編印，1992 年。

11. 白璧德（美）：《法國現代批評大師》，孫宜學譯，北京大學出版社，2002 年。

12. 歐文·白璧德（美）：《文學與美國的大學》，張沛、張源譯，北京大學出版社，2004 年。

13. 白璧德（美）等著：《人文主義：全盤反思》，多人譯，生活·讀書·新知三聯書店，2003 年。

14. 孫尚揚、郭蘭芳編：《國故新知論——學衡派文化論著輯要》，中國廣播電視出版社，1995 年。

白璧德著作

15. Literature and the American College-Essays in Defense of the Humanities, Boston and New York Houghton Mifflin Company, 1908.

16. The Masters of Modern French Criticism, Boston and New York：Houghton Mifflin Company, 1912.

17. Humanistic Education in China and in the West, The Chinese Student's Monthly, vol.17, 1921.

18. Democracy and Leadership, Boston and New York：Houghton Mifflin Company, 1924.

19. On Being Creative and Other Essays, Boston and New York：Houghton Mifflin Company, 1932.

二、「學衡派」研究類著作

1. 沈松僑：《「學衡派」與五四時期的新文化運動》，臺灣大學出版中心，1984年。

2. 沈衛威：《回眸「學衡派」：文化保守主義的現代命運》，人民文學出版社，1999年。

3. 鄭師渠：《在歐化與國粹之間──學衡派文化思想研究》，北京師範大學出版社，2001年。

4. 高恒文：《東南大學與「學衡派」》，廣西師範大學出版社，2002年。

5. 周雲：《學衡派思想研究》，甘肅人民出版社，2005年。

6. 沈衛威：《「學衡派」譜系──歷史與敘事》，江西教育出版社，2007年。

7. 張源：《從「人文主義」到「保守主義」──〈學衡〉中的白璧德》，生活・讀書・新知三聯書店，2009年。

三、其它參考著作

1. 劉寶楠：《論語正義》，諸子集成本，中華書局，1996年。

2. 焦循：《孟子正義》，諸子集成本，中華書局，1996年。

3. 王先謙：《荀子集解》，諸子集成本，中華書局，1996年。

4. 戴望：《管子校正》，諸子集成本，中華書局，1996年。

5. 高誘注：《呂氏春秋》，諸子集成本，中華書局，1996年。

6. 蘇輿：《春秋繁露義證》，中華書局，1992年。

7. 韓愈：《韓昌黎集》，商務印書館，1958年。

8. 程顥、程頤：《二程集》，中華書局，1981年。

9. 朱熹：《四書章句集注》，中華書局，2005年。

10. 黎靖德編：《朱子語類》，中華書局，1994 年。

11. 陸九淵：《陸九淵集》，中華書局，1980 年。

12. 王守仁：《王陽明全集》，上海古籍出版社，1992 年。

13. 戴震：《孟子字義疏證》，中華書局，1982 年。

14. 劉黎紅：《五四文化保守主義思潮研究》，中國社會科學出版社，2006 年。

15. 鄭大華：《梁漱溟與胡適——文化保守主義與西化思潮比較》，中華書局，1994 年。

16. 李繼凱、劉瑞春選編：《追憶吳宓》、《解析吳宓》，社會科學文獻出版社，2001 年。

17. 李世濤主編：《知識分子立場——激進與保守之間的動蕩》，時代文藝出版社，2000 年。

18. 湯一介編：《國故新知：中國傳統文化的再詮釋》，北京大學出版社，1993 年。

19. 《中國現代學術經典·楊文會、歐陽漸、呂澂卷》，河北教育出版社，1996 年。

20. 李澤厚：《中國現代思想史論》，安徽文藝出版社，1994 年。

21. 張錫勤：《中國近代思想文化史稿》，黑龍江教育出版社，2004 年。

22. 張錫勤：《中國近代的文化革命》，黑龍江教育出版社，1992 年。

23. 張錫勤、孫實明等主編：《中國倫理思想通史》，黑龍江教育出版社，1992 年。

24. 張錫勤、柴文華主編：《中國倫理道德變遷史稿》，人民出版社，2008 年。

25. 柴文華：《現代新儒家文化觀研究》，生活·讀書·新知三聯書店，2004 年。

26. 柴文華、陳紅：《中國哲學的現代化研究》，黑龍江教育出版社，2002 年。

27. 柴文華：《真善美的哲學尋蹤》，黑龍江人民出版社，2003 年。

28. 柴文華等：《中國非儒倫理文化》，黑龍江科學技術出版社，2002 年。

29. 柴文華等：《中國人倫學說研究》，上海古籍出版社，2004 年。

30. 柴文華：《中國異端倫理文化》，哈爾濱工程大學出版社，2007 年。

31. 關健英：《與老莊對話》，上海古籍出版社，2002 年。

32. 樊志輝：《內在與超越之間》，黑龍江人民出版社，2002 年。

33. 魏義霞：《比較哲學——當代哲學重建的歷史關照》，吉林人民出版社，2003 年。

34. 羅杰·斯克拉頓（英）：《保守主義者的含義》，王皖強譯，中央編譯出版社，2005 年。

35. 阿倫‧布洛克（英）：《西方人文主義傳統》，董樂山譯，生活‧讀書‧新知三聯書店，1998 年。

36. 休‧塞西爾（英）：《保守主義》，杜汝楫譯，商務印書館，1986 年。

四、主要學術論文類

1. 查國華、蔣心煥：《談「學衡派」》，《山東師院學報》（社會科學版），1979 年 02 期。

2. 張憲文：《論學衡派（摘要）》，《江蘇社聯通訊》，1981 年 07 期。

3. 張憲文：《學衡派淺析》，《江西社會科學》，1982 年 04 期。

4. 魏建、賈振勇：《「學衡派」再評價》，《文學評論》，1995 年 04 期。

5. 曠新年：《學衡派與新人文主義》，北京大學學報（哲學社會科學版），1994 年 06 期。

6. 陳厚誠：《學衡派文學批評與新人文主義》，《社會科學研究》，1996 年 05 期。

7. 李怡的《論「學衡派」與五四新文學運動》，《中國社會科學》，1998 年 06 期。

8. 段國超：《魯迅對〈學衡〉和吳宓的批評——兼談吳宓研究》，《達縣師範高等專科學校學報》，1999 年 01 期。

9. 龍文懋：《文字、文學與文化——學衡派論新文化運動》，《學術月刊》，1999 年 07 期。

10. 歐陽軍喜：《論學衡派對新文化運動的批評》，《清華大學學報》（哲學社會科學版），1999 年 03 期。

11. 董德福：《古今中西衡價值——論「學衡派」的文化觀》，《江蘇社會科學》，1994 年 03 期。

12. 張文建：《學衡派的中西文化融貫說》，《探索與爭鳴》，1995 年 11 期。

13. 張文建：《學衡派的文化保守主義及其影響》，《史學理論研究》，1995 年 04 期。

14. 鄭師渠：《「古今事無殊，東西迹豈兩」——論學衡派的文化觀》，《近代史研究》，1998 年 04 期。

15. 龍文茂：《融通中西、貫概古今——學衡派文化觀念評述》，《首都師範大學學報》（社會科學版），1999 年 01 期。

16. 吳湉南：《略論「學衡派」的民主觀念》，鄭州航空工業管理學院學報（社會科學版），2008 年 01 期。

17. 周雲：《學衡派的政治觀念與西方保守主義》，《廣東社會科學》，2008 年 03 期。

18. 丁琳琳：《回歸「五四」時期的歷史——有關「學衡派」政治理念的評述》，《法制與社會》，2009 年 02 期。

19. 沈靜：《簡析〈學衡〉派的道德意識心理》，《蘇州教育學院學報》，2003 年 01 期。

20. 蔣書麗：《學衡派的道德價值》，《書屋》，2004 年 11 期。

21. 陳寶雲：《道德的向度：學衡派「德化天下」思想探析》，《蘭州學刊》， 2006 年 04 期。

22. 鄭師渠：《論吳宓的道德思想》，《北京師範大學學報》(社會科學版版)，1996 年第 6 期。

23. 張文建：《學衡派的史學研究》，《史學史研究》，1994 年 02 期。

24. 鄭師渠：《學衡派史學思想初探》，《北京師範大學學報》(社會科學版)，1998 年 04 期。

25. 張越：《學衡派對歷史學性質的探討及其影響》，《哈爾濱工業大學學報》(社會科學版)，2000 年 04 期。

26. 張越：《試論學衡派的史學思想》，《遼寧師範大學學報》，2002 年 06 期。

27. 周雲：《學衡派史學思想述論》，《社會科學輯刊》，2003 年 06 期。

28. 鄭師渠：《論學衡派的教育思想》，《北京師範大學學報》(人文社會科學版)，2000 年 03 期。

29. 惠縉：《學衡派人文主義教育觀念及實踐初探》，《江西社會科學》，2004 年 10 期。

30. 陳寶雲：《教以「成人」——學衡派教育思想詮釋》，《理論界》，2006 年 02 期。

另有其它學術論文 200 餘篇。

後　記（一）

　　博士論文收筆之際，掩卷而歎，竟沒有預想中的成就感和喜悅，涌上心頭的是失落和難言的遺憾。讀碩伊始至今，不覺時盡六載，想當年再進校園讀書時，坎坷嘗盡深感機會來之不易，躊躇滿志，誓要在此池中縱化魚龍。而今方悟「路漫漫兮其修遠兮」，對學問的探求僅是入得其門初見端倪，此後更當奮發而前行。

　　當年因對學問知之甚少忐忑憂慮，幸恩師柴文華教授不棄學生天姿愚笨而收至門下。先生為人儒雅仁愛，治學博厚嚴謹，其學問才識令學生終身受益。恩師對學生所助甚多，恩情不盡，極窮盡贊溢之詞亦不足以表心中之萬一。本書從選題、撰寫到完成，字裏行間無不滲透恩師的心血，全賴如此，方有今日。行將畢業，特於此間再次謝過恩師！

　　張錫勤先生數十載治學，學術造詣前沿而精深，令學生仰視而憧憬，有幸接受張師悉心的指導和教育，並在寫作中蒙先生數度指點迷津，於師下雖僅幾寒暑，卻當受益終生！

　　樊志輝教授學縱古今，深諳中外，於樊師指導中，如沐於古之原林，所見所聞甚為歎止，更如醍醐灌頂之效而驚醒混沌之人！魏義霞教授巾幗睿智，成就斐然，坦率謙和親切有加，以之為榜樣卻學之不達，不僅學教以文，身亦教我做人。此外，特別感謝我的碩士導師關健英教授，恩師是引我入哲學之門的啓蒙導師，優雅而意志堅強，嫻靜又時尚進取，耐心開拓我無知時的學術視野，鼓舞學生以渴求之情追尋真知，再行於哲學之路，倍感其恩！

　　張繼軍老師年輕有為，課堂給予我諸多學習的樂趣，不敢有忘！感恩眾同窗好友在工作、生活及事業上的關懷和幫助，一併謝過！

　　特別要感謝我的親人。生活讓我於沉浮中備感五味，然不管身在何方身處何境，父母天恩相隨於異客他鄉，每思至此無以爲報，唯志起而強勁以孝雙親。

　　感謝歲月，年輪疊加悲歡交錯，體味苦樂而日趨釋懷不驚，於世事變幻之中淡然處之！徜徉於中哲之殿堂追求體味，「聖人含道映物，賢者澄懷味象。」

　　且行且珍惜！

2011 年 3 月

後　記（二）

　　本書是在我博士論文的基礎上，參照答辯委員會及同行專家提出的建設性意見修改加工而成。

　　2011 年 6 月 5 日，至為難忘，我懷著一種忐忑不安卻又稍顯興奮的複雜心情參加了博士論文答辯。以蔣保國教授為主席，以張錫勤教授、張慧彬教授、柴文華教授、樊志輝教授、魏義霞教授、關鍵英教授、陳樹林教授為委員，以張繼軍副教授為秘書的答辯委員會通過了我的博士論文答辯。借本書出版之際，特向答辯委員會各位老師表示深深的謝意！

　　答辯前，論文被送至全國多所兄弟院校專家手中進行盲審，專家經過細緻的審讀，提出了不少寶貴意見，在此一併致謝！

　　畢業後，心中正思慮著如何著手讓論文出版成書，恰逢臺灣花木蘭文化出版社聯繫恩師柴文華教授，請導師推薦博士論文出版，才有此機緣玉成其事。在此，對恩師表達謝意！並感謝臺灣花木蘭文化出版社所給予的出版機會！

　　「學衡派」與「東方文化派」和「現代新儒家」一樣，都是 20 世紀中國文化民族主義的學派，他們在吸收和反思西學的基礎上，為重建中華民族的新文化做出了不懈的努力。但由於特定的歷史原因，「學衡派」長久以來為大陸學界所冷落。近 10 多年來，雖然研究「學衡派」的論著逐漸豐富，但從倫理思想角度系統研究的尚不多見，本書以此為突破點，試圖勾勒出「學衡派」倫理思想的完整面貌，並給出相對公正的評判。但由於資料整理艱難，理論功底不足，其中未盡與不當之處懇請方家不吝賜教。

　　求學的道路正如生活的多變，也許感覺已是倘佯在風和日麗、水平如鏡

的海面，卻不料傾刻間又卷起狂風巨浪；也許像是沙漠中饑渴至極要直面死亡的迷路者，卻峰回路轉綠洲呈現。一番番的煎熬，一回回的克服……記得恩師曾說：「解讀文本是艱苦的，但與歷史上偉大心靈的溝通是愉快的」。正是這種境界為我克服種種困難提供了精神支撐，並將繼續指引我日後的學術學涯。

　　謹以此書獻給我艱難人生中陪伴在身邊的摯愛親朋！

2014 年 3 月於哈爾濱